Graphologie

Herbert Steigrad

Graphologie

**Was
Handschriften
verraten**

Kalligraphie Innenteil: Herbert Steigrad
Layout: Susanne Ahlheim-Wilhelm
Redaktion: Annette Kolb
Textbearbeitung und Herstellung: Media Print Service, Dr. Burkhard Busse

105560198X7 2635 4453 6271
1086901X03 02 01

Inhaltsverzeichnis

Allgemeines

Ist Graphologie erlernbar?

Die oft gestellte Frage, ob Graphologie erlernbar ist, bedarf unseres Erachtens einer genaueren Untersuchung, bevor wir uns eingehend dem Studium des eigentlichen Lehrmaterials widmen.

Wir unterscheiden grundsätzlich zwei Arten von Graphologen: Es gibt Menschen, die beim Betrachten einer Handschrift intuitiv deren Merkmale erfassen und deuten können. Neben dieser ersten Kategorie der natürlich und intuitiv begabten Graphologen gibt es andererseits eine zweite Kategorie derer, die durch langjährige graphologische Tätigkeit ihre eher durchschnittliche Begabung immer weiter entwickeln können.

Auch wenn die graphologische Intuition eigentlich nicht erlernbar ist, sollte der Leser, der ernsthaft an Graphologie interessiert ist, sich nicht entmutigen lassen, in diese Materie
einzusteigen. Basierend auf bereits bestehenden Lehrmei-
nungen und Forschungsergebnissen kann auch er zu einem
fachlich kompetenten Graphologen werden, der systematisch
die aufgestellten Thesen von seinen schöpferisch begabten
Kollegen erlernt und sich zu eigen macht.

Graphologie und Psychologie

Zusätzlich sollte sich der an Graphologie Interessierte eingehend mit Psychologie beschäftigen. Die Lehren von Freud,
Adler und Jung müssen einem Graphologen vertraut sein,
auch wenn er sich nur auf die graphologische Analyse beschränken und nicht psychologisch tätig sein will. Wichtig
für den Graphologen sind – wie für viele andere Berufs-
gruppen auch – Intelligenz, ein gutes Gedächtnis, Geduld,
Beobachtungsgabe, Einfühlungstalent, Kombinationsgabe
und logisches Denkvermögen. Die Frage, ob Graphologie allgemein erlernbar ist, kann also – wenn auch mit Vorbehalten – bejaht werden.

Von den zahlreichen bereits existierenden Lehrbüchern zur
Graphologie sind manche – bedenkt man den Zeitpunkt ihres Erscheinens – ganz vorzüglich und können dem Graphologen als wertvolle Grundlage dienen. Die graphologischen Theorien und Ergebnisse erfuhren in den letzten Jahr-
zehnten allerdings eine stetige Weiterentwicklung, so daß es
immer wieder nötig ist, den letzten Stand der Forschung
aufzuarbeiten.

Besonderheit der Schriftbeispiele

Das vorliegende Buch enthält eine Neuerung, die das Erler-
nen der Graphologie erleichtern dürfte. Diese Neuerung besteht darin, daß wir grundsätzlich bei der Darstellung der
Thesen die Schriftbeispiele exakt konstruiert haben und an
dieser Stelle bewußt nicht die Originalhandschrift bringen.
Die Schriften sind so angelegt, daß auch der Anfänger die
wesentlichen Merkmale, auf die es im jeweiligen Beispiel ankommt, sofort erkennen kann. Die Verwendung von Origi-
nalhandschriften hätte den Nachteil, daß Eigentümlichkeiten,
die in demselben und in den angrenzenden Buchstaben zu
sehen sind, den Betrachter ablenkten. Unbewußt würde er
vielleicht aus diesem und den zufällig damit verbundenen

anderen Merkmalen der Originalschrift eine bestimmte Assoziation herstellen. Auf diese Weise könnte der ungeübte Graphologe eventuell ein bestimmtes Merkmal, mit dem er zunächst bei einer drucklosen, schrägen Schrift konfrontiert wurde, bei einer stark druckbetonten Steilschrift übersehen oder falsch interpretieren. Außerdem wird jedes Schriftmerkmal gesondert und unter größtmöglicher Ausschaltung aller ablenkenden Schriftzüge betrachtet.

Natürlich fließen auch bei unserer Konstruktion verschiedene Merkmale des eigenen Charakters in das Schriftbild ein. Dies fällt jedoch kaum ins Gewicht, weil unsere Zeichnungen jeweils auf das Allernotwendigste beschränkt sind. Erst nach Abschluß der Einzelstudien folgen einige Beispiele von umfassenden Charakteranalysen anhand von echten Schriftproben.

Nun darf man sich das Studieren der Merkmale und ihrer Deutungen aber nicht als stures Auswendiglernen von Regeln vorstellen, die man leicht miteinander verwechseln kann. Der Graphologe sollte trotzdem über ein gutes Gedächtnis verfügen. Die meisten Merkmale und ihre Deutungen sind aber einleuchtend und prägen sich deshalb schnell ein.

Auch wenn wir der Meinung sind, daß die Graphologie erlernbar ist, so möchten wir doch nicht den Eindruck erwekken, daß ein aufmerksames Studium dieses Handbuchs nun gleich jeden zum perfekten Graphologen macht. Hierzu bedarf es außer dem theoretischen Studium noch vieler praktischer Übungen.

Wer keinen erprobten Graphologen als kontrollierenden Lehrmeister zur Verfügung hat, tut am besten daran, sich von einem Freund Handschriften zu erbitten, und zwar von ihm sehr nahestehenden Personen, deren Charakter dieser zweifelsfrei gut kennt. Dann wird dieser helfende Freund, auch wenn er kein Graphologe ist, bis zu einem gewissen Grad befähigt sein, die nach den entsprechenden Handschriften angefertigten Charakterbilder zu beurteilen und zu korrigieren.

Möglichkeiten und Grenzen
der Graphologie

In der Handschrift äußert sich der Charakter des Schreibers. Unter dem Begriff Charakter soll hier die Reaktion des Menschen auf das, was von der Umwelt an ihn herangetragen wird, verstanden werden. Ein Beispiel: Eine Person wird von einer anderen beleidigt. Sie hat nun verschiedene Möglichkeiten, auf die Beleidigung zu reagieren: aufbrausend, ironisch, ruhig, niedergeschlagen usw. Wie sich die beleidigte Person letztendlich verhält, hängt von der Beschaffenheit ihres Charakters ab. Dabei spielen vor allem das Fühlen und das Wollen, aber auch die Intelligenz und die Triebe eine wesentliche Rolle. Alle Eigenschaften, die sich diesen Kategorien zuordnen lassen, finden in der Handschrift ihren Niederschlag. Wir ersparen uns hier ihre Aufzählung, weil wir uns im zweiten Teil des Handbuchs eingehend mit ihnen beschäftigen werden.

Handschrift und Charakter

An dieser Stelle ist es sinnvoller zu untersuchen, ob sich jeder Charakterzug direkt als Merkmal in der Handschrift feststellen läßt, oder ob bestimmte Eigenschaften sich erst als Schlußfolgerungen aus anderen, direkt entdeckten Zügen ergeben. Beides ist richtig. Je nach Handschrift kann man viele Charaktereigenschaften direkt von der Schrift ablesen, während das Vorhanden- oder Nichtvorhandensein anderer Eigenschaften durch Schlußfolgerungen bestimmt werden muß. Beim Graphologen erster Kategorie vollzieht sich diese Schlußfolgerung auf intuitive, also unbewußte Weise, während der Graphologe zweiter Kategorie sein psychologisches Wissen und auch seine Kombinationsgabe bemühen muß.

Wichtig ist auch die Frage, ob man an der Handschrift ablesen kann, wie stark eine Eigenschaft bei einem Menschen ausgeprägt ist. So kommt es oft vor, daß ein Mensch – um ein Beispiel zu nennen –, ein ungeheures Geltungsbedürfnis hat, das seinen Charakter dominiert, während dies bei einem anderen Menschen nur durchschnittlich stark ausgeprägt ist. In der Regel ist es so, daß ein dominierender Charakterzug sich immer wieder in der Handschrift feststellen läßt, oft in jedem Wort, manchmal in jedem Buchstaben. Eine weniger stark ausgeprägte Eigenschaft findet dagegen nur hin und wieder, manchmal nur ein einziges Mal, in einem Schriftbild ihren Niederschlag.

Es gehört zu den schwierigsten Aufgaben des Graphologen, die Intensität einer Eigenschaft genau zu bestimmen und die Resultate seiner Untersuchung präzise zu beschreiben. Feststellungen wie »ein klein wenig mißtrauisch«, »unter gewissen Umständen heftig werden«, »gelegentlich einmal etwas oberflächlich« treffen schließlich auf viele Menschen zu. Eine graphologische Analyse sollte so formuliert sein, daß man den Schreiber darin – beinahe wie auf einer Photographie – sofort wiedererkennt. Bei einer umfassenden Analyse, die auch weniger prägnante Eigenschaften berücksichtigt, sollte das für den Schreiber Typische so herausgearbeitet sein, daß die Analyse nur auf ihn und auf keinen anderen Menschen zutrifft. Dies ist möglich, weil niemals zwei Menschen die gleiche Handschrift haben, abgesehen vielleicht von eineiigen Zwillingen.

Eindeutigkeit der Analyse

Auch bestimmte Eigenschaften, Vorlieben und sogar äußere Lebensumstände, die im engeren Sinn keine Charaktermerkmale sind, lassen sich in der Handschrift feststellen, unter der Voraussetzung, daß sie – wenn auch nur momentan – Auswirkungen auf den Charakter haben. Sieht man zum Beispiel an einer Schrift, die sonst alle Merkmale der Großzügigkeit verrät, daß der Schreiber dennoch bemüht ist, sparsam zu sein, so ist der Rückschluß gestattet, daß seine momentanen wirtschaftlichen Lebensbedingungen zu wünschen übrig lassen. Diese Tatsache hat zugegebenermaßen mit dem eigentlichen Charakter des Schreibers nichts direkt zu tun.

Auf ähnliche Weise kann festgestellt werden, ob ein Mensch privat oder beruflich zufrieden oder unzufrieden ist; ob ihm sein soziales Umfeld zusagt oder nicht, ob die äußeren Lebensumstände ihm gestatten, seinen Neigungen entsprechend zu leben, oder ob ihm dies versagt ist. Auch besondere Begabungen und sogar ganz bestimmte Wünsche des Schreibers finden oft in erstaunlicher Weise einen deutlichen Niederschlag in der Handschrift. Dies zeigt, daß das ganze

Wesen des Schreibers von seinen Empfindungen, seinen Bestrebungen und seinen Trieben erfüllt ist.

Da auch in der Graphologie das Geistig-Seelische vom Körperlichen nicht zu trennen ist, spiegelt sich der physische Zustand in der Handschrift wider. Einige sehr begabte Graphologen haben es sogar zu der erstaunlichen Fähigkeit gebracht, nach der Handschrift zuverlässige Gesundheitsanalysen auszuarbeiten.

Eine andere Frage ist, ob Veränderungen des Charakters sich in der Handschrift mitteilen. Hat sich der Charakter des Schreibers tatsächlich geändert, wird man dies früher oder später auch an seiner Schrift erkennen. Schwierig ist es, aus einer einzigen Schriftprobe eine Charakterveränderung herauszulesen und dabei zu erkennen, welche Schriftmerkmale dem »alten« und welche dem »neuen« Charakter zuzuordnen sind. Die richtigen Schlußfolgerungen ergeben sich aus der Gegenüberstellung und Auswertung der zahlreichen Einzelergebnisse, die man bei der Analyse erzielt. Sehr einfach ist es hingegen, die Entwicklung und Veränderung eines Charakters nachzuzeichnen, wenn reichlich und möglichst aus verschiedenen Jahren stammendes Untersuchungsmaterial vorliegt. Dann kann man sogar die Entwicklungslinie in die Zukunft hinein »verlängern«. Es läßt sich dann voraussagen, wie sich ein Charakter nach menschlichem Ermessen weiterhin entwickeln wird, sofern nicht ganz besondere seelische Faktoren diese Entwicklung in eine andere Richtung lenken. Genauer: Man müßte also eigentlich eher von Verhaltensänderungen als von Charakterveränderungen sprechen. Der Charakter ist und bleibt nämlich ein unveränderliches Phänomen.

Der Graphologe begnügt sich nicht damit, die gefundenen Charakterzüge nur nebeneinanderzustellen. Es ist gleichzeitig seine Aufgabe zu erklären, wie die verschiedenen Eigenschaften zueinander in Beziehung stehen, sich gegenseitig erklären und bedingen. Hier muß der Graphologe sein psychologisches Wissen und seine psychologischen Erfahrungen

Verstellte Schrift

einsetzen. Auch von der verstellten Schrift kann der Graphologe eine weitgehend zutreffende Analyse anfertigen, da der Laie nicht weiß, auf welche Merkmale es dem Graphologen ankommt und welche Schriftzüge er ändern muß, um gegenüber seiner Umwelt positiv zu wirken. Wenn der Graphologe aber merkt, daß er eine verstellte Handschrift vor sich hat, wird seine Analyse sicher den Befund enthalten, daß dem Charakter des Schreibers etwas Unaufrichtiges und Gekünsteltes anhaftet.

Mit der Beschreibung dessen, was durch eine graphologische Untersuchung erfaßt werden kann, ist auch schon angedeutet, wo die Grenzen der Graphologie liegen. Die sich in der Handschrift manifestierenden Charaktereigenschaften können nämlich nur als Bereitschaft, bestimmte Handlungen auszuführen, bewertet werden. Sie müssen sich also nicht zwangsläufig praktisch auswirken. Dieser Hinweis ist kein Hintertürchen, durch das der Graphologe im Bedarfsfall entweichen kann, sondern macht nur auf eine Tatsache aufmerksam, die zu übersehen ein großer Fehler wäre.

Als Beweis möchten wir ein Beispiel anführen, das sich in der Praxis des Berufsgraphologen sehr oft wiederholt: In einem Betrieb wurde gestohlen. Von allen als Täter in Frage kommenden Personen werden dem Graphologen Schriftproben vorgelegt. Er soll nun nicht nur sagen, welcher Mitarbeiter unehrlich ist, sondern möglichst auch angeben, wer der Täter ist. Diese Angabe kann und darf der Graphologe jedoch nicht machen. Wohl zeigen ihm die Schriftproben, wer von allen Beteiligten am ehesten fähig wäre, unehrlich zu handeln, einen absoluten Beweis aber, daß der die Tat wirklich begangen hat, liefert die Schriftprobe nicht. Selbst wenn der Graphologe seiner Sache sehr sicher ist, darf er nur sagen: Diese Person ist jeder Zeit bereit, unehrlich zu handeln, aber nicht: Das ist der Täter. Denn es ist ja immer möglich, daß ein Mensch, der an sich ständig fähig und bereit wäre, kriminelle Taten zu begehen, unter so glücklichen und günstigen Umständen lebt, daß seine gefährlichen Schwächen sich niemals praktisch auswirken. Wir dürfen sogar annehmen, daß auf diese Weise manch potentieller Schwerverbrecher als Ehrenmann zu Grabe getragen wird. Andererseits ist es immer möglich, daß ein Mensch mit einem nur ganz schwach gefährdeten Charakter, dessen Verhalten und Schrift vielleicht nur eine gewisse Willensschwäche und einen kleinen Mangel an innerem Halt beweisen, unter so ungünstigen und unglücklichen Bedingungen zu leben gezwungen ist, daß er sich in einer ganz besonderen Notlage zu einer Unehrlichkeit hinreißen läßt. An solche Möglichkeiten muß der gewissenhafte Graphologe immer denken; er darf niemals mehr sagen, als er unter allen Umständen verantworten kann.

Oft kann der Beruf negative Eigenschaften »aufsaugen« und ihnen vielleicht sogar positive Vorzeichen verleihen. Entdeckt der berufsberatende Graphologe in der Handschrift eines jungen Menschen bestimmte, vielleicht sogar negative Veranlagungen, so kann er bei der Wahl des Berufes nützliche Hinweise geben, die diese Tendenzen ins Positive zu lenken vermögen.

Altersangabe

Das Alter des Menschen kann vom Graphologen nicht bestimmt werden, da es keine Charaktereigenschaft ist. Der Graphologe braucht aber eine ungefähre Altersangabe des Schreibers, um eine zuverlässige Analyse ausarbeiten zu können, denn Schwächen und Fehler bei einem älteren, nicht mehr sehr wandlungsfähigen Menschen müssen ganz anders beurteilt werden als bei einem sehr jungen, noch formbaren Menschen, da große Reife, eine besondere Charakterfestigkeit und ähnliche Qualitäten bei einem sehr jungen Menschen viel stärker ins Gewicht fallen als bei einem älteren, bei dem diese Qualitäten viel eher zu erwarten sind.

Geschlecht

Die zweite Angabe, die der Graphologe benötigt, ist das Geschlecht. Der Graphologe kann zwar in sehr vielen Fällen das richtige Geschlecht vermuten. Da es aber Frauen mit einer ausgeprägt männlichen und Männer mit einer ausgeprägt weiblichen Handschrift gibt, ist eine Geschlechtsbestimmung sehr schwierig und bleibt in jedem Fall nur eine Vermutung.

Die Methodik der Graphologie

Eine vollständige Charakteranalyse zeichnet ein zusammenhängendes und abgerundetes Gesamtbild der Eigenschaften des Schreibers. Der Auftraggeber muß durch die Lektüre des Gutachtens den Eindruck bekommen, den Beurteilten wirklich kennengelernt zu haben. Unabdingbare Voraussetzung für eine solche Analyse ist, daß die Handschrift als Ganzes untersucht wird. Dies müssen wir im Auge behalten, wenn wir damit beginnen, die Schrift in einzelne Bestandteile aufzuspalten.

Das Wesentliche der Handschrift ist ihr »Rumpf«, die sogenannte Mittellage, deren obere und untere Grenze durch Buchstaben ohne Ober- und Unterlängen bestimmt wird, wie zum Beispiel in dem Wort »uns«. Wir sehen, daß die Grenzen des Schriftkerns (der Mittellage) nach oben nur von den sogenannten Oberlängen wie bei den Buchstaben »b«, »l«, »f«, »p« etc., von Großbuchstabenteilen und von den »i«-Punkten, »u«-Haken und Akzenten überragt werden und nach unten nur von den sogenannten Unterlängen, wie beim »g«, »j« usw.

Mittellage

Langjährige empirische Vergleichsarbeit hat ergeben, daß Hinweise auf den Willen und das Gefühl eines Menschen in der Mittellage seiner Handschrift zu finden sind. Bevor wir über Ober- und Unterlängen sprechen, wollen wir deshalb die Mittellage betrachten, um zu sehen, welche Schriftteile etwas über den Willen und welche anderen Merkmale etwas über das Gefühl des Schreibers aussagen. Allerdings ziehen wir keine starren Grenzen, da hier zahlreiche Wechselwirkungen bestehen.

Da ist zunächst der sogenannte Schriftduktus, der sich am besten an den Buchstaben »m«, »n«, »u« und »i« ablesen läßt, weil diese am deutlichsten Girlanden, Arkaden und Winkel beschreiben. Dies sind die Merkmale, die in der Hauptsache den Duktus ausmachen. Die genannten Buchstaben drücken am unmittelbarsten die eigentliche Schriftbindung und die Vorwärtsbewegung im Schreiben aus, weil sie weniger als alle anderen Buchstaben Figuren beschreiben

Schriftduktus

müssen. An dieser Vorwärtsbewegung kann man deutlich den Willen des Schreibers erkennen. So zeigt der Duktus durch Formen wie Girlanden, Arkaden und Winkel sowie durch die Unterformen Schlangenlinien, Fadenbindung und gemischte Bindungen all die Charaktereigenschaften auf, die im wesentlichen durch den Willen bestimmt werden. Wir kommen im zweiten Teil des Handbuchs noch ausführlich darauf zurück.

Wille und Gefühl

Um Fehlerquellen zu vermeiden, muß hier wiederholt werden, daß es selbstverständlich nicht der Wille allein ist, der jene Charaktereigenschaften, die sich in Girlande, Arkade und Winkel manifestieren, bestimmt. In jedem Fall sind diese Eigenschaften durch Gefühl, Intelligenz und Triebe – je nach Schreiber in verschiedener Zusammensetzung – mitbestimmt, wobei der Wille bei dieser Gruppe von Eigenschaften der dominierende Faktor ist. Ganz ähnlich verhält es sich mit den anderen Eigenschaftsgruppen. Auch dort dominiert jeweils ein Faktor, während die anderen Faktoren mehr oder weniger stark beteiligt sind.

Außer den Buchstaben, die den Duktus ausmachen, enthält die Mittellage noch die übrigen Vokale, »vollständige« Buchstaben und Buchstabenteile wie Köpfe und Bäuche (»v«, »w«, »g«, »d«, »q« etc.). Diese zumeist runden Formen, die breit oder schmal, offen oder geschlossen, klar oder undeutlich geschrieben werden können, verleihen besonders dem Gefühl des Schreibers Ausdruck, und dies in einem so starkem Maße, daß wir die Mittellage auch gelegentlich die »Gefühlslage« nennen.

Das Kapitel über die Formung der Vokale im zweiten Teil des Buches zeigt anschaulich, wie man an der Schrift nicht nur den Intensitätsgrad der Gefühle erkennen, sondern auch zwischen grundsätzlich ganz verschiedenen Gefühlsarten unterscheiden kann. Auch werden viele Eigenschaften, die im wesentlichen vom Willen und Gefühl gemeinsam bestimmt werden, wie Offenheit, Ehrlichkeit usw., durch die Formung der Vokale verraten.

Während Wille und Gefühl im wesentlichen das Verhalten des Menschen bestimmen, wird es doch auch »von oben«

(durch die Intelligenz) beeinflußt. »Oben in der Schrift sind die Oberlängen und die »i«-Punkte, »u«-Haken und Akzente, deren individuelle Form unserer Meinung nach auch tatsächlich etwas über die Intelligenz des Schreibers verrät.

»Von unten« wird das Verhalten des Menschen durch seine Triebe beeinflußt. »Unten in der Schrift sind die Unterlängen, die über die Ausprägung der verschiedenen Triebe (etwa des Sexual-, Bemächtigungs- oder Aggressionstriebs) Auskunft erteilen. Unten ist aber auch der Boden, auf dem der Mensch mit seinen beiden Füßen steht; es weist auf das Erdgebundene, Materielle und Wirkliche hin. So sagt denn auch das »Unten« in der Handschrift etwas über die Einstellung des Schreibers zu materiellen Dingen aus, über die Art, wie er mit der Wirklichkeit verbunden ist, sowie über seine rein praktischen Fähigkeiten.

Wir beobachten in der Schrift also dauernd eine Spannung zwischen oben und unten und müssen sehr genau untersuchen, ob im Einzelfall eine Harmonie, ein Widerspruch oder ein Konflikt besteht. Oben die Theorie, unten die Praxis; oben die Ideale, Wünsche und Ambitionen; unten die »rauhe« Wirklichkeit, materielle Abhängigkeit, sexuelle Gebundenheit und Aggressionstriebe. Und in der Mitte, beides sowohl trennend als auch verbindend, schlagen sich die Gefühle und der Wille nieder, die sich mit dem »Oben« und »Unten« wechselseitig beeinflussen. Man sieht, wie schwierig es für den Graphologen ist, das richtige Verhältnis zu erkennen, die Widersprüche zu finden und zu erklären, abzuschätzen, was sich gegenseitig fördert oder hemmt, zu sagen, was stärker und was schwächer ist, was sich durchsetzen wird und was schließlich unterliegen muß.

Dieses Abschätzen und Bestimmen der Einzelwerte wird dem Graphologen durch die Untersuchung der Schriftgröße erleichtert. Die Gesamtgröße der Handschrift, die als Ausdruck der Gesamtpersönlichkeit des Schreibers zwar vieles über sein Selbstbewußtsein verrät, ist dabei allerdings viel weniger interessant und aufschlußreich als die Größenverhältnisse der Mittellage, der Ober- und der Unterlängen zueinander. Während nun die Größe der Mittellage bloß die Empfänglichkeit des Schreibers für Gefühle anzeigt, verrät

Schriftgröße

das Größenverhältnis zwischen Ober- und Unterlängen auch, ob das Geistige oder das Praktische, das Ideelle oder das Materielle dominierend ist.

Ob ein Mensch zum Beispiel unbeherrscht oder beherrscht, impulsiv oder zurückhaltend ist, zeigt die Haltung oder die Lage der Schrift. Je nachdem, ob und wie ausgeprägt diese Lage rechtsgeneigt, steil oder linksgeneigt ist, können daraus Schlüsse auf Haltung und Temperament des Schreibers gezogen werden.

Zeilenführung Auch die Zeilenführung ist sehr aufschlußreich. Ob eine Zeile gerade oder schwankend, auf- oder absteigend ist, hängt nicht davon ab, wie die einzelnen Buchstaben geschrieben werden, sondern davon, wie man diese aneinanderreiht. Ein Mensch, der harmonisch und ausgeglichen ist, sich durch eine gewisse Beständigkeit seines Willens und Gefühls auszeichnet und vor allem diszipliniert ist, schreibt eher eine gerade Zeile als ein launischer, unbeständiger Mensch. Da die Buchstaben außerdem in der Mittellage aneinandergereiht werden, gibt die Art der Zeilenführung uns über die oben beschriebenen Eigenschaften Auskunft.

Weil mit Schriftgröße hauptsächlich die Ausdehnung von oben nach unten gemeint ist, bleibt uns jetzt noch die Enge und Weite der Schrift zu untersuchen. Die Bedeutung der Enge und Weite leuchtet ein, wenn man sich zwei extreme Fälle vorstellt: einerseits eine Schrift, die so große Zwischenräume zwischen den Wörtern läßt, daß schon drei bis vier Worte eine lange Zeile und wenige Zeilen ein ganzes Blatt füllen; und andererseits eine Schrift, die die Buchstaben so aneinanderdrängt, daß man sie kaum noch lesen kann.

Der erste Schreiber scheint ein maßloser Verschwender, der zweite ein Geizhals zu sein. Großzügigkeit und Kleinlichkeit, ebenso wie zahlreiche Nuancen zwischen diesen beiden Extremen, werden von der Enge oder Weite einer Handschrift ausgedrückt.

Auch die Verbindung der Buchstaben untereinander ist aufschlußreich. Nicht jeder schreibt ein langes Wort in völlig verbundener Weise – sozusagen in einem Strich –, ohne hin und wieder den Stift abzusetzen. Hierzu gehören Schnelligkeit des Denkens und Kombinationsgabe. Über all das gibt die Verbundenheit der Schrift Auskunft. Manche Schreiber setzen zum Beispiel aus übergroßer Vorsicht jeden Buchstaben einzeln aufs Papier; systematische Denker trennen die Worte, wenn auch unbewußt, genau nach Silben.

Ein sehr interessantes Kapitel ist der Wortanfang, die Art und Weise, wie der Anfang des ersten Buchstabens eines Wortes zu Papier gebracht wird. Wer ein Wort schreiben will, steht vor einer Aufgabe. Mag diese Aufgabe auch klein und leicht zu lösen sein, so geht doch jeder auf seine Weise so heran wie an größere: zögernd oder schwungvoll; nüchtern und sachlich oder enthusiastisch und impulsiv; mit der Absicht, sich geistig und seelisch dabei zu entwickeln, oder von dem Wunsch getrieben, sich materiell zu bereichern.

Wortanfang ◀

Die Schriftmerkmale bei Wortanfängen werden noch genauer analysiert. Manche Deutung ergibt sich ganz stimmig aus der Bedeutung der Oberlängen, Mittellage und Unterlängen, je nachdem in welcher dieser drei Lagen der erste Buchstabe beginnt.

Das Wortende ist ebenfalls wichtig. Die Bewegung, die das Wort abschließt, ist mit der Haltung zu vergleichen, die der Mensch seiner Umwelt gegenüber einnimmt. Die Art, wie diese abschließende Geste sich dem Nächsten zuwendet oder eine abwehrende Bewegung ausführt; sich nach oben zurückbiegt und sich dadurch egoistisch vom Nächsten abschließt, oder aber unten im Materiellen festklammert; im ganzen größer oder kleiner wird oder ganz beziehungslos völlig fehlt. All dies erlaubt wertvolle Rückschlüsse auf das Sozialverhalten des Schreibers.

Wortende ◀

Manche Schriftbilder sehen merkwürdig vereinfacht aus. Viele Schleifen, besonders Oberschleifen, werden weggelassen, ohne daß die Lesbarkeit der Schrift dadurch beeinträchtigt werden würde. Der Schreiber setzt knappe, geradlinige Großbuchstaben, die meist der Druckschrift ähnlich sind, und ersetzt damit die sonst eher schwungvollen oder sogar reich verschnörkelten Großbuchstaben. Diese von uns so genannte Vereinfachung der Schrift fällt uns um so mehr

Vereinfachungen ◀

auf, wenn wir zum Vergleich eine mit Schleifen reich verzierte Handschrift danebenlegen. Eine solche Vereinfachung der Handschrift wird erst dann erfolgen, wenn zuvor eine Vereinfachung und Klärung des Denkens stattgefunden hat. Der Schreiber hat gelernt, das Wesentliche vom Unwesentlichen zu unterscheiden, und seine Gedanken in eine einfache, klare und instruktive Form zu bringen.

Unterstreichungen

Die meisten Menschen werden gelegentlich ein Wort oder einen Satzteil in einem Brief oder in einer Arbeit unterstreichen. Das muß graphologisch nicht unbedingt etwas bedeuten, weil fast jeder Mensch hin und wieder zu diesem Mittel greift. Anders ist es, wenn wir in einem Brief oder in einem anderen Schriftstück immer wieder Unterstreichungen sehen, oft sogar an Stellen, die auch ohne diese klar und eindeutig wären. Abhängig von der sonstigen Art der Schrift ist die Bedeutung des häufigen Unterstreichens verschieden. Haben wir zum Beispiel die Handschrift eines bescheidenen Menschen vor uns, so sind Unterstreichungen nur der Ausdruck seines Wunsches, sich klar verständlich zu machen und können auf pädagogische Begabungen hinweisen. Finden wir jedoch häufige Unterstreichungen in der Handschrift eines unbescheidenen Menschen, wirkt sich die ungünstig auf die Beurteilung aus. Denn hier können sie nur bedeuten, daß der Schreiber sich selbst unterstreicht. Er nimmt sich allzu wichtig, läßt nur seine eigene Meinung gelten und ist machthungrig. Unterstreichungen geben dem Graphologen also manchmal eine Bestätigung für Ergebnisse, die er bereits auf Grund anderer Untersuchungen der Handschrift erzielt hat.

Unterschriften

Ein ganz besonderes Kapitel sind die Unterschriften. Ihnen haftet etwas Feierliches an. Unzählige Seiten eines handgeschriebenen Textes verpflichten den Schreiber bei weitem nicht so sehr wie sein schnell hingesetzter, oft sogar bis zur Unleserlichkeit verstümmelter Namenszug. Mündliche Versprechungen, ja sogar ein Ehrenwort, zählen wenig, auch kein schriftlicher, in allen Einzelheiten ausgearbeiteter Vertrag, solange dieser nicht unterschrieben ist.

Die Wichtigkeit, die auch von Amts wegen der Unterschrift beigemessen wird, zeigt, daß die Unterschrift von den meisten Menschen, wenn auch zum Teil unbewußt, für etwas ganz Besonders gehalten wird. Man identifiziert sich mit ihr. Deshalb geben viele Menschen ihrer Unterschrift ein besonderes Gesicht. Die Unterschrift zeigt nicht immer, wie der Schreiber wirklich ist, sondern wie er gern sein möchte. Dies ist besonders dann der Fall, wenn die Unterschrift vom allgemeinen Schriftbild abweicht.

Die besondere Geltung und Wirkung, die ein solcher Schreiber erzielen möchte, wird er am ehesten außerhalb der Familie, also vor allem im Berufsleben suchen, während er sich wahrscheinlich im Privatleben vergleichsweise natürlich und ungezwungen benimmt. Die allgemeine Schrift zeigt meistens den Privatmenschen, die Unterschrift den Berufsmenschen. So kann der Graphologe über beide Seiten des Schreibers Auskunft geben und den Unterschied zwischen Privat- und Berufsmenschen herausarbeiten, indem er die allgemeine Schrift und die Unterschrift bis zu einem gewissen Grad unabhängig voneinander analysiert.

Wo sich hingegen die Unterschrift in keiner Weise vom übrigen Schriftbild unterscheidet, findet dies natürlich keine Anwendung, weil der Schreiber nicht anders sein und scheinen möchte, als er wirklich ist, und privat und beruflich der gleiche bleibt.

Vor- und Nachnamen

Wie wir einen Unterschied zwischen der allgemeinen Schrift und der Unterschrift machen, so können wir bei der Unterschrift zwischen Vor- und Nachnamen unterscheiden. Den Vor- oder Rufname verbinden die meisten Menschen bewußt oder unbewußt mit dem Kindsein. Erst der Erwachsene gewöhnt sich daran, vorwiegend bei seinem Familiennamen genannt zu werden, während die Benutzung seines Vornamens dann doch auf intime, private Beziehungen beschränkt bleibt. Der Vorname steht daher für die beiden Begriffe »Kind« und »privat«, der Nachname für die Begriffe »Erwachsener« und »offiziell«. Daß diese Begriffsverbindungen auch außerhalb der Graphologie vorkommen, kann man daran beobachten, daß es Menschen gibt, die je nach Gelegenheit ganz verschieden unterschreiben. Nehmen wir als Beispiel den Namen Walter Baumann, so ist es theoretisch möglich, daß sein Träger auf die fünf verschiedene

Arten signiert; Walter, Walter B., Walter Baumann, W. Baumann, Baumann. Jeder dieser fünf Arten liegt eine andere Gefühlsnuance zugrunde.

Will man aus der Unterschrift allein eine zuverlässige Analyse ausarbeiten, kommt es zunächst auf den Namen an. Ist dieser lang genug und hat er Unterschleifen (was bei unserem Beispiel Walter Baumann und bei vielen anderen Namen nicht der Fall ist), so bietet die Unterschrift immerhin die Möglichkeit einer oberflächlichen Untersuchung. Scheint die Unterschrift außerdem nicht sehr verschieden von der Allgemeinschrift, sollte jeder gute Graphologe ein zutreffendes und umfassendes Gutachten ausarbeiten können.

Da im modernen Geschäftsleben fast alle Schriftstücke mit der Maschine geschrieben werden, können Auftraggeber dem Graphologen oft nur Unterschriften zur Verfügung stellen. Wir sind der Ansicht, daß der geübte und gewissenhafte Graphologe derartige Aufträge annehmen darf, wenn dem Auftraggeber klar ist, daß er sich mit einem zwar zuverlässigen, aber doch sehr mageren Ergebnis begnügen muß.

Mit der Unterschrift haben wir die letzte unserer Untersuchungsgruppen besprochen. Schriftzeichen, die uns in keine der Gruppen hineinzupassen scheinen, stellen wir in einem separaten Kapitel später mit den entsprechenden Deutungen vor.

*M*erkmale der Schrift und ihre Bedeutung

Schriftduktus

Der Schriftduktus (oder die Schriftbindung) zeigt alle Charaktereigenschaften, die vom Willen des Schreibers abhängig sind, aber auch vom Gefühl beeinflußt werden können.

Die erste der drei am häufigsten anzutreffenden Bindungsarten, die wir beschreiben, ist die Girlande (Figur 1). Die Girlande ist dadurch charakterisiert, daß sie unten auf der Linie Rundungen aufweist, während sie oben Spitzen zeigt. Wer Girlanden schreibt, ist ein gutmütiger, weicher, zärtlicher und anpassungsfähiger Mensch.

Figur 1

Ahmt man die sanften, weichen und runden Bewegungen der Girlande mit der Hand in der Luft nach, wodurch die

Girlande um das Vielfache vergrößert wird, leuchtet diese Deutung unmittelbar ein.

Ist eine Girlande im Verhältnis zur allgemeinen Schriftgröße besonders eng, so ändert sich im Prinzip nichts an unserer Deutung, die verschiedenen genannten Eigenschaften werden dadurch nur etwas eingeschränkt. So ist der Schreiber trotz Gutmütigkeit und Weichheit als ein disziplinierter Mensch anzusehen. Ist eine Girlande hingegen besonders weit, so unterstreicht dies noch ihre grundsätzliche Bedeutung. Der Schreiber ist derart gutmütig und vor allem so weich und anpassungsbereit, daß man ihn willensschwach und haltlos nennen muß.

Figur 2

Die zweite hauptsächliche Bindungsform ist die sogenannte Arkade (Figur 2). Die Arkade ist eigentlich die Umkehrung der Girlande und dadurch gekennzeichnet, daß sie unten auf der Linie spitze oder stumpfe Striche zeigt, während sie oben rund ist. Führen wir mit der Hand die Bewegung der Arkade in der Luft aus, so haben wir nicht, wie dies bei der Girlande der Fall ist, die Empfindung, sehr weiche und zarte Formen zu beschreiben.

Der Arkadenschreiber ist ein im allgemeinen energischer, willensstarker und zäher Mensch. Er ist dickköpfig, schwer zugänglich und kann sich nicht leicht unterordnen. Ist eine Arkade im Verhältnis zur Schriftgröße besonders eng, so haben wir es erfahrungsgemäß mit einem Menschen zu tun, der nicht nur die geschilderten Eigenschaften besitzt, sondern außerdem auch geizig ist.

Figur 3

Die dritte und letzte der häufig vokommenden Hauptbindungsformen ist der Winkel (Figur 3). Eine Winkelschrift ist oben und unten spitz, wobei Haar- und Grundstriche nicht wie bei Girlande und Arkade zusammenfallen, sondern fast immer einzeln sichtbar bleiben. Die Bewegung, die wir in der Luft ausführen, um die Winkelschrift nachzuzeichnen, könnten wir mit einem »Ruck-Zuck« begleiten. Dem entspricht auch die Bedeutung der Winkelbindung.

Der Winkelschreiber tendiert dazu, herrschsüchtig, beharrlich, ausdauernd und schwer belehrbar zu sein. Meist zeichnet er sich durch eine gewisse Einseitigkeit aus. Nur selten ist er warmherzig, weil ihm Erfolg und Ausdauer über alles gehen.

Ist eine Winkelschrift besonders eng, so haben wir es mit einem Menschen zu tun, dessen Leben sich in engen Bahnen abspielt und der nicht gerade weltoffen ist. Auffallende Weite bei einer Winkelschrift unterstreicht den Willen zu führen, der gemäß unseren obigen Ausführungen in jedem Fall durch die Winkelschrift manifestiert wird.

Bevor wir nun noch einige Unterarten der Schriftbindung untersuchen, möchten wir auf Schwierigkeiten hinweisen, die sich bei der praktischen Auswertung der dargestellten Theorien ergeben. Ein Mensch, der Girlanden, Arkaden oder Winkel schreibt, muß nicht immer und unter allen Umständen so sein, wie er in der seiner Schriftbindung entsprechenden Deutung beschrieben wird.

Es ist nämlich durchaus denkbar und kommt in der Praxis auch vor, daß z. B. eine Handschrift, die einwandfrei als Girlande anzusehen ist, an anderen Stellen derartige Härten und Schärfen aufweist, daß die der Girlande entsprechenden Eigenschaften wie Gutmütigkeit, Weichheit und auch Anpassungsfähigkeit weitgehend davon überdeckt werden. Wohl kann man in diesem Fall sagen, diese Eigenschaften seien latent vorhanden oder sogar früher einmal dominierend gewesen. Jetzt würden sie sich jedoch nur noch gelegentlich manifestieren, weil andere, entgegengesetzte Eigenschaften sie im allgemeinen unwirksam machen. Eine ähnliche Abschwächung, wenn auch mit umgekehrten Vorzeichen, kann die Grundbedeutung der Arkade oder der Winkelschrift erfahren, wenn die übrige Schrift entsprechende gegensätzliche Merkmale aufweist.

Diese Darlegungen zeigen unserer Meinung nach deutlich, daß ein Schüler der Graphologie sich nicht an eine ernsthafte Schriftanalyse heranwagen sollte, solange er nur einen kleinen Teil seiner Studien absolviert hat. Aus diesem gleichen Grund kann ein Graphologe unmöglich die sehr oft von Laien an ihn gerichtete Bitte erfüllen, doch »ein wenig« von seiner Kunst preiszugeben. »Ein wenig« nützt hier nämlich gar nichts, weil man damit keine zuverlässigen Resultate erzielen, wohl aber großen Schaden anrichten kann.

Speziell der Duktus wird dem angehenden Graphologen noch besondere Schwierigkeiten bereiten. In der Praxis sieht man nämlich nur bei etwa der Hälfte aller Schriften eine klar als solche zu definierende Girlande, eine eindeutige Arkade oder eine unverkennbare Winkelbindung. Sonst trifft man eine Mischung, entweder von Girlanden und Arkaden oder von Arkaden und Winkeln, oder mitunter sogar von allen drei Bindungsarten an. Sehr oft ist es auch so, daß man eine unklare Bindung sieht, eine Art Grenzfall zwischen Girlande und Arkade oder zwischen Arkade und Winkel. Zumindest wird der noch ungeübte Graphologe diesen Eindruck haben, und je gewissenhafter er ist, um so schwerer fällt es ihm, sich für das eine oder das andere zu entscheiden. Sieht man dann in der übrigen Schrift – besonders bei Großbuchstaben – weiche und runde Formen, so ist die Schriftenbildung als Girlande zu beurteilen. Als Arkade muß man sie ansehen, wenn die anderen Formen gerade, streng und eher winklig als rund sind. Aber wie wir uns im Zweifelsfall auch entscheiden mögen, wir müssen auf jeden Fall noch vorsichtiger und noch objektiver als sonst untersuchen, ob die entsprechende Deutung mit allen übrigen Ergebnissen unserer Analyse übereinstimmt.

Unter den geschilderten Mischformen kommt die Mischung von Girlande und Arkade am häufigsten vor. Die Schulvorlagen enthalten diese Mischung , in denen »m« und »n« Arkaden sind, während das »u« eine Girlande bleibt. Je entwickelter eine Persönlichkeit ist, um so mehr befreit sich die Handschrift von der Schulvorlage, um die dem Schreiber gemäßen Formen anzunehmen. Die Schriftbindung von Menschen, die reife Persönlichkeiten sind und eine gefestigte Weltanschauung entwickelt haben, zeigt in der Regel keinen oder doch nur einen kaum merklichen Unterschied zwischen »m«, »n« und »u«. Ist die Mischform jedoch insofern unabhängig von der Schulvorlage, als das »m« und »n« manchmal Girlanden und manchmal Arkaden beschreiben, so haben wir es mit einem Stimmungsschwankungen unterworfenen Menschen zu tun, dem beide Bindungen ein wenig, aber keine völlig entspricht. Je nach Stimmung zeigt er sich einmal so, wie es der Girlande, ein anderes Mal, wie es der Arkade (oder dem Winkel) entspricht.

Nun ist es natürlich unmöglich, daß ein Mensch gleichzeitig weich und hart, anpassungswillig und unzugänglich ist. Wir können in einem solchen Fall deshalb kein endgültiges Urteil abgeben, sondern müssen von Schwankungen in der Stimmung und im Verhalten des Schreibers ausgehen. Dennoch kann die Analyse einer Schrift mit gemischtem Duktus ein klares Bild ergeben, da zahlreiche andere Merkmale der Handschrift zeigen, bei welcher Gelegenheit der Schreiber wie reagiert.

Eine weitere, aber seltene Form der Schriftbindung ist die sogenannte Fadenbindung (Figur 4). Die Buchstaben, die den Duktus im engeren Sinne ausmachen, also »m«, »n«, »u« und »i«, werden nicht ausgeschrieben, sondern durch einen leicht gewellten, mitunter auch geraden Strich ersetzt. Oft steht dieser Strich an Stelle von mehreren Buchstaben, wobei, wie etwa bei unserer Figur, ein »i«-Punkt anzeigt, daß mit dem Faden ein »i« und ein »n« gemeint sind.

Figur 4

Oft zeigt sich im Faden Oberflächlichkeit und gleichzeitig eine gewisse Arroganz. Der Schreiber gibt sich einfach nicht die Mühe, eine leserliche Schrift vorzulegen. Häufig ist der Faden auch Ausdruck einer großen Nervosität, begleitet von Ungeduld und einem ausgesprochenen Mangel an pädagogischen Fähigkeiten. Schließlich findet man die Fadenbindung auch in Schriften von Gelehrten. Die Denktätigkeit geht so schnell vonstatten, daß die Hand beim Schreiben einfach nicht mitkommt und deshalb Buchstabenformen durch Fäden ersetzt.

Die reine Fadenbindung ist jedoch sehr selten anzutreffen. Meist tritt sie in Verbindung mit Girlande oder Arkade auf. Am Anfang und in der Mitte der Worte ist eine klare Girlande oder Arkade zu sehen, während nur das Wortende, also die letzten ein oder zwei Buchstaben, einen Faden bildet. Auch hier ist Nervosität und Ungeduld der Hauptgrund für die Fadenbindung. Hier kann man nicht mehr von ausgesprochener Arroganz und Oberflächlichkeit sprechen, aber eine gemäßigte Überheblichkeit muß dennoch konstatiert werden. Die Bedeutung des Fadens ergänzt die der Girlande oder der Arkade. Oft äußern sich auch nervöse Krankheiten in der Fadenbindung.

Figur 5

Als letzte Bindungsform soll die Schlangenlinie (Figur 5) erwähnt werden. Wer eine Schlangenlinie produziert, ist ein gewundener, etwas heuchlerischer Charakter, der sich diplomatisch durch das Leben hindurchwindet, den eigenen Willen und die eigene Persönlichkeit dabei aber weitgehend unterdrückt. Die Bewegung der Schlangenlinie läßt unsere Deutung einleuchtend erscheinen. Schlangenlinien werden meist von Menschen geschrieben, die Angst haben.

Figur 6

Manchmal ist die Schlangenlinie durch merkwürdig gebogene Spitzen, sogenannte »Haifischzähne« (Figur 6), unterbrochen. Kommt dies vor, neigt der Schreiber nicht nur zu Heuchelei, sondern auch zur Hinterhältigkeit. Nach außen zeigt er extreme Nachgiebigkeit, kann andere aber heimlich verletzen und ihnen Schaden zufügen.

Schriftgröße

Bei der Untersuchung der Schriftgröße müssen wir unterscheiden zwischen der absoluten Größe der Schrift und der relativen Größe der Schriftteile zueinander. Die Größenverhältnisse bei Unter- und Oberlängen lassen wieder andere Deutungen zu, die wir noch in einem gesonderten Kapitel behandeln werden.

Um die Gesamtgröße einer Handschrift beurteilen zu können, sollte man zum Vergleich eine »Normalgröße« heranziehen. Jede Entscheidung des Graphologen darüber, was eigentlich als »normal« anzusehen ist und was nicht mehr, ist aber sehr schwer, weil völlige Objektivität hierbei so gut wie ausgeschlossen ist. Die Normalmaße, die wir angeben, sind daher nur ungefähre Anhaltspunkte, die aber als Richtlinien durchaus hilfreich sein können.

Die Größe der Schriftmittellage (»m«, »n«, »o«, »e«, »a« etc.) von Menschen mit eher ausgeglichenem Charakter, die sich gleichermaßen vom Gefühl wie auch vom Verstand leiten lassen, beträgt durchschnittlich etwa 3 mm (Figur 7). Dementsprechend sind die Großbuchstaben vom obersten Punkt bis auf die Linie etwa 7 bis 8 mm groß (Figur 8).

uu

Figur 7

m

Figur 8

Ist eine Handschrift im ganzen größer als die angegebenen ungefähren Normalmaße, ohne jedoch übergroß zu erscheinen, so haben wir es mit einem anspruchsvollen und bis zu einem gewissen Grad selbstzufriedenen Menschen zu tun, der seine Gefühle nicht unterdrückt. Nur wenn es sich um eine besonders große Winkelschrift handelt, können wir angesichts der Bedeutung der Winkelschrift auf einen Schreiber schließen, der sich durchaus rücksichtslos durchzusetzen vermag.

Haben wir eine Schrift zu beurteilen, deren Größe insgesamt beträchtlich unter unserem ungefähren Normalmaß bleibt, so handelt es sich meistens um Handschriften von Wissenschaftlern oder wissenschaftlich interessierten Menschen, die mehr theoretisch als praktisch begabt sind. Ist eine ausgesprochen kleine Schrift zusätzlich auffallend drucklos, handelt es sich wahrscheinlich um die eines Gelehrten, der nur für seine Spezialwissenschaft lebt und wenig Kontakt zur Außenwelt hat.

Sind die Buchstaben der Mittellage im Verhältnis zur Gesamtschrift größer, so kann der Schreiber mehr vom Gefühl als vom Verstand geleitet sein. Er reagiert immer zuerst mit dem Gefühl, und erst später setzt der kritische Verstand ein. Er ist deshalb Komplimenten und Schmeicheleien, aber auch schöngeistigen Dingen zugänglich.

Ist die Mittellage viel größer als die Gesamtschrift, muß die obige Deutung besonders unterstrichen und dadurch ergänzt werden, daß wir eine Neigung zu überschwenglichen Gefühlen und weitgehender Kritiklosigkeit beim Schreiber feststellen. Vorlieben und Abneigungen bestimmen sein Handeln. Bei sehr großer Mittellage gibt es Fälle, wo der Schreiber stark von Gefühlen beherrscht wird und sich durch einen sehr egozentrischen Charakter auszeichnet.

Finden wir jedoch in einer Handschrift eine Mittellage, die im Verhältnis zur Gesamtschriftgröße beträchtlich kleiner ist, so ist die Fähigkeit des Schreibers, Gefühle zuzulassen und zu äußern, blockiert oder unterdrückt. Er zeigt sich aus diesem Grund meist kühl, sachlich und bei seinen Handlungen vom Verstand geleitet. Die Ursache für die Unterdrückung der Gefühle ist entweder im Mißtrauen und damit verbundener Vorsicht oder in besonderen Erlebnissen wie Enttäuschungen und Liebesverlusten zu sehen. Auch wegen materieller Wünsche werden gefühlsbetonte Reaktionen oft unterdrückt. Meistens kann man aufgrund anderer Schriftmerkmale die Ursachen für eine solche Gefühlskälte einwandfrei feststellen. Der Grad der Gefühlskälte hängt wiederum vom Verhältnis der Mittellage zur Gesamtgröße ab.

Finden wir in einer Handschrift auffallend große Großbuchstaben, die nicht nur die Kleinbuchstaben, sondern auch deren Oberlängen wie bei »b«, »l« und »f« weit überragen, also sehr tief in das Gebiet der Oberlängen und somit des Geistigen eindringen, so hat der Schreiber den Wunsch, geistig weiterzukommen. Ihm fehlen jedoch die hierfür notwendigen Kräfte.

Figur 9

Sind viel zu große Großbuchstaben auch noch außergewöhnlich weit (Figur 9), so dürfen wir beim Schreiber auf eine intellektuelle Selbstüberschätzung schließen. Er hält sich für klüger, als ihm nach seinen geistigen Mitteln möglich ist. Figur 9 bringt anschaulich zum Ausdruck, daß dieser Schreiber viel Platz für sich beansprucht.

Figur 10

Sind die Großbuchstaben kaum größer, d. h. höher als die Buchstaben der Mittellage (Figur 10), so dürfen wir auf ein Gefühl von Minderwertigkeit beim Schreiber schließen, das sich durch häufiges Zögern ausdrückt. Er wagt es nicht, sich so intensiv mit geistigen Dingen zu befassen, wie er es könnte und sollte.

Schriftlage und Schriftneigung

In der Schriftlage manifestiert sich die innere und äußere Haltung eines Menschen. Wie bei der Schriftgröße sollte man auch hier zum Vergleich eine Art Normalmaß heranziehen, um festzustellen, ob und wie eine Handschrift geneigt ist. Auch hier kann das von uns angegebene Normalmaß nur ein ungefährer Anhaltspunkt sein. Bei Menschen, deren Charakter sich weder durch eine ungewöhnliche Zurückhaltung noch durch eine auffallende Unbeherrschtheit auszeichnet, beträgt der Winkel, dessen linker Schenkel die Schrift (also etwa ein »t« oder ein »f«) und dessen rechter Schenkel die Schriftlinie ist, etwa 70 Grad (Figur 11).

Figur 11

Eine Schrift, bei der dieser Winkel beträchtlich kleiner ist, bezeichnen wir als rechts geneigt. Ist dies der Fall, handelt es sich um einen Menschen, der sich nicht beherrschen kann und haltlos ist.

Wir empfehlen, bei der Feststellung dieses Winkels keinen Winkelmesser zu benutzen, da eine nur geringe Abweichung von unserem ungefähren Normalmaß graphologisch nicht unbedingt etwas zu bedeuten hat. Damit die oben angeführte Bedeutung zutrifft, muß die Rechtsneigung so stark sein, daß sie ohne jedes Hilfsmittel ins Auge springt.

Hat eine Handschrift einen Winkel über 80 Grad, bezeichnen wir sie als steil. Wir haben es dann mit einem Menschen zu tun, der über das normale Maß hinaus selbstbeherrscht ist. Der Mangel an Offenheit, den man bei einem solchen Schreiber feststellen kann, ist meist kein primärer Charakterzug, sondern das Resultat eines Willensaktes: Der Schreiber will in diesem Fall nicht offen sein, obwohl er es eigentlich sein könnte.

Andere Schriftmerkmale verraten oft die Gründe für diese bewußte Zurückhaltung, die etwa in schlechten Erfahrungen mit den Mitmenschen oder in irgendwelchen Hemmungen liegen. Bei einer linksschrägen Schriftlage, bei der der Winkel größer als 90 Grad ist und sogar 120 Grad und mehr erreichen kann, kann man nicht mehr, wie bei der Steilschrift, von einer berechtigten und in vielen Fällen sogar durchaus angenehmen Zurückhaltung sprechen. Wir müssen vielmehr feststellen, daß der Schreiber etwas zu verbergen hat oder doch wenigstens glaubt etwas verbergen zu müssen. Es kann sich dabei sowohl um etwas handeln, das »objektiv« gar nicht zu verurteilen wäre, als auch um etwas, das das Gewissen des Schreibers belastet, obwohl es in Wirklichkeit eine recht harmlose Angelegenheit sein kann. In den meisten Fällen handelt es sich bei dem, was kaschiert werden soll, um sexuelle Probleme oder um unehrliches Handeln. Die übrige Beschaffenheit der Schrift erlaubt es sehr oft, dies recht genau zu definieren.

Bei der praktischen Auswertung dieser Deutung kann der Graphologe gar nicht vorsichtig genug sein. Es ist durchaus möglich, daß sich die betreffende Person nur einbildet, etwas verbergen zu müssen. Sie sieht etwa durch eine sehr strenge und repressive Erziehung eine harmlose Kleinigkeit als einen schweren Charakterfehler. Um auf unehrliche oder andere problematische Tendenzen sicher schließen zu können, muß die übrige Schrift einer genauen Analyse unterzogen werden.

Enge und Weite der Schrift

Geiz, Verschwendungssucht, Kleinlichkeit, Großzügigkeit und alle Abstufungen, die es zwischen den Extremen dieser Charaktereigenschaften geben kann, werden durch die Enge oder die Weite einer Schrift verraten.

Wir wollen davon absehen, in Millimetern anzugeben, was etwa als normale Weite einer Handschrift anzusehen ist, weil unser Maßstab je nach der Schriftgröße verschieden sein müßte. Der Graphologe muß einfach intuitiv erkennen, ob eine Handschrift im Verhältnis zur Gesamtschriftgröße eng oder weit ist. Mit einiger Übung wird es auch dem Laien bald gelingen, dies sehr leicht festzustellen.

Ist eine Handschrift sehr eng, so bedeutet dies, daß der Schreiber geizig ist. Er neigt zudem zu Vorsicht und Vorurteilen. Der Schreiber handelt niemals ganz seinen Gefühlen entsprechend. Aus Angst vor einem Verlust oder Nachteil läßt er oft zu viel Zeit verstreichen, ehe er sich zum Handeln entschließt. Er verpaßt Chancen und fällt Entscheidungen immer zu spät.

Wenn eine sehr enge Schrift allerdings gleichzeitig auch hoch ist, muß die obige Deutung durch die Feststellung abgeschwächt werden, daß bei aller Engstirnigkeit der Unternehmungsgeist des Schreibers nicht gelitten hat. Wohl gilt auch für ihn, daß er geizig, vorsichtig, konservativ und voller Vorurteile ist, aber er wird dennoch keine Chance verpassen und Gelegenheiten, die Profit versprechen, rechtzeitig wahrnehmen.

Sehen wir in einer Handschrift zwar recht eng geschriebene Wörter, dabei aber große Zwischenräume zwischen den einzelnen Wörtern, dann verliert die Schriftenge weitgehend ihre ungünstige Auslegung. Man kann nicht mehr von Vorurteilen, sondern nur noch von einer gewissen Einseitigkeit sprechen. Die großen Zwischenräume, die die eng geschriebenen Worte säuberlich voneinander trennen, zeigen, daß der Schreiber nach Klarheit sucht und Ordnung in sein Inneres bringen will. Große Zwischenräume bürgen auch dafür, daß sich der Schreiber niemals kleinlich oder geizig zeigen wird, obwohl die enggeschriebenen Wörter darauf hinweisen, daß seine Großzügigkeit von seinem Pflichtbewußtsein reguliert wird.

Untersuchen wir eine Schrift, in der uns die Wörter normal weit geschrieben erscheinen, während die Zwischenräume unverhältnismäßig groß sind, konstatieren wir Organisationstalent und den Wunsch, Ordnung zu schaffen. Der Schreiber ist oft zu großzügig, denn hier werden die großen Zwischenräume nicht durch entsprechend eng geschriebene Wörter ausgeglichen.

Da andererseits die Wörter nicht besonders weit geschrieben sind, müssen wir auch im Hinblick auf die Großzügigkeit des Schreibers eine Einschränkung machen: Solche Schreiber sind eher großzügig mit dem Geld anderer Menschen als mit dem eigenen. Wenn es um Firmengelder geht, sagen sie sich: Die Firma kann das doch leicht zahlen!

Bei derselben Schriftbeschaffenheit (normal weit geschriebene Wörter mit sehr großen Zwischenräumen) müssen wir auf die letzte Einschränkung verzichten, wenn die Schrift zusätzlich ausgesprochen drucklos ist. Die Drucklosigkeit verrät in solchen Fällen (wenn auch nicht in allen, wie wir später sehen werden) einen gewissen Mangel an Energie. Der Schreiber ist im allgemeinen zu großzügig und leichtsinnig, auch wenn es um sein eigenes Geld geht.

Die Raumeinteilung bei Briefen und besonders die Beschaffenheit des freigelassenen Randes hängt eng mit der Enge und Weite der Schrift zusammen. Auch die entsprechenden Schlußfolgerungen gehören in dieselbe Deutungsgruppe. Die Raumeinteilung ist nicht nur eine Frage der Großzügigkeit, sondern auch des Einteilungstalents.

Wenn bei einer weiten Schrift kein Rand freigelassen ist, mangelt es dem Schreiber an Großzügigkeit. Meistens kann man bei solchen Schriften auch feststellen, daß am Ende einer großzügig gestalteten Zeile plötzlich ein Wort eng aufeinandergedrängt geschrieben wurde, das dabei sogar manchmal einen Bogen nach oben oder nach unten beschreibt, damit es auf dem verbliebenen Raum überhaupt noch Platz findet. Am Anfang der nächsten Zeile beginnt die Verschwendung des Raumes von neuem. Diese oft leichtsinnige Großzügigkeit des Schreibers wird ab und zu unterbrochen. Dann bemüht der Schreiber sich um bessere Raumeinteilung. Häufig wirken diese Versuche aber eher komisch, weil er dabei meist an der falschen Stelle Platz einspart.

Die Aufteilung des Raumes bei Briefen (Datum, Adresse, Anrede, Absätze, Unterschrift usw.) erlaubt auch Rückschlüsse auf den persönlichen Geschmack des Schreibers sowie auf seinen Sinn für Ästhetik und sein Gefühl für Raumaufteilung. Über Fragen des Geschmacks kann man weder diskutieren noch irgendwelche starren Regeln aufstellen. Das Urteil des Graphologen bleibt hier mehr als bei allen anderen Beurteilungen subjektiv gefärbt.

Verbundenheit der Schrift

Ob und wie die Buchstaben einer Schrift verbunden sind, gibt Auskunft über das Denken des Schreibers und über die Charaktereigenschaften und Fähigkeiten, die im wesentlichen durch das Denken bestimmt werden. Um Mißverständnisse zu vermeiden, wollen wir feststellen, daß mit Denken ein Aspekt der Intelligenz gemeint ist. Geistige Eigenschaften, die weitere Aspekte der Intelligenz umfassen, werden nicht in der Verbundenheit der Schrift, sondern in anderen Merkmalen, besonders in den Oberlängen und der Vereinfachung der Schrift ausgedrückt.

Unserer Deutung nach werden Anpassungsfähigkeit und Schnelligkeit des Denkens nicht aus dem Schriftbild abgeleitet, sondern aus der Fähigkeit, lange Wörter ohne Unterbrechung zu schreiben. Man muß aber sagen, daß eine mehrmals geschickt »zusammengeflickte« und auch deshalb nur scheinbar verbundene Schrift nicht die gleiche Bedeutung hat wie die »echte« Verbundenheit.

Untersuchen wir nun das andere Extrem: die unverbundene Schrift. Sie ist so beschaffen, daß zwar nicht jeder Buchstabe für sich allein steht, die Schrift aber oft unterbrochen ist und viele einzeln stehende Buchstaben aufweist.

Das häufige Absetzen bedeutet nun aber nicht einfach die Umkehrung der obigen Deutung. Wohl dürfen wir einen Mangel an Spontaneität feststellen, weil das häufige Absetzen in jedem Fall entweder Hemmungen oder bewußte Zurückhaltung dokumentiert. Aber mangelndes logisches Denkvermögen, langsames Denken und ähnliche Umkehrungen der obigen Deutung dürfen wir nicht annehmen.

Bei einer unverbundenen Girlandenschrift können wir in Anlehnung an die Bedeutung der Girlande auf Unentschlossenheit und Schwäche schließen. Der Schreiber scheut sich vor Verantwortung.

Da Arkaden- und Winkelschriften Schwäche und Furcht weitgehend ausschließen, muß es sich bei den Schreibern von unverbundenen Schriften um berechnende Menschen handeln.

Ist eine unverbundene Schrift klein, muß unsere Deutung etwas abgewandelt werden. Zwar kann hier eine Tendenz zur Spitzfindigkeit festgestellt werden, aber nicht aus Gründen der Hinterhältigkeit, sondern als Ergebnis der sehr methodischen Denkweise des Schreibers. Im übrigen läßt die Unverbundenheit einer Schrift auch auf Schüchternheit schließen.

Stellen wir fest, daß eine unverbundene Schrift, die viele einzeln stehende Buchstaben aufweist, mit auffallend langen Unterlängen versehen ist, ergibt sich aus der Kombination der Deutung beider Merkmale, daß der Schreiber ein geistesgegenwärtiger, sarkastischer Mensch mit Neigung zur Spekulation ist.

Nicht selten sind Handschriften, bei denen die einsilbigen Wörter völlig oder vorwiegend verbunden, längere Wörter aber nach Silben getrennt sind, obwohl dies in den meisten Fällen sicherlich nicht die bewußte Absicht des Schreibers war. Die Trennung nach Silben verrät uns dennoch eine sehr methodische, überlegte Denkweise, die den Schreiber erfahrungsgemäß auch dazu befähigt, sehr schlagfertig in seinen Antworten zu sein.

Sehr oft sieht man bei Handschriften, daß Anfangsbuchstaben, besonders Großbuchstaben, allein stehen, während der Rest der Buchstaben ganz oder vorwiegend verbunden ist. Schreiber von alleinstehenden Anfangsbuchstaben gönnen sich beschauliche Unterbrechungen bei ihrer Beschäftigung und sind eher gemütliche Menschen. Meistens besitzen sie einen ausgesprochenen Sinn für Humor. Die entsprechende Schwäche, die bei den meisten Schreibern dieser Art anzutreffen ist, besteht in einer gewissen Sprunghaftigkeit, die sich sowohl in den Interessen des Schreibers als auch in seinem Denken manifestiert.

Bedenklich ist es, wenn wir in einer Handschrift miteinander verbundene Wörter finden. Die Eigenart, nicht einmal nach einem abgeschlossenen Wort den Stift vom Papier zu lösen, zeugt von Rastlosigkeit. Unüberlegt und überstürzt handelnde Menschen schreiben so. Sie sind meist nicht imstande, Aufgaben zu delegieren.

Zeilenführung

Die Art der Zeilenführung dokumentiert im wesentlichen die Beständigkeit oder Unbeständigkeit des Willens und der Gefühle des Schreibers und sagt etwas über seine Stimmung aus. Die hier dargelegten Deutungen können nur dann praktische Anwendung finden, wenn die zu untersuchende Handschrift nicht auf liniertem Papier geschrieben und auch kein sogenanntes Linienpapier als Schreibhilfe unterlegt wurde. Dies kann man an der Regelmäßigkeit des Zeilenabstandes meistens sehr leicht feststellen.

Ist eine Zeile gerade und so beschaffen, daß auch innerhalb der Worte keine Schwankungen und Abweichungen von der Zeile zu bemerken sind, ist der Schreiber ein Mensch mit Selbstdisziplin. Nach außen hin wird er oft Beständigkeit im Wollen und Fühlen und in seiner Grundstimmung beweisen. Ob diese Beständigkeit auch innerlich ständig oder doch vorwiegend vorhanden ist, kann an der Zeilenführung allein nicht mit Sicherheit festgestellt werden.

Sehr häufig sind Schriften, bei denen die Zeilen ebenfalls gerade zu nennen sind, aber Schwankungen und Abweichungen von der Linie innerhalb der Wörter festgestellt werden können. Wer solche Zeilen produziert, hat den Wunsch, so zu sein, wie der Urheber der völlig geraden Zeile: Er möchte sehr beherrscht wirken und nicht aus dem Gleichgewicht geraten. Er gibt sich durchaus Mühe, nicht launisch zu sein, es gelingt ihm aber nur manchmal und nicht vollständig.

Beobachten wir an einer Handschrift eine schwankende Zeilenführung, so können wir die Deutung der völlig geraden Zeile in ihr Gegenteil verkehren. Der Schreiber ist unbeständig, und zwar nicht nur in seiner Stimmung, sondern auch in seiner Meinung. Bei manchen Schriften ist absolut keine Einhaltung der Zeile mehr festzustellen. Die Buchstaben greifen oft von einer Zeile in die andere hinein. Dann haben wir es meist mit einem labilen Menschen zu tun.

Zahlreich sind die Schriften, in denen die Zeilen entweder ansteigen oder abfallen. Dem Laien fallen die ansteigenden oder abfallenden Zeilen oft vor allen anderen Merkmalen auf. Er schließt bei ansteigenden Zeilen auf Optimismus, bei abfallenden Zeilen auf Pessimismus. Diese Deutung ist aber nur bedingt richtig und geht oft am Wesentlichen vorbei; in sehr vielen Fällen ist nämlich die körperliche Befindlichkeit Hauptursache der ansteigenden oder abfallenden Zeile. Bevor wir urteilen, müssen wir immer erst sehen, ob eine Handschrift keine Krankheits- oder Schwächezeichen enthält, etwa eine zittrige Strichführung oder Unterbrechungen mitten in den Buchstaben.

Wenn wir an der Schrift eines gesunden Menschen eine ansteigende Zeilenführung feststellen, dürfen wir auf optimistischen Elan schließen. Der Schreiber sollte sich physisch aber nicht verausgaben und für seine Arbeit nicht alle Körperkräfte aufwenden. Es ist ein Überschuß an physischer Kraft, der wahrscheinlich in vielen Fällen neben psychischen Faktoren zu einer optimistischen Stimmung beiträgt und so das Ansteigen der Zeile verursacht.

Sind in einer Schrift mit ansteigenden Zeilen die Anfangsbuchstaben von oben geholt (ein Merkmal, das wir erst später vorstellen), so ist zu der obigen Deutung noch hinzuzufügen, daß der Schreiber nach geistigen Werten sucht.

Sehen wir in der Schrift eines kranken Menschen eine ansteigende Zeilenführung, so müssen wir bei ihm den festen Willen konstatieren, sich nicht unterkriegen zu lassen. Wenn man will, kann man auch dies als Ausdruck von Optimismus werten.

Die absteigende Zeile weist auf eine vorübergehende Müdigkeit, Pessimismus oder Krankheit hin, wobei das eine durch das andere bedingt ist. Stellen wir die absteigende Zeile an der Schrift eines Gesunden fest, so bedeutet dies, daß der Schreiber durch seine Arbeit ermüdet ist. Ganz besonders aber muß ein Sich-Gehen-Lassen vermerkt werden sowie die Neigung des Schreibers, sich oft zu beklagen. In all dem liegt natürlich auch ein gewisser Hang zum Pessimismus. In der Schrift eines alten Menschen verrät die absteigende Zeile oft einen Zustand großer Erschöpfung.

Es gibt auch Schriften, in denen die Zeilen zunächst ansteigen und dann plötzlich wieder heruntersinken, also einen sanft an- und absteigenden Hügel beschreiben. Die zunächst ansteigende Tendenz beweist einen gewissen Elan, sowohl in physischer als auch in psychischer Hinsicht, während das Absteigen in derselben Zeile auf schnelle Ermüdung hinweist. Der Schreiber ist auch leicht zu entmutigen. Einerseits ist er körperlich nicht sehr stabil, andererseits neigt er dazu, sich sehr leicht, oft wegen Kleinigkeiten, Sorgen zu machen.

Als mögliche Form stellen wir die erst sinkende, dann ansteigende, also eine Art Talmulde beschreibende Zeilenführung vor. Daß die Zeilenführung zuerst nach unten geht, kann hier nicht als Ermüdung, Pessimismus oder Schwäche gewertet werden, weil diese Deutung durch die dann wieder ansteigende Zeile aufgehoben würde. Diese Art der Zeilenführung ist bei Menschen zu finden, die sich nur sehr langsam und schwerfällig zu etwas entschließen können, dann aber um so fester auf ihrem Entschluß beharren und durch nichts zu entmutigen sind. Solche Schreiber zeichnen sich oft auch dadurch aus, daß sie bei der Ausführung ihrer Aufgaben fremde Hilfe ablehnen und alles alleine schaffen wollen.

Druckverteilung

Wenn man eine Schrift mit starker Druckbetonung für ein Zeichen von Energie, auffallend wenig Druck hingegen für ein Merkmal mangelnder Energie hält, so ist das an sich richtig. In der Praxis jedoch können wir mit dieser Feststellung nicht viel anfangen, denn es ist einerseits möglich, daß eine drucklose Schrift diejenige eines energischen Menschen ist, und andererseits nicht auszuschließen, daß eine auffallend druckbetonte Schrift von einem nur scheinbar energischen Menschen produziert wurde.

Um zu einem richtigen Urteil zu kommen, muß man nicht nur beachten, ob eine Druckbetonung überhaupt vorhanden ist, sondern auch, wie diese beschaffen ist und wo sie sich befindet.

Eine kalligraphische Schrift mit druckschwachen Haarstrichen und druckbetonten Grundlinien, wie sie Figur 12 zeigt, ist aus graphologischer Sicht nicht so positiv zu beurteilen, wie der Laie angesichts der »schönen Handschrift« meinen mag. Denn wer sich zu eng an die Schulvorlage hält, beweist damit eine übertriebene Anpassungsbereitschaft. Ihr fehlt jeder Ausdruck von Originalität und eigener Persönlichkeit. Der Schreiber hat in diesem Fall nicht gelernt, selbständig zu denken.

In der Praxis bekommt man recht selten eine völlig kalligraphische Schrift vorgelegt. Meistens sind selbst in sogenannten Schönschriften einige Zeichen persönlicher Prägung enthalten, so daß die obigen Feststellungen nur relativ selten in so krasser Form praktische Anwendung finden. Der regelmäßige Druck in den Grundstrichen bei ausgeschriebenen, individuellen Handschriften ist positiv zu bewerten. Der Schreiber weiß genau, was er will. Er ist energisch, zäh und beständig und schwer zu entmutigen. Natürlich muß dieser Befund mit den übrigen Ergebnissen der Schriftanalyse genau verglichen und in Einklang gebracht werden.

Sofort fällt der über das Normale hinausgehende, starke Druck in den Grundstrichen auf, der auf Energie und einen starken Willen schließen läßt. Bei der Analyse ist ratsam, starke Druckbetonung nicht als unabhängiges Merkmal, sondern nur in Verbindung mit dem Duktus auszuwerten.

Die bereits bekannte Deutung des Duktus ist bei starker Druckbetonung wie folgt zu ergänzen: Bei der Girlande ver-

Figur 12

sucht der Schreiber zwar sich durchzusetzen, ist dabei jedoch nicht rücksichtslos; bei der Arkade ist der Schreiber sehr zielstrebig. Auch bei einer Winkelschrift kann die erhebliche Druckstärke die uns bereits bekannte Deutung unterstreichen. Der Schreiber ist dementsprechend sehr herrschsüchtig.

Manchmal sieht man auch eine Schrift, bei der ein starker Druck nur in der Mittel- oder Gefühlslage auffällt. (Figur 13). Hier haben wir es erfahrungsgemäß mit Menschen zu tun, die Gefühle vortäuschen, und das meist, um materielle Vorteile zu erlangen.

Figur 13

Beobachten wir zu wenig Druck bei einer Handschrift, kann dies Ausdruck mangelnder Energie sein. Wenn die Schrift aber ansonsten fest und die Schriftlage steil oder beinahe steil ist, kann selbst die druckschwache Schrift diejenige eines sehr zähen und ausdauernden Menschen sein.

Erst wenn eine druckschwache Schrift gleichzeitig stark rechts-geneigt ist, ergibt sich aus der Kombination beider Merkmale, daß der Schreiber ein Mensch mit sehr wenig Energie und Kraft ist.

Untersuchen wir nun den willkürlich verteilten Druck, worunter wir eine Art der Druckbetonung verstehen, die sich nicht an die Schulvorlage (dünne Haarstriche, druckbetonte Grundstriche) hält, sondern bei der im Gegenteil die Grundstriche oft ganz zart, die Haarstriche hingegen stark druckbetont sind (Figur 14). Die durch den Druck angezeigte Energie wird dadurch eingeschränkt, daß der Schreiber Stimmungswechseln unterliegt, für die oft nicht der geringste Anlaß besteht. Er wechselt auch häufig, ohne plausible Erklärungen dafür zu geben, seine Meinung. Der Schreiber ist ein unkontrolliert handelnder Mensch.

Figur 14

Sehr interessant und gar nicht selten sind Handschriften, die im allgemeinen auffallend druckschwach sind, während die Durchstreichungen im Oberlängenbereich (besonders beim »t«), die »i«-Punkte sowie die »u«-Haken und Akzente eine starke Druckbetonung aufweisen (Figur 15). Die auffallende Druckstärke im Oberlängenbereich ist durch die Schrift nicht

Figur 15

motiviert und legt nahe, daß der Schreiber mitunter ebenso unmotiviert anmutende Äußerungen macht. Da die Oberlänge aber u.a. etwas über Wünsche und Sehnsüchte verrät, dürfen wir daraus folgern, daß der Schreiber sich in der Theorie energisch zeigt, während er in der Praxis sehr häufig versagt. Sorgsame Vergleichsarbeit des Autors hat die Richtigkeit dieser Schlußfolgerung immer wieder bewiesen. Der Schreiber zeigt sich oft auch unmotiviert herrschsüchtig. Gerade weil er nicht energisch genug handelt, was er als Manko empfindet, tritt er betont gebieterisch auf.

In vielen Handschriften ist die Druckverteilung entgegengesetzt, indem die allgemeine Schrift stark druckbetont, die Durchstreichungen, »i«-Punkte, »u«-Haken und Akzente aber auffallend druckschwach sind (Figur 16). Der allgemein starke Druck weist auf ein betont energisches Verhalten des Schreibers hin. Im Oberlängenbereich aber fehlt der Druck, was auf mangelnde Energie und geringes Selbstvertrauen des Schreibers im geistigen und theoretischen Bereich schließen läßt.

tinte

Figur 16

Im Verhalten des Schreibers äußert sich diese merkwürdige Druckkombination erfahrungsgemäß so, daß er sich gegenüber gleichgestellten Menschen, besonders aber gegenüber ihm untergebenen Mitarbeitern, herrisch und rücksichtslos zeigt, während er sich vor allem bei Höhergestellten duckt. Es handelt sich hier also um den sogenannten »Radfahrer-Charakter«.

ll fi o

Figur 17

Bei manchen Schriften, besonders bei denen junger Menschen, entdecken wir an den Enden der Buchstaben merkwürdige punktartige Druckbetonungen (Figur 17). Bei diesen Schreibern finden wir eine kindliche Unbekümmertheit.

Als letztes Merkmal behandeln wir in diesem Kapitel Verschmierungen, d.h. »zusammengeklebte« »e«-Köpfe, Ober- und Unterschleifen, sowie andere Buchstabenteile, die zwar nicht durch Druckbetonung entstehen, aber dennoch wie stark handbetonte Partien wirken und deshalb hier besprochen werden. Sie entstehen besonders bei Verwendung von Tinte. Haben wir es mit über das ganze Schriftbild verteilten Verschmierungen zu tun, dürfen wir ganz einfach feststellen, daß der Schreiber tatsächlich ziemlich unordentlich und unkorrekt ist.

Findet man in seiner Handschrift jedoch nur hin und wieder leichte Verschmierungen, wobei möglichst der gleiche Buchstabe manchmal verschmiert, manchmal sauber ist, dann haben wir es mit einem sinnesfreudigen Menschen zu tun, der für die Genüsse des Lebens offen ist.

Sehen wir bei einer Handschrift ausschließlich verschmierte »e«-Köpfe (Figur 18), die nicht zu verwechseln sind mit den später besprochenen fehlenden »e«-Köpfen (siehe an späterer Stelle), so haben wir es mit einem leber- oder gallenleidenden Menschen zu tun, dem dringend die Konsultierung eines Facharztes zu empfehlen ist, falls er sich nicht bereits in ärztlicher Behandlung befindet.

Figur 18 ◀

Formung der Vokale

Die Beschaffenheit der Vokale gibt über Art und Intensität von Gefühlen Auskunft. Wir können aus der Beschaffenheit der Vokale auf die Charakterzüge schließen, bei denen der Hauptakzent beim Gefühl liegt. Eine Eigenschaft, die nach unserem Dafürhalten hauptsächlich durch das Gefühl beeinflußt wird, ist die Offenheit beziehungsweise Verschlossenheit gegenüber Mitmenschen. Die Formung der Vokale »a« und »o« gibt darüber Auskunft.

Beginnen wir mit der Untersuchung der ganz offenen »a« und »o« (Figur 19). Aus dem bisher Gesagten folgern wir, daß diese offene Formung der Vokale Offenheit bedeutet, was jedoch nur bedingt richtig ist, denn es kommt auch auf die Beschaffenheit der übrigen Schrift an.

Figur 19 ◀

Finden wir solche ganz offenen »a« und »o« in einer Girlandenschrift, so ergibt die Kombination dieser beiden Merkmale eine absolute Offenheit. Der Schreiber ist sehr vertrauensselig und äußert seine Gedanken und Ansichten ohne Hemmungen. Man muß bei dieser Deutung allerdings hinzufügen, daß der Schreiber auch jede fremde Meinung akzeptiert und kritiklos weitergibt.

In einer Arkaden- oder Winkelschrift bedeuten die ganz offenen »a« und »o« eine geringere Offenheit, die um so schwächer ist, je enger die Arkaden oder Winkel sind, und die um so stärker ist, je weiter die Bindung wird. Im übrigen äußert der Schreiber seine Meinung und seine Weltanschauung eher schroff. Er übt gerne und offen Kritik, spricht aber selten von sich und seinen Gefühlen.

Die offenen »a« und »o« einer linksschrägen Schrift haben nur untergeordnete Bedeutung. Möglicherweise lassen sie darauf schließen, daß der Schreiber das Bedürfnis hat, sich mitzuteilen, aber nicht den Mut dazu besitzt.

Monat

▶ **Figur 20**

Zu unterscheiden ist zwischen ganz offenen »a« und »o« (siehe Figur 19) und halboffenen »a« und »o« (Figur 20). Während die völlige Offenheit der »a« und »o« auffallend ist und sofort ins Auge springt, muß man bei den halboffenen Vokale näher, etwa mit einer Lupe, hinsehen. Wir erwarten zu Recht, daß nun die Deutung der halboffenen eine Abschwächung der Bedeutung der ganz offenen »a« und »o« bringt. Finden wir die halboffenen »a« und »o« in einer Girlandenschrift, so hält der Schreiber mit seinen Ansichten nicht zurück. Er ist spontan und öffnet sich ohne Angst gegenüber seinen Mitmenschen. Wir können jedoch nicht von Schwatzhaftigkeit oder zu großer Vertrauensseligkeit sprechen. Bei Arkaden- und Winkelschriften bedeuten die halboffenen »a« und »o«, daß der Schreiber sich neuen Eindrücken nicht verschließt.

Nach allem bisher Gesagten ist klargeworden, daß halboffene »a« und »o« in einer linksschrägen Schrift ohne jede Bedeutung sind und deshalb bei der Analyse dieser Schrift vernachlässigt werden können.

Gar nicht selten sind solche Schriften, bei denen alle oder doch annähernd alle, »a« geschlossen sind, während die »o« offen geschrieben werden und umgekehrt. Die sorgfältige

Vergleichsarbeit des Autors hat ergeben, daß im ersten Fall der Schreiber sehr zurückhaltend über andere Menschen spricht und ihm Anvertrautes sehr diskret behandelt, während er offen und gerne von sich selbst spricht.

Im zweiten Fall aber, wenn die »a« offen, die »o« jedoch geschlossen sind, haben wir es mit einem Menschen zu tun, der offen über andere Menschen und allgemeine Dinge spricht, über sich selbst aber schweigen kann.

Während das »o« also etwas über den Schreiber selbst aussagt und sozusagen ein »Buchstabe des Selbst« ist, zeigt das »a« das gefühlsmäßige Verhalten des Schreibers anderen Menschen gegenüber. Dies hat nichts damit zu tun, daß das Wort »andere« mit einem »a« beginnt, obwohl dieser Umstand uns hilft, die vorliegende Deutung leichter im Gedächtnis zu behalten.

Wir kommen nun zu den zwanglos geschlossenen »a« und »o« (Figur 21). Es gibt hier weder besondere Schleifen noch Einrollungen, wie sie im folgenden abgebildete Figuren zeigen, sondern der Verschluß der Vokale ergibt sich harmonisch und zwanglos.

Monat

Figur 21 ◀

Die allgemeine Deutung dieses Merkmals für Girlanden als auch Arkaden und Winkelschriften lautet: Der Schreiber ist aufrichtig, jedoch abwägend und vorsichtig. Er kann schweigen, wenn er will. Während der zweite Teil der Deutung eigentlich immer zutreffend ist, muß der Befund der Aufrichtigkeit noch durch andere Schriftmerkmale bestätigt werden. Zumindest aber darf die sonstige Schriftanalyse keine gegenteiligen Resultate ergeben.

In vielen Handschriften sieht man künstlich geschlossene »a« und »o« (Figur 22). Der oft spitz endende Verschlußstrich wird meist direkt im Schreibfluß hingesetzt, manchmal auch nachträglich hinzugefügt. Nur selten sieht man in einem größeren Schriftstück, daß alle Verschlußstriche ihren Zweck erfüllen. Vielfach bleiben wie in Figur 22 Lücken.

Monat

Figur 22 ◀

Aus unserem Beispiel ergibt sich die folgende mögliche Deutung: Der Schreiber ist im Grunde sehr offen. Er weiß

dies, betrachtet es aber gleichzeitig als Schwäche und bemüht sich, zu schweigen, was ihm aber nicht immer gelingt.

Die künstlich geschlossenen »a« und »o« können auch einzeln auftreten. Auch hier gilt die Zuordnung: »o« = Ich; »a«
= die anderen Menschen. Ist nur einer der beiden Vokale
künstlich geschlossen, kann der andere ganz offen, halboffen
oder zwanglos geschlossen sein.

Bei der praktischen Auswertung benutzt man zunächst die
Deutung des Vokals, der nicht künstlich geschlossen ist. Da
diese Deutung aber jeweils beide Vokale umfaßt, muß für
den künstlich geschlossenen eine Einschränkung gemacht
werden. Sind bei einer Schrift die meisten »a« zwanglos geschlossen, während die »o« künstlich geschlossen sind, benutzen wir zunächst die Deutung der Figur 21 (zwanglos
geschlossene »a« und »o«). Das künstlich geschlossene »o«
aber macht folgende Einschränkung notwendig, die wir der
ersten Deutung einfach hinzufügen: Dies trifft (bis auf die
Aufrichtigkeit) nicht zu, wenn vom Schreiber selbst und seinen eigenen Angelegenheiten die Rede ist. Zwar bemüht er
sich auch dort, zurückhaltend und verschwiegen zu sein,
dies gelingt ihm aber nur selten.

Es dürfte nach diesen Ausführungen nicht mehr schwierig
sein, auch für die anderen Kombinationsmöglichkeiten jeweils die richtig zusammengestellte Deutung zu finden,
selbst wenn dabei noch Duktusverschiedenheiten berücksichtigt werden müssen.

Figur 23

Manchmal sieht man bei einer Handschrift auch »a« und
»o«, die mit einer durchgezogenen Schleife verschlossen sind
(Figur 23). Hier beruht die Zurückhaltung des Schreibers auf
Empfindlichkeit. Er wehrt sich strikt gegen Eingriffe in sein
Innenleben (beispielsweise durch eine graphologische Analyse). Er hat Angst vor der eigenen Courage und seinen Trieben. Die uneingestandene Ursache dieser Zurückhaltung
und Angst besteht in repressiver oder auch übervorsichtiger
Erziehung und starker Bindung an Konventionen.

Figur 24

Nun kommen die eingerollten »a« und »o« (Figur 24). Wir
nennen diese Form »eingerollt«, weil der Bauch des »a« und

»o« jeweils zweimal, teils neben-, teils übereinander geschrieben wird, so daß die Schreibbewegung sich tatsächlich wie ein Faden oder ein Draht um eine imaginäre Rolle dreht. Manchmal, wie in Figur 24, ist die Doppelform deutlich sichtbar, manchmal aber decken sich beide Formen ziemlich genau, so daß sie nur den Eindruck stärkeren Drucks erwekken. Unter der Lupe läßt sich die Doppelspur jedoch leicht erkennen. Dieses Merkmal verrät oft einen unaufrichtigen und berechnenden Charakter. Aber diese Deutung ist nicht immer zutreffend. Wir haben die typisch eingerollten »a« und »o« mehrfach bei Handschriften von Menschen festgestellt, über deren aufrichtigen und integren Charakter kein Zweifel bestehen kann. Soweit es sich hierbei um alte Leute handelt, stehen die eingerollten »a« und »o« für eine konservative Einstellung. Die Gefühle, die durch »a« und »o« ausgedrückt werden, sind verschüttet. Bei jüngeren Menschen kann man in der Regel, falls die ungünstige erste Deutung nicht zutrifft, starke gefühlsmäßige Hemmungen feststellen, die sich auch im Einkapseln der »Gefühls«-Vokale manifestieren.

Finden wir in einer Handschrift sowohl eingerollte »a« und »o« als auch Verschmierungen, so ist der Schreiber kein integrer Mensch. Auch in Verbindung mit bestimmten anderen Merkmalen, wie z. B. mit linksschräger oder auch zu sehr rechts geneigter Schriftlage, können die eingerollten »a« und »o« auf bedenkliche Charakterfehler hinweisen.

Auf jeden Fall ist bei der praktischen Auswertung die allergrößte Sorgfalt notwendig, weil der Graphologe durch eine falsche Deutung einen anständigen Menschen als unehrlich hinstellen würde. Es ist deshalb in jedem Fall dringend anzuraten, eingerollte »a« und »o« in einer sonst sauberen und gleichmäßigen Schrift, die keines der anderen, ausdrücklich von uns erwähnten ungünstigen Merkmale aufweist, niemals als Zeichen von Unehrlichkeit anzusehen. Im Zweifelsfall ist es besser, zugunsten des Schreibers zu entscheiden und in der Analyse absolute Ehrlichkeit nicht auszuschließen.

Mit den bisher angesprochenen Möglichkeiten sind die häufigsten Formen der Schreibweisen von »a« und »o« behandelt. Die scheinbar geringe Anzahl dieser Hauptformen wird durch Unterschiede in Größe, Druckbetonung, Lage usw. vervielfacht. Diese Verschiedenheiten müssen natürlich berücksichtigt werden, ändern jedoch nichts an der Bedeutung der grundsätzlichen Formung. Nun folgen einige seltener auftretende Formen, die manchmal auch das »o«, vorwiegend aber das »a« betreffen.

Figur 25

Die Figur 25 zeigt das »Kufen-a«, dem wir diesen Namen gegeben haben, weil es Ähnlichkeit mit einer Schlittenkufe hat. Selbst wenn das »Kufen-a« nicht in der Mitte absetzt, sondern in einem einzigen Schwung zu Ende geschrieben wird, unterscheidet es sich deutlich vom eingerollten »a«. Denn links oben bleibt bei ihm eine klare Öffnung, während das eingerollte »a« an dieser Stelle völlig geschlossen ist.

Wer solche »a« schreibt, läßt sich bedenkenlos von seinen Gefühlen leiten. Wir können auch sagen: Er »schlittert« hinein in seine Gefühle, was sich als Eselsbrücke für das »Kufen-a« sehr leicht merken läßt. Selbstverständlich ist diese Deutung nicht spekulativ aus der Kufenform abgeleitet worden, sondern das Resultat sehr gewissenhafter Vergleichsarbeit des Autors. Es gibt übrigens auch das »Kufen-d«, das dieselbe Bedeutung hat.

Figur 26

Finden wir, wie in der Figur 26, in einer Handschrift besonders groß geformte kleine »a«, so verrät das einen starken psychischen Geltungsdrang und einen gesteigerten Wunsch nach Anerkennung. Manchmal sieht man bei einer Handschrift offene oder auch geschlossene »a« mit einem sehr langen Verbindungsstrich (Figur 27). Dieses Merkmal verrät, selbst wenn es nicht in der offenen , sondern in der geschlossenen Form auftritt, einen Hang zu Indiskretion.

Figur 27

Figur 28

Das waagerecht durchschnittene »a« (Figur 28) (nicht zu verwechseln mit dem eingerollten »a«), bedeutet das Gegenteil des soeben besprochenen »a« mit dem langen Verbindungsstrich. Nach unseren Erfahrungen heißt dies: Sein Urheber kann schweigen.

Figur 29

Hin und wieder sieht man in einer Handschrift links geöffnete »a« und »o«, bisweilen auch »g«-Köpfe (Figur 29).

Erfahrungsgemäß bedeutet dieses Merkmal Neugierde in erotischen Dingen. Der Schreiber sucht Stimulationen und ist offen für alles, was an die Gefühle appelliert.

Gar nicht selten sind Handschriften, bei denen beim »a« der Bauch eher quer zur allgemeinen Schriftlage als parallel zu dieser liegt (Figur 30). Bei einer Männerschrift bedeutet dies, daß der Schreiber häufig an Sex denkt. Bei einer zittrigen und oft unterbrochenen Männerschrift kann dieser quergelagerte »a«-Bauch ein Symptom für eine Prostataerkrankung sein. Finden wir diese Schreibweise aber in einer Frauenschrift, so haben wir es mit einer Schreiberin zu tun, die Angst vor einer Schwangerschaft hat.

Figur 30

Beobachten wir bei einer Handschrift zu große Bäuche bei den »a«, »o« und »g« (Figur 31), so bedeutet das bei jeder Schriftlage eine gewisse Überspanntheit der Gefühle und Neigung zur Sentimentalität. Die Gefühle werden wie die Schrift aufgebauscht. Dieses Merkmal unterscheidet sich von dem in Figur 26 dargestellten dadurch, daß die Vokale vorwiegend in die Breite gehen, während das »a« in Figur 26 sichtlich nach oben strebt. Außerdem findet sich jene Ausdehnung nach oben fast ausschließlich beim »a«, während das in Figur 31 dargestellte Merkmal gleichzeitig bei »a«-, »o«- und »d«-Bäuchen auftritt.

Figur 31

Merkwürdig ist das in Figur 32 gezeigte, fast wie gedruckt geschriebene »a«, das unten rechts geschlossen oder auch mit einer kleinen Öffnung versehen sein kann. Vergleichende Analysen des Autors haben ergeben, daß der Urheber dieses Merkmals bei seinen Gefühlsäußerungen unaufrichtig sein kann. Dieser Unaufrichtigkeit liegt sehr oft Berechnung zugrunde.

Figur 32

Eine gewisse Ähnlichkeit in der Form mit dem fast gedruckten »a« finden wir bei dem »a« mit dem fehlenden Rücken (Figur 33). Wir finden dieses »a« oft in den Schriften von Menschen, die in der Liebe alles versprechen und nichts halten. Sie gehen oft sehr leichtfertig mit den Gefühlen anderer um. Die Deutung ergibt sich hier direkt aus der Schreibweise. So entspricht der dem »a« fehlende Rücken einem Mangel an »moralischem Rückgrat«.

Figur 33

Figur 34

Eine ganz andere Bedeutung haben die nach unten offenen »a« und »o« (Figur 34), die, so merkwürdig sie aussehen, dennoch ab und zu anzutreffen sind. Es ist möglich, daß ein Merkmal in einer Originalschrift ganz anders aussieht. Worauf es bei einem Merkmal ankommt, damit die Deutung zutreffend ist, wird dann in der Beschreibung jeweils deutlich gesagt. Das gerade behandelte unten offene »a« z. B. kann größer oder kleiner, ja vielleicht sogar ganz anders geschrieben sein, wie etwa in Figur 35. Dennoch hat es dieselbe Bedeutung wie das »a« in Figur 34, weil das Wesentliche, nämlich die deutliche Öffnung nach unten, beiden Formen gemeinsam ist. Das gilt ausnahmslos für alle hier vorgestellten Figuren. Es ist deshalb besonders ratsam, sich den Sinn der Merkmalbeschreibungen fester einzuprägen als die Form der einzelnen Figuren.

Figur 35

Das nach unten, also zur praktischen und materiellen Seite hin geöffnete »a« (auch das »o«) zeigt symbolisch das Fehlen einer materiellen Grundlage. Dieses Merkmal bedeutet Angst, materielle Werte zu verlieren. Manchmal, je nach der übrigen Schrift, ist diese Angst von Geiz begleitet. Häufiger kommt das aus einer doppelten Schleife bestehende »a« vor (Figur 36).

Figur 36

Dieses »a« sieht aus, als ob die zweite Schleife das Spiegelbild der ersten sei. Wir finden es bei Menschen, deren Gefühle nicht erwidert werden und die deshalb ihre Gefühle übertreiben. In der Schrift von begabten Schauspielerinnen und Schauspielern kommt dieses »a« häufig vor.

Figur 37

In Figur 37 sehen wir ein »a«, dessen Bauch so dick ist, daß der Endhaken im Vergleich dazu geradezu verkümmert wirkt, da er etwas in der Luft hängt und nicht wieder auf die Zeile herunterkommt. Dieses Merkmal kann ein oftmals Anzeichen für eine Krankheit sein, die die Leber oder die Galle betrifft. Findet man dieses Merkmal allerdings in einer sehr feinen und zarten Schrift, so dürfen wir es nicht als Hinweis auf eine Erkrankung bewerten, sondern müssen feststellen, daß der Schreiber vielmehr zu aufgesetzter Fröhlichkeit tendiert. Der »aufgepumpte« Bauch des »a« entspricht hier also dem Hang, sich künstlich in Hochstimmung zu versetzen.

Die Figur 38 zeigt uns das gespaltene »a«. Auch dieses Merkmal weist symbolisch auf seine Bedeutung hin, denn die Vergleichsarbeit des Autors ergibt immer wieder, daß das gespaltene »a« auf gespaltene Gefühle beim Schreiber hindeutet.

Monat

Figur 38 ◀

Manche Menschen schreiben das »a« wie ein »o«, und zwar so verblüffend ähnlich, daß man es nur merkt, wenn man Wörter liest, in denen »a« enthalten sind. Andere Menschen schreiben das »o« wie ein »a«, und zwar ebenfalls so deckungsgleich, daß wir auf die figürliche Darstellung beider Merkmale verzichten können. Auch hier gilt wieder unsere aus der Erfahrung geschöpfte Formel: »o« = Ich; »a« = die anderen. Wer also das »a« wie ein »o« schreibt, identifiziert sich leicht mit anderen Menschen; er versetzt sich in sie hinein. Wer aber das »o« wie ein »a« schreibt, projiziert gerne seine Eigenschaften in andere Menschen.

Mit der eigentlich etwas ungenauen Bezeichnung »Ich« meinen wir die Gesamtpersönlichkeit des Schreibers, also sowohl das bewußte Ich als auch das unbewußte Selbst. Dabei liegt der Hauptakzent beim »o« auf letzterem. Der andere typische »Ich -Vokal« ist aus naheliegenden Gründen das »i«, dessen Formung im Gegensatz zum »o« speziell über das bewußte Ich Auskunft erteilt. Unsere These, daß das »o« etwas über das Ich des Schreibers aussagt, wird durch die folgenden zwei Beispiele noch unterstützt.

Monat

Figur 39 ◀

In Figur 39 sehen wir das von uns so genannte »zerquetschte o«. Dieses Merkmal, das man leicht übersehen kann, findet sich in relativ vielen Schriften. Es wird von Menschen produziert, die nicht im Einklang mit ihrem unbewußten Selbst leben. Sie wissen nicht, was in ihnen vorgeht, und es ist ihnen völlig unmöglich, sich selbst zu analysieren.

Monat

Figur 40 ◀

Manchmal sieht man in einer sonst verbundenen Schrift alleinstehende »o« (Figur 40). Nachdem die Grundbedeutung des »o« bekannt ist, erscheint es logisch, was das alleinstehende »o« bedeutet: Der Schreiber zieht sich in sich zurück.

Während wir bei den anderen Vokalen die Großbuchstabenformen gesondert behandeln wollen, weil diese ja über die Mittel- oder Gefühlslage hinausragen und ihre Deutung somit die Gruppe der Gefühls- und Willenseigenschaften verläßt, machen wir beim »i« eine Ausnahme. Denn die »Höhenlage« des großen »I« spielt eine viel geringere Rolle als die Assoziation: »i« = »Ich«.

Stellen wir in einer durchschnittlich großen und druckbetonten Handschrift einige große »I« fest, die durch Größe oder Druck besonders hervorgehoben sind und dadurch aus dem allgemeinen Bild herausragen, so haben wir es bei dem Schreiber mit einem Menschen zu tun, der ein starkes Geltungsbedürfnis besitzt. Er will seine Person und seine Leistungen zur Schau stellen. Es kann sich hierbei um den Versuch handeln, einen Minderwertigkeitskomplex auszugleichen, worüber die übrige Schriftbeschaffenheit immer eine klare Auskunft gibt.

► **Figur 41**

Eigenartig und sehr selten anzutreffen ist das in Figur 41 gezeigte merkwürdig verzierte große »I«. Dieses Merkmal bedeutet Selbstbetonung, die sehr verschieden aussehen kann. In welcher Hinsicht der Schreiber sich besonders gewertet sehen will, geht aus diesem Merkmal nicht hervor. Die übrige Schriftbeschaffenheit muß diese Frage beantworten. Der besseren Übersicht halber wollen wir an dieser Stelle noch zwei andere große »I«-Formen beschreiben, obwohl ihre Deutung nicht in die Gruppe der Eigenschaften hineinpaßt, die etwas über das Ich-Bewußtsein aussagen.

► **Figur 42**

Manchmal beobachtet man bei einer Schrift ein im Bogen von oben geholtes großes »I«, etwa wie es die Figur 42 zeigt. Auf diese merkwürdige Weise drückt sich symbolisch der Wunsch des Schreibers aus, sich an der Religion festzuklammern. Er versucht förmlich, den Himmel zu sich auf die Erde herunterzuholen, um der Alltäglichkeit des Lebens zu entkommen.

Als letzter Vokal bleibt somit das »e« zu untersuchen. Da sich das kleine »e« vollständig innerhalb der Gefühlslage befindet, wundert es nicht, daß auch die Formung dieses Vokals vorwiegend über Emotionen Auskunft erteilt. Dabei sehen wir von einigen besonderen Formen ab, die physische Krankheiten verraten, von denen uns eine, nämlich der verschmierte »e«-Kopf als Anzeichen eines Leber- oder Gallenleidens, bereits bekannt ist (siehe Figur 18).

Nachdem wir gesehen haben, daß das »a« in erster Linie etwas über die gefühlsmäßige Einstellung anderer Menschen gegenüber, das »o« etwas über das eigene Selbstbewußtsein und das »i« Wesentliches über das Ich verrät, wollen wir hier vorwegnehmen, daß das »e« u. a. etwas über die gefühlsmäßige Einstellung des Schreibers zu seiner Familie aussagt. Um Mißverständnisse zu vermeiden, wollen wir präzisieren, daß hier die blutsverwandte Ursprungsfamilie gemeint ist und nicht etwa die durch Heirat neugegründete Familie. Dies schließt auch die eigenen Kinder aus, wenn wir bei der Auslegung bestimmter »e«-Formen von familiären Gefühlen sprechen. Diese beziehen sich also nur auf Großeltern, Eltern, Geschwister, Onkel, Tanten und deren Kinder. Natürlich haben Eltern und Geschwister aus naheliegenden Gründen die größere Bedeutung, als dies bei entfernten Verwanden der Fall ist.

Sehr zahlreich sind die Handschriften, in denen die »e«-Köpfe völlig fehlen (Figur 43), so daß das »e« sehr leicht mit einem »i« ohne Punkt verwechselt werden kann. Dieses Merkmal steht für fehlende Gefühle des Schreibers, soweit diese seine Familie (siehe obige Definition) betreffen. In extremen Fällen, wenn in einem größeren Schriftstück ausnahmslos sämtliche »e«-Köpfe fehlen, kommt man zu dem Schluß, daß der Schreiber mit seiner Ursprungsfamilie nichts mehr zu tun hat oder gefühlsmäßig all seinen Familienangehörigen gegenüber zumindest indifferent ist, selbst wenn er noch Beziehungen zu ihnen unterhält. Das übrige Gefühlsleben des Schreibers ist von den fehlenden »e«-Köpfen nicht betroffen.

Figur 43

Der extreme Fall, daß wirklich sämtliche »e«-Köpfe fehlen, ist jedoch selten. Häufiger ist eine Mischung aus normal geformten, der Schulvorlage entsprechenden »e« und solchen mit fehlenden Köpfen. Das normale »e« verrät positive Gefühle für die Familie. Die mehr oder weniger zahlreichen »e«, bei denen der Kopf fehlt, machen eine Einschränkung der Deutung des normalen »e« notwendig. So kann man die Gesamtdeutung beider Formen etwa so formulieren: Bei sonst harmonischen Beziehungen zur Familie müssen die Gefühle des Schreibers zu einem oder mehreren Mitgliedern seiner Familie abgekühlt sein.

eine enge

Figur 44

Die Figur 44 zeigt uns mehrfach ein »e«, das einen deutlich sichtbaren Kopf hat und bei dem der Anstrich fehlt (worauf es bei diesem Merkmal am meisten ankommt). Der Schreiber scheint sich hier zu beeilen, sofort mit dem Schreiben des »e«-Kopfes zu beginnen. Dieses Merkmal findet man oft in Schriften von Menschen, die sich durch ein sehr starkes, über das Normale hinaus entwickeltes Familiengefühl auszeichnen. Es würde uns schwerfallen, das Maß des »Normalen« zu definieren; begnügen wir uns deshalb mit der Feststellung, daß Urheber des in Figur 44 dargestellten »e« ihren Familienangehörigen eine auffallende, nicht alltägliche Liebe entgegenbringen.

Hier müssen wir darauf aufmerksam machen, daß es sehr wohl möglich ist und in der Praxis auch gar nicht selten vorkommt, daß sich in einem Schriftbild die in Figur 43 und Figur 44 gezeigten »e«-Formen gleichzeitig finden. Dabei verhält es sich so, daß der Rückschluß auf überdurchschnittlich starke Familiengefühle im allgemeinen seine Gültigkeit behält, wobei nur ein oder einige wenige Mitglieder der Familie, gegen die eine Abneigung besteht, davon ausgeschlossen sind. Diese haben die ursprüngliche Verbundenheit des Schreibers mit seiner Familie nicht zu beeinträchtigen vermocht.

enger

Figur 45

Sehr viel seltener als die beiden ersten »e« ist die in Figur 45 gezeigte Form zu beobachten. Das Wort »enger« zeigt sehr deutlich, daß die charakteristische Eigenart dieses »e« darin besteht, daß es die anderen Buchstaben der Mittellage beträchtlich überragt und Ähnlichkeit mit einem »l« bekommt. Solche »e« schreiben Menschen, die in ihrer Familie Halt suchen. Auch über andere, ebenfalls vorwiegend gefühlsbestimmte, wenn auch nicht speziell auf die Familie bezogene Eigenschaften kann das kleine »e« Auskunft geben. Figur 46 zeigt das eingerollte »Schnecken-e«. Zu Recht erinnert uns diese Form an das eingerollte »a« (siehe Figur 24). Wie dieses zeigt uns das eingerollte »e« die Tendenz des Schreibers, etwas zu verheimlichen.

enge, e

Figur 46

Über eine so häufig vorkommende Eigenschaft wie die Empfindlichkeit gibt kein anderer Buchstabe so klar Auskunft
wie das »e«. Menschen, die sehr empfindlich sind, oft harmlose Kleinigkeiten übelnehmen und bei jeder Gelegenheit
persönlich gekränkt reagieren, schreiben eingeknickte »e«,
wie sie uns die Figur 47 zeigt.

e, der enge

Figur 47

Wir sehen deutlich, besonders bei dem vergrößerten »e«,
daß der mit Elan geführte Anfangsstrich in dem Moment,
wo der »e«-Kopf beginnen soll, gestoppt und scharf nach
unten abgeknickt wird. Wenn nun diese Abknickung besonders scharf, d. h. wenn der entstehende Winkel besonders
spitz ist, müssen wir unserer obigen Deutung noch hinzufügen, daß der Schreiber aus Eitelkeit zu Unaufrichtigkeit
tendiert.

Diese Deutung hat nur scheinbar nichts mit jener der Grund-
form zu tun, denn in der Tat ist die zweite Deutung eine
Steigerung der ersten. Wie es C. G. Jung in mehreren seiner
Werke deutlich zeigt, ist eine auffallende Empfindlichkeit die
Folge eines Minderwertigkeitskomplexes. Ein Minderwertigkeitsgefühl drückt sich aber meistens durch ein gesteigertes
Geltungsbedürfnis aus. Was nun die Urheber des scharf eingeknickten »e« betrifft, so haben wir die Beobachtung gemacht, daß ihr Geltungsbedürfnis sich vorwiegend auf geistiger Ebene abspielt. Aus unterdrückter Eitelkeit, die seinem
übertriebenen Minderwertigkeitsgefühl entspringt, leugnet
der Schreiber bestimmte Tatsachen einfach ab, erfindet oder
verschweigt sie.

Beobachtet man allerdings bei einer Schrift, die scharf eingeknickte »e« enthält, gleichzeitig offene »a« und »o«, die ja
im Prinzip ein Zeichen von Offenheit sind, so muß die obige Deutung etwas abgewandelt werden. Solche Schreiber
werden in der Regel nicht versuchen, Tatsachen abzuleugnen
oder Dinge frei zu erfinden. Aber da sie dennoch das Bedürfnis haben, ihre gesteigerte Eitelkeit zu befriedigen, schießen
sie in der Schilderung ihrer Erlebnisse und Taten über das
Ziel hinaus. Sie geben einen Bericht, dessen Kern der Wahrheit entspricht, wobei Einzelheiten aber übertrieben und ausgeschmückt wiedergegeben werden, so daß sich ein sehr
positives Bild vom Erzähler ergibt.

Trotz dieser eindeutigen Merkmalauslegung ist es in der Praxis oft nicht leicht, richtig abzuschätzen, wie das eingeknickte »e« bei der Gesamtbeurteilung eines Charakters zu bewerten ist. Zahlreich sind nämlich Schriften, bei denen nur ein Teil der »e«-Köpfe eingeknickt ist, während viele andere durchaus normal geformt sind. Hier ist es wichtig zu bestimmen, wie empfindlich der Schreiber möglicherweise ist und richtig abzuschätzen, in welchem Maß die Empfindlichkeit die anderen in der Schrift angezeigter Eigenschaften beeinflußt.

Um die Gesamtübersicht zu erleichtern, weisen wir hier noch auf einige besondere Großbuchstabenformen des »a« und des »e« hin, obwohl diese Formen ihrer Bedeutung nach mit den in diesem Kapitel behandelten Eigenschaftsgruppen nichts mehr zu tun haben und eigentlich in das Kapitel der Besonderheiten gehörten.

Figur 48

In machen unbeholfenen Schriften beobachten wir das in Figur 48 gezeigte große »A«. Es verrät einen ausgesprochenen Mangel an Originalität. Der Schreiber hat keine eigenen Ideen.

Figur 49

Das vereinfachte, spitze »A«, das uns die Figur 49 zeigt, wird erfahrungsgemäß von Menschen geschrieben, die sehr genau sind, den Dingen gerne auf den Grund gehen und gut analytisch denken können.

Figur 50

Das runde oder doch abgerundete »A« (Figur 50) verrät uns, daß sein Urheber den Wunsch hat, die Welt zu verbessern und anderen Menschen zu helfen.

Figur 51

Eine weitere »A«-Form zeigt uns die Figur 51. Dieses »A« hat einige Ähnlichkeit mit einer Staffelei. Es wird tatsächlich oft von Menschen geschrieben, die eine gute Urteilskraft im Hinblick auf künstlerische Dinge besitzen, sich durch einen entwickelten Sinn für Proportionen auszeichnen und dazu neigen, sich eher bildhaft als abstrakt auszudrücken.

Figur 52

Die letzte hier untersuchte »A«-Form sieht aus wie ein vergrößertes kleines »a«, dessen Bauch durch eine Schleife gespalten wird (Figur 52). Schreiber dieses »A« handeln in der Regel nicht nach ihren eigenen, sondern nach fremden Gesetzen, und sie sind sich dessen bewußt. Je höher die spaltende Schleife sitzt, um so bewußter ist sich der Schreiber seiner Abhängigkeit von fremden Vorstellungen.

Das häufig anzutreffende gedruckte große »E« kann sehr verschieden geschrieben werden, was bei näherem Hinsehen leicht festzustellen ist. Die Figur 53 zeigt uns das gedruckte »E«, dessen Balken alle etwa gleich lang sind. Unsere Figur zeigt, daß es sowohl in Steil- als auch in Schrägschrift zu finden ist. Dies trifft übrigens auch für die meisten anderen Merkmale zu. Wer solche »E« schreibt, ist in der Regel ein fleißiger Mensch, der sich nicht unterkriegen lassen will. Er sträubt sich sowohl gegen die Willkür des Schicksals als auch gegen fremden Einfluß. Er ist ein geistig beweglicher Mensch, sehr oft ein Künstler.

Figur 53

Bei dieser Gelegenheit ist es angebracht, die für alle Merkmale gültige Feststellung zu machen, daß das Nichtvorhandensein eines Merkmals nicht unbedingt das Nichtvorhandensein der entsprechenden Charaktereigenschaft bedeutet. Die jeweilige Eigenschaft kann oft an anderen Merkmalen der Schrift genauso deutlich abgelesen werden. Es wäre also z. B. ein absurder Schluß zu sagen: Dieser Schreiber macht keine eingeknickten »e«-Köpfe, folglich ist er nicht empfindlich und leicht zu kränken. Unsere Rückschlüsse können immer nur aus deutlichen, in der Schrift sichtbaren Merkmalen abgeleitet werden, und nicht aus deren Nichtvorhandensein.

Doch kehren wir zu den gedruckten großen »E« zurück. Die Figur 54 zeigt uns eine Variante von dieser Form, in der der untere Querbalken deutlich länger ist als die beiden anderen. Der längere Balken befindet sich in der Gefühlslage, und die ganze Figur ruht förmlich auf diesem unteren Balken. Es liegt deshalb die Schlußfolgerung nahe, daß der Schreiber sich sehr auf sein Gefühl verläßt. Er reagiert nur dann mit dem Verstand, wenn auch seine Gefühle noch mitschwingen können.

Figur 54

Die folgende Form des gedruckten großen »E« ist so beschaffen (Figur 55), daß der obere Balken frei in der Luft

Figur 55

schwebt. Alle Schreiber dieser »E«-Form haben nach bisheriger Erfahrung den gemeinsamen Zug, religiöse Dogmen abzulehnen.

$\mathcal{E}$, $\mathcal{E}$, $\mathcal{E}$

► **Figur 56**

Die Figur 56 zeigt uns das dickbauchige große »E«, dessen Breite unten am größten ist. Das Hauptanliegen des Schreibers solcher »E« ist es, sich um jeden Preis eine sichere materielle Basis zu schaffen. Für Geld ist er zu vielem bereit.

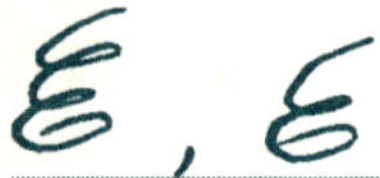

$\mathcal{E}$, $\mathcal{E}$

► **Figur 57**

Das von uns so genannte »Korkenzieher-E« (Figur 57) wird von Menschen geschrieben, die – meist ohne Erfolg – versuchen, sehr schwierige Zusammenhänge zu verstehen. Die gleiche »Korkenziehertendenz« kann man übrigens auch manchmal bei anderen Großbuchstaben beobachten.

Unsere Deutung trifft auch dort zu, wenn die Schreibbewegung oben mit einer bohrenden Spitze beginnt und das ganze Gebilde an einen Korkenzieher oder ein anderes Schraubgewinde erinnert. Dabei muß diese Form die Lesbarkeit des Buchstabens nicht unbedingt beeinträchtigen.

Oberlängen und Oberschleifen

Dieses Kapitel gibt Auskunft über die Bedeutung von Merkmalen, die vorwiegend etwas über die Pläne und Wünsche des Schreibers aussagen, sowie über das Ausmaß seiner Phantasiebegabung.

Wir beginnen bei den Oberschleifen mit derjenigen Form, die als normal anzusehen ist, d. h. die sowohl am Anfang als auch in der Mitte oder am Ende eines Wortes vorkommen kann, gut proportioniert ist und in Größe und Form etwa der Schulvorlage entspricht. In der Regel haben wir es bei den Schreibern solcher Oberschleifen mit Menschen zu tun, die klar denken und sprechen und die ihre rege Phantasie zu zügeln wissen. Diese Feststellungen haben wie immer nur dann Gültigkeit, wenn die Analyse der übrigen Schriftbeschaffenheit keine diese Deutung einschränkende oder gegenteilige Ergebnisse zeigt.

Die Deutung der »normalen« Oberschleife ist nicht sehr originell, sie beschreibt Eigenschaften, die nicht besonders markant sind, sondern auf sehr viele Menschen zutreffen. Wir haben die Erfahrung gemacht, daß eine Analyse recht allgemein und unpersönlich zu werden droht, wenn man gewissenhaft auch auf all diejenigen Merkmale eingeht, die mehr oder weniger genau der Schulvorlage entsprechen. Dann ist es für den Graphologen schwierig, die persönlichen Züge des Schreibers herauszuarbeiten, weil derartige Charakterzüge in der Schrift nicht zu finden sind. Es ist ratsam, sich in solchen Fällen nicht dazu verleiten zu lassen, eine Aufzählung der erwähnten »Normaleigenschaften« vorzunehmen, die an sich zwar zutreffend, aber langweilig wäre.

Sind in einer Handschrift alle Oberschleifen verkümmert, und zwar nicht nur bei den Kleinbuchstaben (Figur 58), sondern auch bei den Oberlängen der Großbuchstaben, so bedeutet dies nicht unbedingt einen Mangel an Phantasie, wie man leicht annehmen könnte, sondern verweist auf den Wunsch des Schreibers, alles zu vereinfachen. Er unterdrückt Phantasien und Wünsche, um sich von ablenkenden Gedanken zu befreien.

hänslich

Figur 58 ◀

Mit dieser Feststellung ist die Deutung dieses sehr häufig zu findenden Merkmals noch nicht erschöpft. Wir müssen auch hier bei der weiteren Deutung zwischen Girlandenschreibern einerseits und Arkaden- und Winkelschreibern andererseits unterscheiden.

Finden wir verkümmerte Oberschleifen in einer Girlandenschrift, so begnügen wir uns im wesentlichen mit der obigen Deutung. Wir fügen lediglich hinzu, daß der Schreiber ehrlich darum bemüht ist, sich nicht von Süchten, Leidenschaften und übertriebenem Egoismus leiten zu lassen.

Für eine Arkaden- oder Winkelschrift gilt weiterhin, daß der Schreiber sich bemüht, seine Phantasie in Zaum zu halten. Er tut dies, weil er klar und logisch denken und urteilen will. Oft ist solch ein Schreiber derart sachlich, daß Gefühle *ha ete, Cache*

► Figur 59

dabei auf der Strecke bleiben. Bei manchen Schriften können wir die von rechts her abgerissene Oberschleifen beobachten (Figur 59). In diesem Merkmal äußern sich erfahrungsgemäß die Konzentrationsschwierigkeiten des Schreibers. Diese werden meist von einer gewissen Freudlosigkeit und Unlustgefühlen begleitet.

halte, earhe

► Figur 60

Verkürzte Oberlängen, also sowohl Schleifen als auch schleifenlose Buchstabenoberteile, zeigt uns die Figur 60. Es ist hierbei gleichgültig, ob die Schleifen bauchig sind oder nicht. Wesentlich ist nur, daß die Oberlängen gedrungen sind, die Mittellage also nur wenig überragen. Hier handelt es sich bei den Schreibern um Menschen, die ihr Wissen nicht weitergeben wollen.

Viele Schriften enthalten unmäßig geschwollene, lange Oberschleifen, auf deren Darstellung wir verzichten, weil es hier kein Maß und keine Grenzen gibt. Manchmal überragt die Oberschleife die Mittellage um das Fünf- bis Zehnfache. Auf jeden Fall fällt dieses Merkmal ohne weiteres auf.

Da die Oberlängen aber auch Auskunft über die Selbsteinschätzung geben, liegt die Schlußfolgerung nahe, daß es sich hier um den Ausdruck eines mäßig ausgeprägten Selbstbewußtseins handelt. Je größer und ausgedehnter die Oberschleifen, desto mehr tendiert der Schreiber zu einem möglicherweise krankhaft übersteigerten Geltungsdrang.

Cache

► Figur 61

Ganz anders sind Oberschleifen zu beurteilen, die zwar umfangreich, aber nicht allzu lang sind (Figur 61). Wie die Figur zeigt, unterscheiden sich diese Oberschleifen nur dadurch von der »Normalform«, daß sie deutlich bauchiger sind. Sie verraten eine stark ausgeprägte Phantasie. Daraus können wir auch erzählerische Fähigkeiten ableiten. Phantasie und Wirklichkeit trennt der Schreiber manchmal nicht, so daß seine Tatsachenberichte, die ein weniger phantasiebegabter Mensch als übertrieben und ausgeschmückt empfinden müßte, ihm selbst dagegen als durchaus wahrheitsgetreu erscheinen.

Bei strenger Beurteilung entnehmen wir jetzt also den sehr bauchigen Oberschleifen auch eine Tendenz zu Übertreibungen, die ein sehr wahrheitsliebender Mensch wohl schon als störend empfinden wird. Dennoch sollten wir zwischen diesem recht liebenswürdigen Zug, der als das Resultat einer sehr starken Phantasie gewertet werden kann, und der Unaufrichtigkeit einen Unterschied machen, die sich etwa in eingerollten »a« und »o«, in eingeknickten »e«-Köpfen und mitunter in linksschräger Schriftlage äußert. Im Grunde sind diese Schreiber ehrlich und anständig, was auch in vielen Fällen durch die übrige Beschaffenheit der Schrift bestätigt wird. Die rege Phantasie, auf die die bauchigen Oberschleifen hinweisen, kann aber auch auf ein gesteigertes Geltungsbedürfnis deuten.

Ausgeschmückte Oberschleifen sind nicht nur umfangreich, sondern beschreiben auch besondere Schnörkel und kleine Sonderschleifen. Man kann dies manchmal bei den Oberlängen der Kleinbuchstaben, viel öfter aber bei den Oberteilen von Großbuchstaben beobachten. Auf eine zeichnerische Darstellung verzichten wir, weil einerseits die mit Schleifen und Schnörkeln »reich« verzierten Buchstaben sofort auffallen und weil es andererseits gar keine Norm für dieses Gebilde gibt. Gerade hier hat der Schreiber die Möglichkeit, seiner Phantasie ungehindert zu folgen. Oft erinnern uns diese Oberschleifen an jene schwungvollen Schriftzüge, die wir aus alten Urkunden kennen.

Derart verschlungene Oberschleifen weisen auf verworrenes Denken hin. Bei dieser Gelegenheit können wir auch umgekehrt den Lehrsatz aufstellen: Je weniger Schnörkel eine Schrift aufweist, um so klarer und exakter denkt und urteilt der Schreiber. Wir haben es bei deutlicher Häufung von verschlungenen Oberschleifen also mit einem jener nicht sehr zahlreichen Merkmale zu tun, deren Bedeutung durch kein anderes Schriftzeichen aufgehoben wird, sondern immer dominiert.

Die oben zugespitzte Oberschleife (Figur 62), die man sehr häufig beobachten kann, darf erfahrungsgemäß nach ihrem Symbolgehalt beurteilt werden. Der Schreiber bohrt sich mit dieser Spitze förmlich in das Gebiet des Geistigen hinein, und zwar hauptsächlich mit dem Ziel, sich zu profilieren. Das vorliegende Merkmal bedeutet also, daß der Schreiber

Figur 62

61

einen sehr stark ausgeprägten Geltungsdrang besitzt und sehr ehrgeizig ist.

▶ Figur 63

Die Figur 63, die ein großes »G« darstellen soll, zeigt ein Beispiel von sich spiegelnden Oberschleifen. Dieses an sich seltene Merkmal kann bei den folgenden Großbuchstaben auftreten: »G«, »I«, »J« und »L«. Manchmal sieht man es auch bei zwei aufeinanderfolgenden Kleinbuchstaben. Auch hier deutet es auf Eigenliebe und Eitelkeit hin und fällt mit der Symbolik des Merkmals zusammen. Die kurze, aber prägnante Deutung sollte gerade, weil sie einen nicht sehr sympathischen Charakterzug beschreibt, nur dann als zutreffend angesehen werden, wenn man seiner Sache wirklich ganz sicher ist. Die spiegelbildartige Wirkung entsteht dadurch, daß die Schleifen sich nicht parallel nebeneinander, wie etwa bei zwei kleinen »l«, wenn sie normal geschrieben sind, sondern symmetrisch-winklig zueinander befinden, so daß die eine tatsächlich gut das Spiegelbild der anderen sein könnte. Auf Bruchteile von Millimetern kommt es in diesem Fall selbstverständlich nicht an, wir dürfen jedoch auch geringe Abweichungen von der Parallelität zweier Oberschleifen nicht als sich spiegelnde Schleifen ansehen.

Die folgenden zwei Merkmale behandeln wir zusammenhängend, weil sie eine gewisse Ähnlichkeit in der Form haben. Da sie sich in ihrer Bedeutung aber sehr unterscheiden, ist es wichtig, sie nicht miteinander zu verwechseln. Es handelt sich dabei um die eingeknickte, d. h. nach links abgeknickte Oberschleife (Figur 64) und die nach links geneigte

▶ Figur 64

Oberlänge. Hier sind nicht nur wie sonst ausschließlich Oberschleifen, sondern auch schleifenlose Oberteile von »d«, »t« usw. gemeint (Figur 65).

▶ Figur 65

Die Ähnlichkeit der beiden Merkmale ist offensichtlich. Dennoch besteht ein wesentlicher Unterschied darin, daß die Oberschleifen in Figur 64 einen deutlichen Knick aufweisen, während sie in Figur 65 nur nach hinten abgebogen und aus der allgemein rechtsschrägen Schriftlage in eine eher linksschräge Lage gebracht werden.

Die eingeknickte Oberschleife (siehe Figur 64) verrät einen Mangel an seelischer und moralischer Festigkeit. Der Akzent liegt bei dieser Deutung mehr auf der Gefühlsebene als auf der Verstandesebene, weil der Knick, auf den es hier besonders ankommt, sich genau noch an der Grenze der Mittellage befindet.

Diese mangelnde moralische und seelische Festigkeit ist in der Regel von zwei weiteren Eigenschaften begleitet. Die erste ist Eitelkeit. Wir verweisen hier nochmals auf C. G. Jungs Theorie, daß Minderwertigkeitsgefühl und Empfindlichkeit sehr oft Hand in Hand gehen. Die zweite Eigenschaft besteht in dem, was wir generell als eine »schmutzige Phantasie« bezeichnen. In manchen Fällen verraten eingeknickte Oberschleifen allerdings auch Neigungen zu geistigen Störungen. Es versteht sich jedoch von selbst, daß eine Handschrift außer dem hier behandelten Merkmal noch viele andere eindeutige Zeichen enthalten muß, bevor der Schluß auf geistige Störungen gezogen werden darf. Die eingeknickte Oberschleife kann in dieser Hinsicht nur als ergänzender Anhaltspunkt dienen.

Die nach links abgebogene Oberlänge (siehe Figur 65) ist dagegen ganz anders zu deuten. Die sich von der eingeschlagenen Schreibrichtung abwendende und nach hinten beugende Bewegung kann wiederum symbolisch gedeutet werden. Der Schreiber ist ein »Sternengucker«, d. h. er hängt in übertriebenem Maß seinen Gedanken nach, wobei er eine gewisse Gleichgültigkeit gegenüber den alltäglichen Notwendigkeiten an den Tag legt.

Die unterschiedlichen Deutungen dieser beiden Merkmale zeigen, wie wichtig es ist, Verwechslungen zu vermeiden. Auch das nächste Merkmal, die nach rechts geneigte Oberlänge (Figur 66) kann wieder symbolisch gedeutet werden. Die Deutung von Schriftmerkmalen nach ihrem Symbolgehalt wird von vielen Seiten als unwissenschaftlich abgelehnt. Diese Art der Deutung paßt sich zunächst nicht sehr gut in das Bild ein, das wir durch die Überlegungen zur Methodik der Graphologie entworfen haben. In diesem Buch geht es aber nicht darum, wissenschaftliche Beweise vorzulegen. Vielmehr werden Thesen aufgestellt, die sich in der graphologischen Praxis als zuverlässig erwiesen haben und die auch im konkreten Fall anzuwenden sind.

Figur 66

Figur 66 zeigt, daß sich die Oberlängen deutlich nach vorn über die sonst eingehaltene Schriftlage herunterbeugen. Es bedarf keiner außergewöhnlichen Phantasie, um diese Bewegung mit einem sich verneigenden Menschen zu vergleichen. Unsere Beobachtung hat auch tatsächlich ergeben, daß die Urheber der nach rechts geneigten Oberlängen unterwürfige Menschen sind, die in der Regel sehr höflich sind, was sich besonders im Umgang mit Vorgesetzten oder sozial Höhergestellten erweist.

Figur 67

Eine weitere Möglichkeit der Oberschleifenbildung zeigt uns die Figur 67. Wir sehen, daß der Schnittpunkt der Linien hier sehr hoch liegt. Außerdem beobachten wir meistens gleichzeitig eine gekrümmte Linienführung, die eine Abflachung der eigentlichen Schleife verursacht. Wir haben also im Grunde eine verkleinerte, nach oben künstlich zusammengedrängte Oberschleife vor uns, wobei der Buchstabe jedoch nicht kleiner wird. Die Urheber dieses Merkmals sind in der Regel Menschen, die ihre Phantasie unterdrücken und einengen, denn sie fürchten negative Auswirkungen, falls sie ihrer Einbildungskraft freien Lauf ließen.

Figur 68

Graphologisch sehr aufschlußreich können aufeinanderfolgende Oberschleifen sein. Wenn, wie in dem Wort »alle« (Figur 68), die zweite Oberschleife kürzer ist als die erste, haben wir es bei dem Schreiber mit einem Menschen zu tun, der mit dem Schicksal und der Welt hadert. Besitzt ein anderer größere Schöpferkraft und Phantasie, kann er dies nicht akzeptieren.

Figur 69

Ist die erste Oberschleife kürzer als die zweite (Figur 69), so äußert sich darin nach unserer Erfahrung ein Überschätzen der eigenen Kreativität. Der Schreiber ist sehr von sich eingenommen und zieht gar nicht in Betracht, daß andere ihm überlegen sein könnten. Dabei übersieht er in der Regel, daß seine tatsächlichen Möglichkeiten ihm nicht erlauben, seine viel zu hochgesteckten Ziele zu verfolgen. Die Deutungen der letzten beiden Merkmale müssen selbstverständlich noch durch die Analyse anderer Merkmale bestätigt werden.

Unterlängen

Wir sagten bereits, daß die Beschaffenheit der Unterlängen Auskunft erteilt über die Triebe des Schreibers, über die Sexual-, Besitz- und Aggressionstriebe, über seine Einstellung gegenüber materiellen Dingen, seine Verbundenheit mit der Wirklichkeit und seine praktischen Fähigkeiten. Wir versuchten, wenn auch nicht zu beweisen, so doch plausibel zu erklären, warum wohl gerade die Unterlängen etwas über die genannten Eigenschaften aussagen.

Ähnlich wie bei den Oberlängen, dient der Begriff »Unterlängen« als Sammelname sowohl für die Unterschleifen von »g«, »j« etc. als auch für die Unterteile anderer Buchstaben (»p«, »q« etc.), die keine Schleifen bilden. Wenn wir von der Größe der Unterlängen sprechen, so meinen wir hier somit die Ausdehnung nach unten, wobei der untere Rand der Mittellage, also die Zeile, der Anfangspunkt unserer Messung ist.

Sind in einem Schriftbild die Ober- und Unterlängen etwa gleich lang, haben wir es mit einem Schreiber zu tun, bei dem Vernunft und Triebe sich ausgleichen. Er ist theoretisch und praktisch gleichermaßen begabt. Phantasie und Realitätssinn halten sich die Waage. Der Schreiber, bei dem die Oberlängen länger als die Unterlängen sind, ist mehr Theoretiker als Praktiker, eher idealistisch als materialistisch eingestellt, mehr phantasievoll als wirklichkeitsbewußt, um nur einige der möglichen und sich logisch ergebenden Konsequenzen aus diesem Größenunterschied zu ziehen.

Beobachten wir bei einer Handschrift längere Unterlängen, kann die obige Deutung einfach umgekehrt werden. Der Schreiber ist eher Praktiker als Theoretiker und ein eher realistischer als phantasievoller Mensch. Seine Einstellung ist mehr materialistisch als idealistisch.

Wenn wir bei der folgenden Untersuchung der Unterlängen von zu langen und zu kurzen Unterlängen sprechen, haben diese Bezeichnungen und die entsprechenden Deutungen mit der Oberlänge als Gegenpol nur noch indirekt etwas zu tun. Selbstverständlich ist, daß eine zu kurze Unterlänge kürzer als die Oberlänge ist und unvermeidlich, daß eine zu lange Unterlänge länger als die Oberlänge sein muß. Deshalb behalten die obigen Rückschlüsse auch in diesen Fällen ihre volle Gültigkeit. Ist eine Unterlänge nicht nur relativ zur Oberlänge, sondern absolut und unabhängig davon zu kurz oder zu lang, sind weitere Deutungen unerläßlich.

Normal lange und gut proportionierte Unterschleifen und Unterlängen in einer Handschrift beweisen, daß der Schreiber alle die Eigenschaften in durchschnittlichem Maße besitzt, die durch die Unterlängen ausgedrückt werden.

Sehr lange und gleichzeitig bauchige Unterschleifen sind bei vielen Schriften zu beobachten. Wenn sie uns ohne weiteres auffallen, fügen wir der uns bereits bekannten Deutung, die sich aus dem relativen Größenunterschied zwischen Ober- und Unterlängen ergibt, hinzu, daß der Schreiber ein Materialist ist. Außerdem stellen wir sehr große Triebhaftigkeit sowie Genußsucht, die sich sowohl auf Sexuelles, aus auch auf Gaumenfreden bezieht, bei ihm fest.

Sind die Unterlängen so lang, daß sie in die nächste Zeile hineinragen (manchmal reichen sie sogar bis in die übernächste Zeile und noch weiter) müssen wir unsere Deutung so formulieren: Die Gedanken des Schreibers kreisen fast ausschließlich um Geld und um Sex. Materialismus und Idealismus stehen nicht in einem ausgewogenen Verhältnis. Ist das soeben beschriebene Merkmal in einem Schriftbild ganz besonders dominierend, können wir von Hemmungslosigkeit sprechen.

Nun ist allerdings zu bemerken, daß eine zu lange Unterlänge allein nur auf die übertrieben materiell orientierte Lebenseinstellung des Schreibers hinweist. Eine lange, schmale, mitunter spitze Unterlänge ist wie eine Wurzel, mit der der Schreiber im Boden des Konkreten und Materiellen einen festen Halt zu finden hofft. Beobachten wir also in einer Handschrift lange, aber nicht bauchige, sondern schmale Unterschleifen, so können wir auf eine fest im Materiellen verankerte Grundhaltung schließen, jedoch nicht auf eine stark ausgeprägte Sinnlichkeit oder Genußsucht. Erfahrungsgemäß kann man dieser Deutung noch hinzufügen, daß der Schreiber meistens praktisch veranlagt und zudem manuell geschickt ist. Viele Konstrukteure, Ingenieure, Architekten, Logiker und Strategen produzieren (meist in Steilschriften) lange, schmale Unterschleifen.

Stellen wir jedoch bei einer Handschrift Unterlängen fest, die nicht nur in ihrer Relation zur Oberlänge, sondern absolut zu kurz sind, verstärkt sich die Bedeutung der relativ zu kurzen Unterlänge dahingehend, daß der Schreiber sich durch Weltfremdheit sowie Mangel an Pragmatismus und Realismus auszeichnet.

Bei manchen Handschriften erkennt man die Unterlängen fast nicht, weil sie so kurz sind, daß sie den unteren Rand der Mittellage kaum überragen. Hier weisen die verkümmerten Unterlängen neben dem Mangel an Realitätssinn oft auf sexuelle Schwierigkeiten hin, wobei die Formung der Vokale sowie andere Schriftmerkmale über die Ursachen dieser Konflikte Auskunft geben können. Es mag verwunderlich erscheinen, daß zu kurze Unterlängen über zwei so verschiedene Dinge Auskunft erteilen, wie es Sexualität und Verbundenheit mit der Realität sind. In der Praxis wird man jedoch die Feststellung machen können, daß Menschen, die mit dem alltäglichen Leben reibungslos fertig werden, im allgemeinen auch weitgehend frei sind von sexuellen Konflikten.

In den verkürzten Unterlängen müssen sich aber nicht notwendigerweise sexuelle Konflikte niederschlagen, sondern es tritt möglicherweise ein nicht sonderlich stark ausgeprägter Sexualtrieb zu Tage. Genauso gut kann es sich um eine Abnahme der sexuellen Bedürfnisse handeln, die auf die verschiedensten Ursachen zurückzuführen ist.

Mit diesen Feststellungen wollen wir die Größenuntersuchung der Unterlängen beenden und uns der Betrachtung der verschiedenen Formen zuwenden, in denen die Unterschleifen aufzutreten pflegen. Dabei gehen wir von normal langen Unterschleifen aus. Wenn aber in der Praxis bestimmte Formen in Verbindung mit einer auffallenden Größe der Unterschleife auftreten, so muß die Formendeutung analog mit der entsprechenden Größendeutung zusammen kombiniert werden.

Auch normal lange und zugleich sehr schmale, fast wie Striche wirkende Unterschleifen sehen wie Wurzeln aus, mit denen der Schreiber sich im Materiellen und Praktischen »festhält«. Unsere Deutung lautet dementsprechend: Der Schreiber wurzelt fest in der Realität. Er ist kaum ängstlich und fühlt meist festen Boden unter den Füßen. Oft geht dies einher mit der Fähigkeit auf Luxus verzichten zu können. Genüsse sind für sie zweitrangig, was das Gefühl der materiellen Sicherheit erhöht oder in vielen Fällen erst möglich macht. Es handelt sich darüber hinaus oft um Menschen, die einen übertriebenen Hang zum Konkreten haben und abstrakte Ideen ablehnen. Dies ist besonders dann der Fall, wenn die strichähnliche Unterschleife unten pfeilartig zugespitzt ist.

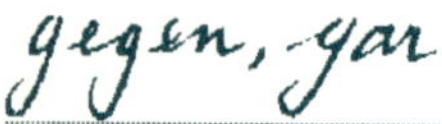

gegen, -gar

▶ **Figur 70**

Wir kommen jetzt zu einem sehr häufig zu beobachtenden Merkmal, der abgerissenen Unterschleife (Figur 70). Regelmäßig im Schriftbild wiederkehrend finden wir dieses Abbrechen des Schreibflusses bei den Aufstrichen der Unterschleifen erfahrungsgemäß bei Menschen, die sich durch eine deutliche Abwehr bestimmten Dingen gegenüber auszeichnen. Genauso plötzlich und anscheinend unmotiviert, wie sie die Schreibtätigkeit einfach unterbrechen, können sie im Alltagsleben urplötzlich Widerstand gegen Ansprüche, Wünsche oder Richtlinien ihrer Umgebung leisten. Meistens haben sie keine Vorstellung, wie das von ihnen Abgelehnte besser zu machen wäre, da ihre praktischen Fähigkeiten nicht besonders entwickelt sind.

gegenteilig

▶ **Figur 71**

Finden wir die abgerissenen Unterschleifen nur bei Wortendungen (wenn also der letzte Buchstabe etwa ein »g« ist), während die Unterschleifen am Anfang und in der Mitte des Wortes normal sind (Figur 71), so können wir erfahrungsgemäß nicht von einer passiven Widerstandshaltung sprechen. Wir stellen aber fest, daß der Schreiber eigenwillig ist. Er ist sehr hartnäckig bei der Verfolgung von Zielen und läßt sich nicht leicht von seinen Ideen abbringen. Diese Deutung hat sich sogar dann als zuverlässig erwiesen, wenn es sich um Girlandenschriften handelt, obwohl der Girlandenschreiber im allgemeinen eher weich und nachgiebig ist. Wir müssen aber, wenn wir in Wortendungen einer Girlandenschrift abgerissene Unterschleifen finden, unsere Deutung dieser Bindungsart durch die Einschränkung abschwächen, daß der allgemein eher weiche und anpassungswillige Schreiber durch plötzliche Hartnäckigkeit und Eigenwilligkeit im Verfolgen seiner Ziele überraschen kann.

Interessant sind die Unterschleifen, die geradlinig nach unten verlaufen, unten eine deutliche Spitze beschreiben und dann in einem schwungvollen Bogen wieder nach oben auslaufen (Figur 72). Dieses Merkmal verrät Geschicklichkeit und eine damit einhergehende Neigung zu sozialen Berufen. Diese Schleifenform sagt uns aber auch, daß ihre Urheber oft ein wenig zu unfreundlichem und kämpferischem Verhalten neigen.

Figur 72

Eckige Unterschleifen (Figur 73) sprechen eine deutliche Sprache. Bevor wir diese Sprache dechiffrieren, erinnern wir uns daran, daß die Unterschleife das Praktische und Wirkliche ausdrückt, im Gegensatz zur Oberschleife, die meist nur Theoretisches und Gewünschtes widerspiegelt. Während also Tendenzen, die in den Oberschleifen sichtbar sind, sich unter Umständen nicht praktisch auswirken und deshalb der Umgebung des Schreibers nicht unbedingt bekannt sein müssen, sind Tendenzen und Anlagen des Schreibers, die sich in den Unterschleifen zeigen, auf jeden Fall zu merken und der Umgebung des Schreibers bekannt.

Figur 73

Wir stellen fest, daß der Schreiber jähzornig und stets bereit ist, heftig zu antworten. Außerdem nimmt er leicht etwas übel. Eckige Unterschleifen beobachten wir relativ oft bei den Handschriften von Kindern bzw. Jugendlichen in der Pubertät. Die geschilderten Eigenschaften kennzeichnen recht treffend das Verhalten von Kindern in den sogenannten Flegeljahren. Nach der Pubertät verschwinden die eckigen Unterschleifen meist.

Wir untersuchen als nächstes nun die pfeilartigen Unterschleifen (Figur 74), die in mancher Hinsicht eine stärkere Ausprägung der eckigen Unterschleifen darstellen. Die obere, Rücksichtslosigkeit verratende Spitze der Unterschleife

Figur 74

befindet sich in unmittelbarer Nähe der Gefühlslage. Manchmal ragt sie sogar in diese hinein. Zu finden sind diese pfeilartigen Unterschleifen in aller Regel bei herrschsüchtigen Menschen, die keinerlei Widerspruch akzeptieren. Aufgrund ihres großen Selbstbewußtseins wollen sie immer und überall unbedingt recht haben.

Während uns die Figur 74 Unterschleifenformen zeigt, deren Spitzen jeweils durch einen gebogenen Strich verbunden sind, sehen wir in der Figur 75 Formen, die völlig geradlinige Verbindungen aufweisen. Der Aufwärtsstrich läuft zunächst ein Stück weit auf dem steil und gerade geführten Abwärtsstrich zurück, um dann mit einer recht brüsken Bewegung nach links ein Dreieck auf den oberen Teil des Abwärtsstriches zu stellen. Die so entstandene zackige und winklige Form wirkt womöglich noch schroffer und härter als die in Figur 74 gezeigte. Die Deutung entspricht deshalb in akzentuierter Form der vorhergehenden. Der Schreiber tendiert außerdem zu Rachsucht.

Die Figur 76 zeigt uns ein »g«, dessen Aufstrich, mit oder ohne Schleife, durch einen waagerechten, sich weit unterhalb der Mittellage haltenden Strich ersetzt wird, so daß der ganze Buchstabe der Ziffer 2 ähnlich ist. Diese waagerechte Linie erinnert an eine mit ausgestrecktem Arm ausgeführte abweisende Geste. Der Schreiber macht sich im täglichen Leben auf eigensinnige Weise unabhängig und frei. Er ist nicht bereit, Vorschläge oder Belehrungen anzunehmen. Wenn sich dieses Merkmal regelmäßig in einem Schriftbild findet, ist der Eigensinn des Schreibers stark ausgeprägt.

Wir kommen jetzt zu einigen Unterschleifen, die wieder an Wurzeln erinnern. Die Figur 77 zeigt uns zusammengedrückte Unterschleifen, deren wesentliches Charakteristikum darin besteht, daß sie im Vergleich zu der rechtsgeneigten Lage der Handschrift nach links gebogen sind. Daß der Schreiber ein innerlich haltloser Mensch ist, dem es an Festigkeit fehlt, erscheint aufgrund der deutlichen Symbolik dieses Merkmals einleuchtend und überzeugend.

Eine interessante Unterschleife zeigt uns die Figur 78. Für die Deutung ist wesentlich, daß die Unterschleife unten eine

Rundung aufweist. Diese Formung erinnert uns deutlich an ein Springseil. Wir ziehen diesen Vergleich deshalb heran, weil er zu der Deutung sehr gut paßt. Wer diese »Springseil-Unterschleifen« produziert, ist ein Mensch, der über alle auftauchenden Schwierigkeiten, vorwiegend praktischer Art, leicht und geschickt hinwegkommt oder doch stets von neuem den Versuch hierzu macht. Diese Schreiber behandeln Hindernisse, vor denen andere Menschen zurückschrecken würden, oft tatsächlich nicht anders als ein Springseil, über das sie spielend hinweghüpfen.

Die in einem Haken nach links endenden Unterschleifen (Figur 79) erinnern uns zu Recht an die in Figur 70 gezeig-

Figur 79 ◀

te abgerissene Unterschleife. Entsprechend ist auch ihre Deutung ähnlich. Da aber die hier gezeigte Hakenform viel härter wirkt als die der in Figur 70 dargestellten Unterschleifen, muß sie auch einem entsprechend härteren Gemüt ihre Entstehung verdanken. Diese Form stammt von dickköpfigen Menschen, die oftmals zu unmotiviert erscheinenden Trotzreaktionen tendieren.

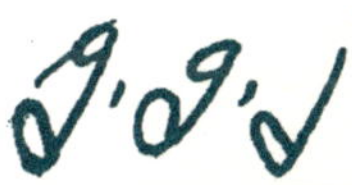

Da die Unterschleifen auch sexuell-triebhafte Dinge verraten, stellen wir eine kleine Auswahl an Unterschleifen vor, die uns erfahrungsgemäß zuverlässige Auskunft über die sexuellen Tendenzen ihrer Urheber geben. Die in Figur 80 gezeig-

Figur 80 ◀

te Form finden wir bei Menschen, die sich selbst eine unwiderstehliche erotische Anziehungskraft zuschreiben.

Das in Figur 81 dargestellte Merkmal, dessen wesentliches

Figur 81 ◀

Charakteristikum in der Tatsache besteht, daß der Schnittpunkt der Unterschleife sehr tief unterhalb der Zeile liegt, findet sich sehr oft. Hier handelt es sich bei den Schreibern um Menschen, die ihre erotischen Wünsche unterdrücken und sich mit ihren Hemmungen selbst im Weg stehen. In einigen Fällen fehlt es den Schreibern an Mut, sich sexuell so auszuleben, wie sie es insgeheim wünschen.

Bei der Untersuchung mancher Schriften stellen wir fest, daß die Formen der Unterschleifen in auffallender Weise voneinander abweichen. Ein einziges Schriftstück kann normal gebildete, verschnörkelte, bauchige und schmale Unterschleifen enthalten. Gleichzeitig kann es sich durch zu kurze bis völlig fehlende Unterschleifen auszeichnen. Oftmals weisen diese Unregelmäßigkeiten auf fehlende sexuelle Befriedigung hin.

Bevor wir das Kapitel der Unterschleifen abschließen, wollen wir noch auf einige Merkmale hinweisen, die nur in solchen Wörtern zu beobachten sind, in denen zwei Unterlängen aufeinanderfolgen; wo also nur ein Buchstabe oder ganz wenige zwei gleiche Unterlängen voneinander trennen, wie etwa in dem Wort »gegeben«.

► Figur 82 In der Figur 82 beobachten wir zwei aufeinanderfolgende Unterlängen, bei denen die zweite auffallend kürzer ist als die erste. Ist der Größenunterschied sehr stark und können wir das Merkmal mehrmals erkennen, dann dürfen wir daraus schließen, daß der Schreiber hinkt oder sonstige erhebliche Gehstörungen hat.

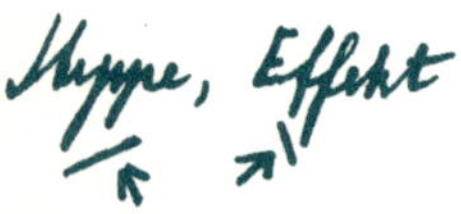

► Figur 83 Hier sehen wir in einem Schriftbild (Figur 83) zweimal unmittelbar aufeinanderfolgende Unterlängen. Beim ersten Paar ist die zweite kürzer, beim anderen die erste. Hinken und durch Krankheit entstandene andere Gehbeschwerden äußern sich nun erfahrungsgemäß nur in solchen Doppelunterlängen, deren zweite kürzer ist als die erste. Wo sich die kürzere hingegen manchmal an erster und manchmal an zweiter Stelle befindet, haben wir es nur mit einer allgemeinen Müdigkeit zu tun. Der Schreiber überanstrengt sich physisch und versteht es nicht, mit seinen Kräften hauszuhalten.

Wortanfänge

Jeder Mensch hat die ihm gemäße Art, ein Wort zu beginnen, die jener Art entspricht, mit der er alles im Leben anzufassen geneigt ist. Da es nicht so viele verschiedene Möglichkeiten gibt, ein Wort anzufangen, enthält dieses Kapitel nur besonders aufschlußreiche Merkmale.

Die Art des Wortanfangs ist je nach Schreibweise des einzelnen Buchstabens anders zu bewerten. Die Untersuchung muß berücksichtigen, ob die einleitende Geste sich ohne Probleme mit der Schulversion des entsprechenden Buchstabens vereinbaren läßt. Besonders bei Großbuchstaben ist diese Frage zu beantworten, bevor man sich an die Auswertung der Anfangsgeste macht. Ein Beispiel: Es ist selbstverständlicher und deshalb graphologisch bedeutungsloser, wenn ein großes »A« unten auf der Zeile beginnt, als wenn ein großes »E« einen solchen Anfang hat (Figur 84), denn das »A« fängt gemäß Schulvorlage so oder ähnlich an, nicht aber das »E«, dessen gewohnte Anfangsgeste oben ansetzt.

Figur 84

Bei vielen Schriften fällt uns bei mit Kleinbuchstaben beginnenden Wörtern ein kräftiger langer Anstrich auf, der auf oder leicht unterhalb der Linie beginnt (Figur 85). Jedes Wort wird mit ausgesprochenem Elan begonnen. Unsere Deutung konstatiert Elan und Unternehmungsgeist; wir müssen aber hinzufügen, daß der Schreiber einen sehr stark ausgeprägten Widerspruchsgeist besitzt und sich gelegentlich als rechthaberisch erweist. Diese Begleiterscheinung ist besonders bei Schreibern vorhanden, die manchmal mitten im Wort unterbrechen, um den Rest des Wortes dann wieder mit einem langen Anstrich zu beginnen (Figur 86). Finden wir die hier geschilderten langen Anstriche in einer auffallend kleinen Schrift, wie sie von forschenden, theoretisierenden Wissenschaftlern geschrieben wird, ergibt sich aus der Kombination beider Merkmale eine Neigung zur Haarspalterei. Der Unternehmungsgeist entfaltet sich in wissenschaftlichem Eifer, die Tendenz zu besserwisserischem Widerspruch äußert sich in dieser Neigung zur Haarspalterei.

Figur 85

Figur 86

Eine gar nicht seltene Spielart des in Figur 85 dargestellten Merkmals sehen wir in Figur 87. Auch hier finden wir den mit Elan geführten Anstrich, der dann aber plötzlich abreißt und mit dem Wort nicht verbunden ist. Wer so schreibt, ist ein Mensch, der zwar sehr aktiv und unternehmend ist, manchmal aber unüberlegt und überstürzt handelt. Unsere Figur zeigt es plastisch: Der Schreiber stürzt sich mit Eifer auf die zu lösende Aufgabe – und plötzlich weiß er nicht, wohin mit seiner Energie. Er muß daher zunächst abbrechen und überlegen, um den Anschluß wieder zu finden.

Figur 87

hah Mut

Figur 88

Aus der Luft geholte Wortanfänge zeigt uns Figur 88. Wir sehen, daß hier sowohl Groß- als auch Kleinbuchstaben gemeint sind. Der Graphologe wird solchen Wortanfängen Beachtung schenken, wenn er sie bei Buchstaben findet, die

(Mut hah)

Figur 89

laut Schulvorlage auf oder dicht über der Zeile (Figur 89) beginnen müßten, wie es bei unseren Beispielen der Fall ist.

Diese aus der Luft geholten Wortanfänge werden von Menschen produziert, die Intuition besitzen und sich davon in ihrem Handeln und Urteilen leiten lassen. Oft richten sie sich selbst dann nach Eingebungen, wenn ihr Verstand ihnen gleichzeitig eine ganz andere Handlungsweise nahelegt. Diese Schreiber streben, wenn auch oft unbewußt, nach seelischer und geistiger Weiterentwicklung. Sie suchen das Gute bei sich selbst und ihren Mitmenschen.

L P G

Figur 90

Im Bogen von rechts geholte Wortanfänge, die wir besonders bei Großbuchstaben beobachten können (Figur 90), verraten erfahrungsgemäß, daß der Schreiber schöpferischen Schwung besitzt und originelle Ideen hervorbringen kann.

der gute Rat

Figur 91

Manche Schriften zeichnen sich dadurch aus, daß die Wörter keine eigentlichen Anfangsstriche aufweisen (Figur 91). Dies hat nur bei Kleinbuchstaben Bedeutung, da nur sie einen auf der Zeile beginnenden Einleitungsstrich besitzen, der ein entbehrlicher Bestandteil des eigentlichen Buchstabens ist. Wird wie hier direkt mit dem Wesentlichen begonnen und jede Einleitung, wenn auch unbewußt, als überflüssiger Ballast angesehen, können wir auf einen sehr nüchternen und sachlichen Menschen schließen.

Sehr, Ernst

Figur 92

Auf oder kurz unterhalb der Zeile beginnende Wortanfänge bei Buchstaben, die von der Schulvorlage abweichen, zeigt Figur 92. Wir wissen, daß im Bereich der Unterlängen das Verhältnis des Schreibers zur materiellen Wirklichkeit zum Ausdruck kommt. Urheber des in Figur 92 dargestellten Merkmals sind sehr erdverbundene und pragmatische Menschen. Diese Schreiber gehen auf sehr praktische, stets den Nutzen berücksichtigende Weise an Probleme heran.

Man hat

Figur 93

Relativ oft zeigen sich Wortanfänge (Figur 93), die in der Mitte beginnen, selbst bei Buchstaben, die die meisten Menschen eindeutig oben oder unten anfangen würden. Wir beobachten bei dieser Schreibweise eine Unentschiedenheit, die wir im Charakter des Schreibers wiederfinden. Vor Entscheidungen zögert er lange und kann sich nur schwer entschließen. Es ist deshalb bezeichnend für ihn, daß er im Leben viele Chancen verpaßt. Diese Schriftmerkmale sowie den entsprechenden, oft sehr stark ausgeprägten Charakterzug finden wir sehr oft bei intelligenten und fähigen Menschen. Sie lassen sich besonders im Berufsleben, nur weil sie viel zu zögernd und mit vielen Bedenken an ihre Aufgaben herangehen, von erheblich weniger begabten Menschen leicht überflügeln.

Manchmal beobachten wir bei Großbuchstabenanfängen sehr lange, meist bogenartige Einleitungsstriche (Figur 94). In dieser weit ausholenden Gebärde liegt eine gewisse Unbekümmertheit. Ihre Urheber besitzen Sinn für Humor, der jedoch meist ironisch und sarkastisch gefärbt ist.

Figur 94

Der weit oben beginnende Wortanfang (Figur 95) zeigt, daß beim Schreiber das Streben nach geistiger und seelischer Weiterentwicklung übertrieben stark entwickelt ist. Der Schreiber neigt zur Besserwisserei.

Figur 95

Wortendungen

Wenn der Graphologe feststellen will, wie sich ein Schreiber seinen Mitmenschen gegenüber verhält, so wird er ganz besonders die Wortendstriche untersuchen. Die Geste, mit der ein Wort abgeschlossen wird, entspricht der Haltung des Schreibers gegenüber seiner Umwelt. Wir haben die Erfahrung gemacht, daß Endungen weitgehend nach ihrer bildhaften Erscheinung gedeutet werden dürfen. Die Endgeste steht symbolisch für das Verhalten des Schreibers.

Figur 96

In Figur 96 sehen wir das normal druckbetonte, sogenannte handgebende Wortende, das graphologisch gesehen die

Idealform der Wortendgeste darstellt. Obwohl diese Endgeste der Schulvorlage weitgehend entspricht, existiert sie dennoch in vielen Fällen nicht; das gibt eine zusätzliche Gewähr dafür, daß unsere Deutung dort tatsächlich zutrifft, wo die »handgebende« Endgeste vorhanden ist. Dieses Wortende, in dem man ohne viel Phantasie eine hilfreich sich dem Nächsten zuwendende Geste erblicken kann, wird von Schreibern produziert, die sich anderen Menschen gegenüber selbstlos und hilfsbereit verhalten. Die Beschaffenheit der übrigen Schrift wird uns jeweils verraten, in welchem Maß diese Eigenschaft den Charakter des Schreibers dominiert.

man gebe

▶ **Figur 97**

Auch Figur 97 zeigt eine »handgebende« Endgeste, nur ist hier die Druckbetonung auffallend schwächer als in der Gesamtschrift. Der Schreiber möchte so sein wie in der vorigen Deutung beschrieben, ist aber innerlich unsicher. Sein Verhalten ist tastend und suchend, was in der schwachen Druckbetonung der Endung einen unbewußten Ausdruck findet. Die vom Schreiber gezeigte Energie ist weitgehend künstlich; er ist von seiner Umwelt leicht zu beeinflussen.

der Mann

▶ **Figur 98**

In anderen Schriften finden wir häufig lange Endstriche, die druckbetonter sind als die übrige Schrift und oft einen ausgesprochen klobigen Eindruck machen (Figur 98). Diese plötzliche starke Druckbetonung am Ende des Wortes ist völlig unmotiviert, denn dort sollte der Energieeinsatz eigentlich eher abgestoppt als aktiviert werden. Auch wenn nicht der ganze Endstrich – wie in Figur 97 – auffallend drucklos sein muß, so wird doch normalerweise die Endung eines Wortes in eine dünner werdende Spitze auslaufen. Dieses Schriftmerkmal findet man oft bei Menschen, deren Einsatz völlig unsystematisch erfolgt. Oft verschwenden sie ihre Kräfte und versagen dann bei wichtigen Aufgaben. Die Schreiber, bei denen es sich übrigens oft um junge Menschen handelt, deren Verhalten sich später noch ändern kann, zeigen sich manchmal auch unmotiviert heftig und hitzköpfig. Arbeitskollegen, die demonstrieren wollen, daß sie noch weiter arbeiten, während die anderen schon Feierabend machen, schreiben oft so.

du in

▶ **Figur 99**

In Figur 99 sehen wir eine waagerechte, lange und ausladende Endgeste, die an einen abweisend ausgestreckten Arm erinnert. Bei den Urhebern dieses Merkmals handelt es sich um Menschen, die reserviert und schwer zugänglich sind und sich oft ganz unbewußt bemühen, Distanz zu halten. Sie besitzen meistens einen ausgeprägten Standesdünkel. Hat ein solcher Schreiber eine Abneigung gegen etwas gefaßt, ist es sehr schwer, ihn in seiner Haltung in irgendeiner Weise zu beeinflussen.

Eine Art Zwischenstufe zwischen der zuletzt behandelten und der handgebenden Endgeste (siehe Figur 96) sehen wir *ein, d, h*   **Figur 100** ◄
in Figur 100. Die Deutung dieser Form stellt ebenfalls eine Mischung der beiden extremen und sich scheinbar gegenseitig ausschließenden Deutungen dar. In dem Schreiber dieser Endstriche ist beides vorhanden: einerseits der Sinn für Gerechtigkeit und das Bedürfnis zu helfen, andererseits aber auch Zurückhaltung. Wenn diese Mischform regelmäßig wiederkehrt, beruht diese Zurückhaltung in den meisten Fällen auf irgendeiner noch nicht überwundenen Enttäuschung. Der Schreiber möchte sich um seine Mitmenschen kümmern, doch hindern ihn Hemmungen daran, den Kontakt zu ihnen herzustellen.

mon, dw, in

Die Figur 101 zeigt nach oben rückläufige Endstriche. An   **Figur 101** ◄
dieser Form ist unschwer eine umgreifende Geste zu erkennen. Sie wird von Menschen produziert, die tatsächlich gierig zugreifen. Sie trennen sich, falls sie doch einmal geben, nur von Überflüssigem, so daß von Freigiebigkeit nicht die Rede sein kann. Beobachten wir dieses Merkmal in Handschriften von älteren Menschen, so muß unsere Deutung milder formuliert werden. Denn dann sind sowohl die umgreifende Geste als auch der ihr entsprechende Egoismus oft auf die Angst zurückzuführen, eventuell nicht versorgt zu sein, oder auf den Wunsch, sich von liebgewonnenen Gegenständen nicht zu trennen. Bei der praktischen Anwendung unserer Deutung empfiehlt sich, auch bei der Analyse der Handschriften jüngerer Menschen, vorsichtig zu urteilen.

man, dw, in

Bei Figur 102 beginnt die Geste deutlich mit der handgeben-   **Figur 102** ◄
den Bewegung, biegt dann aber nach rückwärts ab, ohne daß die Rückwärtsbewegung jedoch die Mittellage überragt wie bei Figur 101. Unsere Deutung für diese Mischform der beiden hier vereinten und doch so extremen Formen: Der

Schreiber ist im Grunde ein gutmütiger und hilfsbereiter Mensch, doch sind seiner Hilfsbereitschaft durch materielle Vorbehalte Grenzen gesetzt. Wir finden diese Schreibart also bei Menschen, die anderen mit Rat und Tat stets gerne zur Seite stehen, wenn dies nichts kostet.

Figur 103

Figur 103 zeigt den nach unten abgebogenen Endstrich. Die mit diesem Strich beschriebene Geste erinnert, wie die verschiedenen Formen der Unterschleifen, an eine Wurzel. Tatsächlich suchen die Schreiber dieses Merkmals nach Halt und klammern sich an Tatsachen fest. Man findet bei ihnen oft ein Gefühl materieller Unsicherheit und Angst. Außerdem sind die Urheber dieses Merkmals recht mißtrauisch.

Figur 104

Die Figur 104 zeigt uns spitz und steil nach oben laufende Endstriche. Kraft und Elan, die gleichzeitig mit der Tendenz zu Unbedachtsamkeit die Schreiber des vorliegenden Merkmals prägen, sind leicht aus den Schriftzügen herauszulesen. Die Schreiber sind impulsive Menschen oder gar Abenteurer- und Spielernaturen, die leichtfertig Versprechungen machen, die sie oft nicht halten können.

Figur 105

Viele Schriften zeichnen sich durch Wörter ohne Endstriche aus (Figur 105). Der Schreibfluß wird unterbrochen, sobald die für den Buchstaben unumgänglichen Schriftzüge auf das Papier gesetzt wurden. Erinnern wir uns daran, daß das Wortende die Einstellung und die Beziehung des Schreibers zu seiner Umwelt verrät, so entnehmen wir aus dem fast völligen Fehlen der Endstriche Beziehungslosigkeit: Diese Schreiber sind einsame Menschen. Die fehlenden Endstriche beweisen sowohl Mangel an Vertrauen in die Umwelt als auch Egoismus. Der Schreiber hat wenig Interesse an den Mitmenschen und läßt es an Hilfsbereitschaft fehlen.

Während wir bisher die verschiedenen Variationen der Abschlußgeste als Endung bezeichnet haben, definieren wir bei den folgenden Merkmalbeschreibungen größere Buchstabenteile, manchmal sogar den ganzen letzten Buchstaben als »Endgeste«.

Figur 106

In Figur 106 sehen wir eine Endgeste, die plötzlich die normale Schriftlage verläßt und sich schräg stellt. Und zwar beginnt diese abrupte Lageveränderung mitten im Buchstaben. Dickköpfigkeit äußert sich in diesem Merkmal. Der Schreiber neigt dazu, ohne ersichtlichen Grund plötzlich mißtrauisch zu werden, was jedoch nicht ausschließt, daß er eigentlich ein leichtgläubiger Mensch ist.

Eine weitere Variante, die größer werdende Endgeste, zeigt uns die Figur 107. Dabei kann es sich um einen ganzen Buchstaben oder um den Teil eines Buchstabens handeln. In erster Linie weist dieses Merkmal auf Leichtgläubigkeit hin. Deshalb ist es auch in Kinderschriften eine häufig zu beobachtende Erscheinung.

näl, den, am **Figur 107** ◀

Bei erwachsenen Schreibern hängt unsere Deutung vom übrigen graphologischen Befund ab. In einer ungelenken Schrift bedeutet eine solche Endgeste, daß der Schreiber naiv ist und leicht glaubt, was man ihm sagt. Man kann ihn leicht täuschen.

Zu ausgesprochenen Arkaden- und Winkelschriften passen die kindlich anmutenden, größer werdenden Wortenden nicht gut. Dennoch kann man dieses Merkmal auch in Arkaden- und Winkelbindungen finden. Dies weist den Graphologen darauf hin, daß diese Schreiber sich unbewußt bemühen, harmlos und naiv zu tun, um ihren Mitmenschen Sand in die Augen zu streuen.

Man, meine, den **Figur 108** ◀

Das kleiner werdende Wortende (Figur 108) verrät grundsätzlich Mißtrauen. Auch hier kommt es wieder auf die Beschaffenheit der übrigen Schrift an, ob Einschränkungen gemacht werden müssen. So können offene »o« oder »a« zum Beispiel dieses Mißtrauen als Versuch, ursprüngliche Offenheit zu verdecken, entlarven. Bei verschmierten Schriften beobachten wir häufig die kleiner werdenden Wortenden. Auch hier bedeutet diese Endgeste in erster Linie Mißtrauen. An den Verschmierungen aber manifestiert sich – wie wir schon gesehen haben – ein Mangel an festen Moralvorstellungen. Durch das Vorhandensein dieser beiden Merkmale verstärken sich die ihnen zugrunde liegenden Deutungen. Der Schreiber steht moralischen Werten gleichgültig gegenüber. Er nimmt Zwänge nicht ernst oder erkennt sie nicht als solche an.

Zeit, Reis

Figur 109

Der wie in Figur 109 oben, im Bereich des Geistigen, hängenbleibende Endbuchstabe zeugt vom Wunsch des Schreibers, sich menschlich und geistig weiterzuentwickeln. Der Urheber des hier behandelten Merkmals ist wirklichkeitsfremd. Er kommt – um es bildlich auszudrücken – nicht auf den Boden der Tatsachen herunter. Er beweist Egoismus, indem er einseitig seiner geistigen Entwicklung lebt, ohne die Notwendigkeiten des Alltags und die Bedürfnisse seiner Umwelt genügend zu berücksichtigen.

»i«-Punkte, »u«-Haken und Umlautstriche

Von den »i«-Punkten, »u«-Haken und Umlautstrichen erhalten wir wertvolle Hinweise auf die Phantasie, die Wünsche und die Pläne des Schreibers. Es gibt zahlreiche Variationsmöglichkeiten bei den »i«-Punkten. Figur 110 zeigt uns »voraneilende« »i«-Punkte, die den »i«-Buchstaben mehr oder weniger weit links hinter sich lassen. Spontane, optimistische Menschen mit geistigem Schwung schreiben häufig so. Das Schreiben geht schnell vonstatten, die Gedanken eilen ihm noch voraus. Sie schreiben manchmal so schnell, daß sie Flüchtigkeitsfehler machen. Das Vorauseilen der Punkte drückt aus, daß die Schreiber häufig in der Zukunft leben. Dementsprechend müssen die Schreiber auch Phantasie besitzen. Rückläufige »i«-Punkte (Figur 111) sind ebenfalls nicht selten zu beobachten. In vieler Hinsicht bedeutet die rückläufige Tendenz das Gegenteil der voraneilenden. Nach unseren Beobachtungen handelt es sich bei den Schreibern vor allem um Menschen, die ständig Anhaltspunkte brauchen, um sicher zu urteilen. Die zögernde Überlegung charakterisiert ihr Handeln und Urteilen. Dies bringt auch mit sich, daß die Schreiber sich an Vorbildern orientieren. In Gedanken leben sie oft in der Vergangenheit, die in der Erinnerung idealisiert wird und deshalb meistens positiver erscheint als die Gegenwart.

Figur 110

Figur 111

Die geschilderten Eigenschaften lassen unwillkürlich an die Lebenseinstellung älterer Personen denken. Tatsächlich können wir beobachten, daß sich die rückläufigen »i«-Punkte meistens in den Schriften älterer Menschen finden. Dort sind sie beinahe schon üblich und sollten deshalb mit Vorsicht ausgewertet werden.

Hochgesetzte »i«-Punkte (Figur 112) verraten hochfliegende Gedanken. Die Schreiber sind in der Regel sehr phantasievolle Menschen, die impulsiv und schnell reagieren. Die tiefgesetzten »i«-Punkte (Figur 113), die sich meistens unmittelbar über dem Buchstaben befinden, werden von Menschen produziert, denen es auf das Tüpfelchen auf dem »i« ankommt. Diese Schreiber zeichnen sich vor allem durch Ordnungsliebe und Geradlinigkeit aus. Da sie recht phantasielos sind, gefallen ihnen phantasievolle Menschen nicht sehr. Wo tiefgesetzte »i«-Punkte sich auffallend präzise über den »i«-Buchstaben befinden, können wir beim Schreiber zudem ein gutes Gedächtnis feststellen.

Im Verhältnis zur übrigen Druckbetonung der Schrift zu schwach betonte »i«-Punkte (Figur 114) finden wir bei Menschen, die sich leicht unterordnen. Sie wagen es nicht, eigene Ideen zu äußern und sind aus irgendeinem Grund eingeschüchtert. Sehr dicke »i«-Punkte (Figur 115), die sofort auffallen, werden von hartnäckigen Menschen produziert. Die Schreiber halten an Ideen und gefaßten Meinungen fest und kehren immer wieder zu ihrem Standpunkt zurück. Zugespitzte »i«-Punkte (Figur 116) sind symbolisch zu deuten. Ihre Urheber sind im allgemeinen leicht erregbare, aggressive Menschen. Da dieses Merkmal von der zartesten, kaum wahrnehmbaren Spitze bis zu stark druckbetonten, keilförmigen Gebilden in den verschiedensten Nuancen produziert werden kann, muß auch die Deutung der betreffenden Nuancen der übrigen Analyse in angemessener Weise angepaßt werden.

Einige Merkmalbeschreibungen haben sowohl für »i«-Punkte, als auch für »u«-Haken Gültigkeit. Die verbundenen »i«-Punkte und »u«-Haken in Figur 117 sind sehr aufschlußreich und relativ oft zu beobachten. Wir sehen, daß der Schreiber nach dem »i« oder »u« (oder anderen) Buchstaben unter-

Figur 112

Figur 113

Figur 114

Figur 115

Figur 116

Figur 117

81

bricht, um den »i«-Punkt oder den »u«-Haken zu setzen, wobei er dann, ohne nochmals abzusetzen, mit demselben Schwung die nachfolgenden Buchstaben schreibt. Dies ist nicht ungeschickt und in mancher Hinsicht folgerichtig: Der Schreiber weiß, wie es weitergehen wird, ohne absetzen zu müssen; und er tut es. Deshalb müssen wir dem Schreiber logisches Denkvermögen attestieren.

Die Erfahrung hat jedoch gezeigt, daß diese Schreibweise von eher kurzsichtiger Logik zeugt. Bei der Beurteilung umfassender Dinge ist der Schreiber nämlich überfordert. Er kann also ein etwas einseitiger Mensch sein, dessen Urteilsfähigkeit begrenzt ist. Solche Schreiber sind in ihrem Beruf oft geradezu verliebt, weil sie sich dort sicher fühlen. Der Umstand, daß der Schreiber in begrenztem Rahmen logisch zu denken vermag, befähigt ihn in der Regel dazu, im Beruf, wo er auf einem Spezialgebiet arbeitet, richtig und scharfsinnig zu urteilen. Diese Qualität hindert ihn jedoch daran, die Grenzen seiner Urteilsfähigkeit zu erkennen.

Wer »i«-Punkte oder notwendige Akzente immer oder häufig wegläßt, ist ein unzuverlässiger Mensch. In der Regel haben diese Schreiber wenig Phantasie und sind phlegmatisch. Oft werden »ü«-, »ä«- und »ö«-Striche durch waagerechte Striche ersetzt (Figur 118). Wer so schreibt, ist um Gerechtigkeit bemüht und bereit, sich für andere einzusetzen.

Figur 118

Figur 119

Auffallend weit auseinander stehende »ü«-, »ä«- und »ö«-Striche (Figur 119) werden oft von »Eulenspiegelnaturen«, also gewitzten, zu Schelmenstreichen aufgelegten Menschen geschrieben. Sie lieben es, ihre Mitmenschen irrezuführen und sich über sie oder über sich selbst in der unterschiedlichsten Weise lustig zu machen.

Interpunktion

Die Interpunktion unterscheidet sich von der effektiven Schrift dadurch, daß sie nicht zum schriftlichen Ausdruck der Gedanken dient, sondern eine notwendige Hilfe bei deren systematischer Gliederung und beim Aufbau der Sätze ist. Bei der graphologischen Auswertung der Satzzeichen haben wir deshalb zwei verschiedene Gesichtspunkte zu beachten: Erstens, ob die Satzzeichen unabhängig von ihrer Form richtig verwendet werden, und zweitens, wie die Satzzeichen geformt sind, unabhängig davon, ob sie sich am rechten Ort befinden oder nicht. Nur der zweite Gesichtspunkt kann im engeren Sinne graphologisch genannt werden, während auch von einem Nichtgraphologen, der die Gesetze der Interpunktion kennt, die Satzzeichen unter dem ersten Aspekt beurteilt werden können.

Sind die Satzzeichen im großen und ganzen richtig gesetzt, weist das darauf hin, daß der Schreiber systematisch und logisch denken kann. Diese Eigenschaft muß jedoch durch die Analyse der übrigen Schrift noch bestätigt werden. Es hängt nämlich zum Teil von der Schulbildung des Schreibers und von den pädagogischen Qualitäten seiner Lehrer ab.

Wenn bei einer Handschrift Sätze ohne Punkt enden, kann die Ursache dafür mangelnder Ordnungssinn sein. Mit Logik hat dies wenig zu tun, daß am Ende eines Satzes ein Punkt stehen sollte, sondern mehr mit Ordnungsliebe. Gehen die Sätze ohne Satzzeichen und Schlußpunkte ineinander über, so ist das ähnlich zu bewerten wie zusammenhängend geschriebene Wörter. Der Schreiber denkt und handelt überstürzt und unüberlegt.

Form und Stellung der Satzzeichen können sehr aufschlußreich für die graphologische Analyse sein. Sind alle Satzzeichen hoch gesetzt, d. h. oberhalb der Zeile in der Gefühlslage angebracht (Figur 120), handelt es sich dabei um den Ausdruck von mit Ordnung gepaartem Optimismus. Die Verlagerung nach oben bedeutet grundsätzlich, ähnlich wie die sehr nach oben abweichende Zeilenführung, Optimismus. Tiefgesetzte Satzzeichen (Figur 121) sind relativ häufig zu

Mann, das es hat,

Figur 120 ◄

das, wo wir sind, ist

Figur 121 ◄

finden. Bei den Urhebern dieses Merkmals beobachten wir immer wieder die Tendenz zur Resignation und zum Sich-gehen-Lassen.

Deutliche Punkte hinter jedem Satz, die durch eine stärkere Druckbetonung besonders auffallen, finden wir in den Schriften von Menschen, die sich über ihren Charakter und ihr Tun im klaren sind. Der feste Punkt hinter jedem Satz wirkt wie eine ausdrückliche Bestätigung des Geschriebenen. Der Schreiber steht zu dem, was er sagt und tut und ist in der Regel streng in der Beurteilung seiner Person. Ähnlich zu interpretieren ist der Punkt nach dem Namenszug. Meist handelt es sich bei dem Schreiber um einen sehr pflichtbe-wußten Menschen mit Neigung zur Pedanterie. Selbstver-ständlich muß das Resultat der übrigen Schriftanalyse mit dieser Deutung übereinstimmen oder ihr zumindest nicht widersprechen, denn ein Punkt ist letztlich ja nur ein Punkt.

Wieder anders liegt der Fall, wenn wir in einer Handschrift regelmäßig auffallend große Zwischenräume zwischen dem letzten Wort eines Satzes und dem Punkt bemerken. Der große Abstand entsteht durch einen kleinen Moment des Zögerns, während die abgesetzte Hand unwillkürlich in ih-rer Bewegung fortfährt. Bei diesen Schreibern handelt es sich um Menschen, die aus Gewissenhaftigkeit vor jeder Ent-scheidung länger zögern als andere.

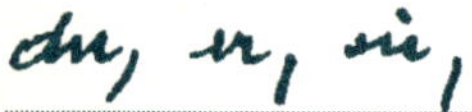

▶ **Figur 122** Die Figur 122 zeigt uns das verlängerte Komma, das, unab-hängig von seiner speziellen Form sogleich durch seine Län-ge auffällt. Dieses Komma hakt sich tief ein und sieht un-überwindlich aus. Nach unseren Beobachtungen wird es von Menschen produziert, die sich bei Kleinigkeiten aufhalten und mit denen »nicht gut Kirschen essen ist«. Bei Streitfra-gen sind sie sehr kleinlich und wollen recht behalten.

Kleine, aber oft recht deutliche Punkte, die wir bei manchen Schriften mitten im Satz zwischen den Wörtern beobachten können, und die vom Schreiber keineswegs als Interpunk-tionszeichen gedacht sind, verweisen nach unseren Beobach-tungen entweder auf Hemmungen oder auf den unbewuß-ten Wunsch des Schreibers, sich selbst in stärkerem Maße zurückzuhalten.

Vereinfachung der Schrift

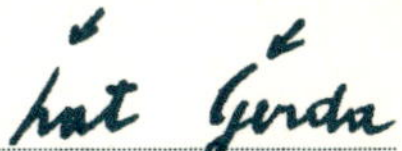

Das Weglassen von Schleifen (Figur 123), eine häufig vorkommende Form der Vereinfachung, erinnert an verkümmerte Oberschleifen (siehe Figur 58). Die Beschreibung der
weggelassenen Schleifen findet sich nicht im Kapitel der
Oberschleifen, weil es sich bei dieser Art der Vereinfachung
der Schrift zwar oft, aber durchaus nicht nur um Oberschleifen handelt. Überall in der Schrift können Vereinfachungen
vorgenommen werden. Das Weglassen von Schleifen kann
auf so verschiedene und immer neue Art geschehen, daß es
unsinnig wäre, alle Möglichkeiten aufzuzählen. Überall, wo
sich Schriftzüge, ohne verstümmelt zu wirken, auf das zur
Darstellung eines Buchstabens Notwendigste beschränken,
handelt es sich um Vereinfachungen, die im Prinzip ähnlich
gedeutet werden müssen wie das in Figur 123 dargestellte
Merkmal.

hat Gerda

Figur 123 ◀

Bei der verkümmerten Oberschleife ist der Anstrich, der ursprünglich die Aufgabe hatte, die Schleife zu bilden, noch
vorhanden. Deshalb handelt es sich dort um eine mißglück-
te, verkümmerte Schleife. Hier aber – in Figur 123 – wird
kein Versuch gemacht, eine Schleife zu bilden, weil oben angesetzt und der Buchstabe auf denkbar einfache Weise geformt wurde. Diese Vereinfachung kann, sofern die Schrift
verbunden ist, nur dann erkannt werden, wenn sie einen
Anfangsbuchstaben betrifft. Bei den meisten Menschen können wir aber mit einer verbundenen Handschrift rechnen;
weggelassene Schleifen in der Mitte des Wortes sind von
den verkümmerten Oberschleifen dann nicht mehr zu unterscheiden. Bei den Schreibern, die Buchstaben vereinfachen,
handelt es sich um Menschen, die klar und strukturiert denken. Sie sind nicht konservativ, sondern zeigen sich allem
Neuen gegenüber aufgeschlossen. Sie legen nur Wert auf
Leistung und nicht auf Anerkennung.

Welt, Erde, Hut

Figur 124 ◀

Auch die großen Druckbuchstaben (Figur 124) entstehen
nicht immer dadurch, daß der Schreiber die gedruckte Form
einfach nachzeichnet, sondern ergeben sich oft nach und
nach durch Vereinfachung, wobei nicht selten das Weglassen der Schleifen der erste Schritt dazu ist. Eine Mischung

von Kleinbuchstaben aus Schreib- und Druckschrift, wobei die letzteren oft wie Vereinfachungen wirken, weist auf Menschen hin, die sich ihrer selbst nicht sicher sind. Dies trifft ganz besonders dann zu, wenn gleiche Buchstaben manchmal in Schreibschrift und manchmal in Druckschrift geschrieben werden.

Die willkürliche Wahl der unpersönlichen Druckschrift ist oft ein Zeichen von Berechnung, kann aber auch völlig harmlos sein. Dann sind die Druckbuchstaben meistens berufsbedingt, denn sie werden vielfach von Menschen produziert, die so oft einzeln stehende Druckbuchstaben oder ähnliche Zeichen – wie etwa Noten – schreiben müssen, daß sich diese Gewohnheit in die Handschrift eingeschlichen hat. Eine Mischung wird erzeugt, die von der oben beschriebenen praktisch nicht zu unterscheiden ist. Wenn wir also wissen oder Anlaß zu der Vermutung haben, daß der Schreiber zum Beispiel Zeichner, Graphiker oder Musiker ist, dürfen wir ihn nicht für berechnend halten.

Verkleinerte, fast unleserliche Kleinbuchstaben (d. h. Mittellagebuchstaben) wirken dadurch, daß Buchstabenteile verkümmert sind oder fehlen, oft wie Vereinfachungen. In Wirklichkeit sind es aber keine Vereinfachungen und sie dürfen auch nicht als solche gewertet werden. Diese verkümmerten Buchstaben verdanken ihre Entstehung einer großen Nervosität des Schreibers, der nach unseren Beobachtungen meist unter Verdauungsstörungen leidet. Aber auch ein Mangel an Selbstbewußtsein, der mit der erwähnten Nervosität zusammenhängt und deren Ursache sein kann, drückt sich in diesen oft zusammengedrückt wirkenden Schriftzügen aus. Wegen seiner Unsicherheit mangelt es dem Schreiber auch oft an Entschlußkraft. Er ist der typische »Wenn-und-aber-Mensch«; er wirkt kühl und reserviert, was gut zu seinen übrigen Eigenschaften paßt. Die Zurückhaltung bei Gefühlsäußerungen läßt sich auch aus der Deutung der kleinen Mittel- oder Gefühlslage, die bei der hier geschilderten Schrift selbstverständlich auch Anwendung finden muß, herauslesen.

Verbesserungen

Mit »Verbesserungen« sind keine Korrekturen falscher Buchstaben gemeint, obwohl die Freudsche Theorie, laut der ein Sichverschreiben oft sehr aufschlußreich ist, da es unbewußte Wünsche zum Ausdruck bringt, bestimmt zutrifft. Dies hat mit Graphologie im engeren Sinne aber nichts zu tun. Wir wollen in diesem Kapitel vielmehr das Ver- und Ausbessern von Buchstaben behandeln, die dem Schreiber aus irgendwelchen Gründen mißraten erscheinen.

Schlechte Lesbarkeit verkümmerter Buchstaben ist meist nicht die Ursache des Ausbesserns. Verbesserungen erlauben deshalb keine Rückschlüsse auf Gewissenhaftigkeit und Ordnungsliebe des Schreibers. In erster Linie ist der Wunsch, Unsicherheiten und Schwächen zu verbergen, der Grund für das Verbessern. Welche Schwächen und Unsicherheiten in diesem Fall vor der Umwelt verborgen werden sollen, wollen wir hier zeigen.

Nachträgliche Verbesserungen der Oberschleifen (Figur 125) sind am häufigsten anzutreffen. Wie unsere Figur zeigt, kann das Anflicken der fehlenden Schleife so sauber und fein vorgenommen werden, daß man eine Lupe braucht, um es zu entdecken. Manchmal aber sind die Flickstellen so deutlich sichtbar, daß man merkt, der Schreiber hat sich nicht im geringsten bemüht, die Verbesserung zu verbergen oder sauber anzubringen. Verursacht wird dieses Merkmal erfahrungsgemäß durch Minderwertigkeitsgefühle in bezug auf intellektuelle Fähigkeiten. Zusammen mit ballonartigen Schleifen verraten uns die bauchig angeflickten Oberschleifen ein starkes Geltungsbedürfnis des Schreibers, das letzten Endes nichts anderes ist als die Kompensierung von Minderwertigkeitsgefühlen.

Ohne Korrektur erhielte man verkümmerte Oberschleifen und müßte die entsprechende Deutung heranziehen. Korrigierende Schreiber produzieren aber meistens gelungene Schleifen. In einem längeren Schriftstück findet man bei ihnen in der Regel nur wenige zu schmale oder ganz verkümmerte Oberschleifen, die dann korrigiert werden. Diese we

Figur 125

nigen Fälle rechtfertigen aber nicht die Anwendung der Deutung für verkümmerte Oberschleifen. Wer nämlich wirklich verkümmerte oder vereinfachte Oberschleifen schreibt, wird in einem längeren Schriftstück kaum eine einzige »richtige« Oberschleife produzieren.

Verbesserungen in der Mittellage können bei allen möglichen Buchstaben vorkommen, zeigen sich aber am deutlichsten bei angeflickten »e«-Köpfen (Figur 126). Auch hier ist Unsicherheit das Motiv für die Verbesserung. Da die Verbesserung sich in der Gefühlslage befindet, zeigt der Schreiber Labilität in Gefühlsdingen.

▶ **Figur 126**

Hier müssen wir daran erinnern, daß die Schrift nicht nur psychische sondern in gewissem Rahmen auch physische Eigenschaften widerspiegelt. Viele Menschen haben Angst vor körperlichen Krankheiten, auch wenn ihr Befinden und die ärztliche Diagnose zu keinerlei Befürchtung Anlaß geben. Das geschilderte Angstgefühl drückt sich, genau wie die vorher beschriebene Unsicherheit, in Verbesserungen von Buchstaben in der Gefühlslage aus. Es ist nicht leicht zu entscheiden, wann Unsicherheit und wann Angst vor Krankheiten zutreffend ist; dazu bedarf es einer langjährigen graphologischen Erfahrung. Als Anhaltspunkt mag die Überlegung dienen, daß eine feste Strichführung, die Entschlossenheit verrät, von einem Menschen stammen dürfte, bei dem die Gefühlslage so gut entwickelt ist, daß wir die erwähnte Unsicherheit nicht annehmen können. Wenn in einer solchen, Gefühlsstabilität verratenden Mittellage hin und wieder Verbesserungen zu beobachten sind, dann kann es sich dabei nur um den Niederschlag der beschriebenen Angst vor Krankheiten handeln.

▶ **Figur 127**

Da die Unterlängen im Gebiet des Materiellen und Praktischen liegen, zeigen angeflickte Unterlängen (Figur 127), bei denen es sich sowohl um Schleifen als auch um strichartige Buchstabenteile handeln kann, Unzulänglichkeiten und Schwächen des Schreibers in diesen Bereichen. Verbesserten Oberlängen und Mittellagen dagegen kann eine Schwäche des Schreibers zugrunde liegen, muß aber nicht. Angeflickte Unterlängen lassen sich prinzipiell auf eine psychische oder physische Schwäche zurückführen, die wiederum psychische

Auswirkungen hat. Verschiedene Deutungen sind hier möglich. Der Urheber der angeflickten Unterschleifen und -längen hat finanzielle Probleme und ist sich ihrer bewußt. Da er mit Geld nicht umgehen kann, kommt er nicht zu Wohlstand. Aus Stolz will er dies aber in jedem Fall verbergen. Deshalb die korrigierende Geste. Diese Deutung trifft zu, wenn alle oder die meisten Unterschleifen und -längen, die zu kurz geraten oder sonst irgendwie mißlungen waren, angeflickt wurden.

Es gibt aber auch Schriftbilder, bei denen nur die Unterlänge eines bestimmten Buchstabens angeflickt wird, während alle anderen Unterschleifen und -längen normal gebildet werden. Männer lassen die Unterschleifen oder -längen eines bestimmten Buchstabens verkümmern, wenn sie sexuell unbefriedigt sind und die Frau, die sie dafür, (vielleicht nur unbewußt) verantwortlich machen, unterdrücken. Denn die verkümmerten Unterschleifen oder -längen finden sich in der Regel nur bei dem Anfangsbuchstaben des Vornamens der betroffenen Frau.

Dies ist selbstverständlich nur dann möglich, wenn der Buchstabe eine Unterlänge hat. Ist die Unterlänge verkümmert oder fehlt sie ganz, was der Schreiber vielleicht nicht einmal bemerkt, unterdrückt er die Frau unbewußt. Wenn der Schreiber die Verkümmerung oder Verstümmelung korrigiert, unterdrückt er die für seine Frustration seiner Meinung nach verantwortliche Frau wissentlich. Er empfindet dies aber als unrecht und kämpft dagegen an. Finden wir in einer Frauenhandschrift verkümmerte Oberlängen eines bestimmten Buchstabens korrigiert, so bedeutet dies auch hier, daß die Schreiberin ihren Mann bewußt unterdrückt und nun dagegen ankämpft.

Beschäftigen wir uns nun mit einer weiteren Art der Verbesserung bei Unterschleifen und -längen. Hier treten sie bei verschiedenen Buchstaben auf, wobei der Großteil der Unterschleifen und -längen normal geformt ist. Sind derart verkümmerte Unterlängen – wie in Figur 128 – verbessert, müssen wir eine sichtbare physische Schwäche feststellen, unter der der Schreiber leidet und die er verbergen möchte. Wäre sein Leiden nicht sichtbar, könnte es nicht den starken

Figur 128 ◀

Komplex und die seelische Not des Schreibers verursachen, die wir an der Schrift erkennen können.

Zum Schluß seien noch solche Handschriften erwähnt, bei denen alles verbessert wird. Oberlängen, Unterlängen und Mittellagebuchstaben weisen ein wildes Durcheinander an Verbesserungen auf. Daraus kann man – nach unseren Beobachtungen – auf einen Hang zur Hypochondrie schließen. Die Gesundheit des Körpers soll aus Angst vor Krankheiten erhalten werden. Der Schreiber verzichtet auf alles, was ihm eventuell schaden könnte und hat nur das Ziel vor Augen, möglichst gesund zu bleiben und lange zu leben.

Unterstreichungen

Unterstreichungen gehören im engeren Sinne nicht zur Schrift. Sie bilden weder Wörter noch Buchstaben und sind auch keine Satzzeichen. Unterstreichungen können deshalb auch nur bedingt graphologisch ausgewertet werden. Selbst der Nichtgraphologe, der psychologisches Gespür hat, vermag Unterstreichungen richtig zu deuten, wenn auch nicht so erschöpfend wie der Graphologe.

Normalerweise wird man Unterstreichungen in Brieftexten selten finden. Nur auf Umschlägen war es früher üblich, den Bestimmungsort zu unterstreichen. Deshalb erlaubt die Unterstreichung dort keine graphologische Deutung. Bei dieser Gelegenheit ist zu bemerken, daß außer speziell für die graphologische Analyse geschriebenen Texten Briefumschläge das einzige Schriftmaterial sind, das der Graphologe zurückweisen sollte. Für die meisten Urheber von schwer lesbaren Schriften trifft nämlich zu, daß sie sich bemühen, die Adresse auf dem Umschlag leserlich zu schreiben. Durch dieses Bemühen wird die Normalschrift oft so erheblich verändert, daß eine allein nach dem Umschlag ausgearbeitete Analyse sehr leicht fehlerhaft sein kann. Dieser Umstand muß betont werden, weil viele Auftraggeber aus Gründen

der Diskretion dem Graphologen gerne nur Umschläge an-
vertrauen.

Bei der Schrift eines bescheidenen Menschen verraten Unterstreichungen außer seinem Wunsch, klar verstanden zu
werden, und einer damit verbundenen pädagogischen Begabung, eine übertriebene, oft pedantische Ordnungsliebe. Der
Schreiber ist – obwohl sonst eher bescheiden – davon überzeugt, daß seine Ansichten immer richtig sind. Bei einer
übertrieben großen Schrift, die den Schreiber als unbeschei-
den kennzeichnet, kann das Unterstreichen von Worten oder
ganzen Sätzen die Deutung der Schrift eines unbescheidenen
Menschen nur bestätigen und ergänzen. Der Schreiber
braucht nicht nur für seine Schriftzeichen, sondern auch für
seine Person viel Platz, den er sich oft genug mit den Ellbo-
gen verschafft. Er ist ein selbstherrlicher Mensch, der sich
sehr wichtig nimmt. Wenn er selber im Unrecht ist, wird er
leicht zu laut. In all den geschilderten Eigenschaften manifestiert sich mangelnde Selbstkontrolle und, je nach Ausmaß
der Unterstreichungen, ein ausgeprägtes Verlangen nach
Macht.

Besonderheiten

Die erste Gruppe der Besonderheiten betrifft die Schreibweisen des »t«. Hier zeigt sich, wie verschiedenartig die Merkmale sein können, die ein einziger Buchstabe aufweist. Das
»t« ist wegen der zahlreichen Möglichkeiten der Durchstreichung, die der t-Balken bietet, ein ganz besonders
aussagekräftiger Buchstabe. Als übliches , d. h. der Schulvorlage weitgehend entsprechendes »t« ist die in Figur 129
gezeigte Form anzusehen, die durch gleichmäßigen Druck
und eine waagerechte, gut proportionierte Durchstreichung
charakterisiert wird. Aus dieser »normalen« Form, die nur
Allgemeines widerspiegeln kann, schließen wir, daß der
Schreiber in theoretischen und praktischen Bereichen gleichermaßen begabt ist.

t , t , t

Figur 129 ◀

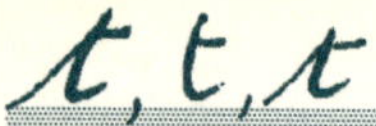

t, t, t

Figur 130

In den Handschriften von französischen Schreibern ist das in Figur 130 gezeigte »t«, als »normal« anzusehen und erlaubt deshalb nicht die Rückschlüsse, die wir zum Beispiel bei einem deutschen Schreiber aus dieser »t«-Form ziehen würden. Der Balken bildet keine Durchstreichung, sondern ragt rechts waagerecht aus dem Buchstaben heraus oder hängt mit einem kleinen Abstand daneben.

t, t

Figur 131

Die Deutung für eine zu dünne Durchstreichung beim normal geformten »t« (Figur 131) lautet: Der Schreiber ist ein zaghafter Mensch, der sich aufgrund imaginärer Ängste in der Defensive befindet. Minderwertigkeitsgefühle hindern ihn daran, seine Ziele zu erreichen. Wo die Durchstreichung

t t t

Figur 132

stärker druckbetont ist als das »t« (Figur 132) konstatieren wir, daß der Schreiber in der Theorie mehr Energie zeigt als in der Praxis, da er sich oft an seine nachdrücklich geäußerten Absichten nicht mehr erinnert. Der starke Druck in der geistigen Lage zeigt an, daß der Schreiber leicht in Zorn gerät und sich in etwas hineinsteigern kann. Oft wird dann die Wut dort ausgelassen, wo am wenigsten Widerstand zu erwarten ist. Selbst bei einer weichen Girlandenschrift müssen wir mit einer plötzlichen Heftigkeit des Schreibers rechnen, sofern das »t« in dieser Schreibung regelmäßig im Schriftbild wiederkehrt.

t t t

Figur 133

Figur 133 zeigt uns das »Aggressions-t«, dessen Durchstreichung relativ breit beginnt und in einer Spitze endet. Manchmal sieht man viel zartere Spitzen als in unserer Figur, so daß die Deutung je nach Häufigkeit und Ausprägung des Merkmals variieren muß. Der Schreiber benutzt seinen Verstand als Waffe. Meistens bleibt er nicht in der Defensive, sondern kann herbe Kritik üben oder mit scharfen Worten angreifen. Daher unsere Bezeichnung »Aggressions-t«. Das Verletzende seines Angriffs bedenkt der Schreiber meistens zu spät. Die übrige Schrift verrät uns, ob er fähig ist, auch zu erkennen, was er angerichtet hat und nach einem Schaden wieder einzulenken.

t t t

Figur 134

Die dem »Aggressions-t« gerade entgegengesetzte Form ist das »Keulen-t«, bei dem die Durchstreichung mit einer Spitze beginnt, um breit zu enden (Figur 134). Einem Menschen gegenüber, in dessen Handschrift diese »t«-Form regelmäßig

wiederkehrt, ist Vorsicht geboten. Der Schreiber kann mit
kühler Überlegung, selbst nach langem Warten, Rache üben
und genießt dies. Er ist sogar zu Handgreiflichkeiten fähig.
Diese Feststellung müssen wir machen, obwohl dieses Merkmal sich im Bereich des Geistigen und Theoretischen befindet, so daß wir nicht wissen können, ob der Schreiber seine
aggressiven Absichten auch wirklich in die Tat umsetzt. Wir
müssen vor der Bereitschaft des Schreibers, handgreiflich zu
werden, warnen. Das zugrundeliegende Merkmal – besonders wenn es wiederholt in so ausgeprägter Form auftritt
wie in unserer Figur – ist nämlich sehr dominierend und
vermag sich durchzusetzen, ohne daß entgegengesetzte Merkmale seine Wirkung völlig verwischen oder sogar neutrali-
sieren könnten.

Wo die »t«-Durchstreichung wie in Figur 135 gewunden ist
und eine Art Schlangenlinie beschreibt, dürfen wie bei dem
Schreiber diplomatisches Geschick feststellen. Er laviert sich
durch Schwierigkeiten hindurch. Er ist der typische Oppor-
tunist, der keine eigenen Ideen entwickelt, weil sie seine An-
passung beeinträchtigen würden.

Figur 135

Sehr häufig können wir beobachten, daß die »t«-Durch-
streichung den »t«-Buchstaben gar nicht trifft, sondern über
ihm schwebt. Prinzipiell bedeutet dies, daß der Schreiber
gerne dominiert und – wo die Strichführung zart ist – mit
einem ausgeprägten Beschützerinstinkt ausgestattet ist. In
manchen Fällen (Figur 136) ist die Überstreichung im Verhältnis zur übrigen Druckbetonung der Schrift sehr dünn.
Auch hier stellen wir Herrschsucht fest, fügen aber – wegen
des schwachen, eher zaghaften Drucks – hinzu, daß der
Schreiber sich im Grunde, sei es aus physischer oder psychischer Schwäche, ohnmächtig fühlt.

Figur 136

Wo allerdings der Druck der über dem »t« schwebenden
Durchstreichung normal oder besonders stark ist (Figur 137),
haben wir es mit einem Menschen zu tun, der gerne dominiert.

Figur 137

Wo die »t«-Durchstreichung regelmäßig nach rechts oben
verläuft (Figur 138), handelt es sich bei den Schreibern um
optimistische und mutige Menschen. Diese Deutung erinnert

Figur 138

uns an die der ansteigenden Zeilenführung, allerdings mit dem Unterschied, daß sich dort der ganze Mensch, speziell auch sein körperlicher Zustand, widerspiegelt, während die nach rechts oben verlaufenden »t«-Durchstreichungen vorwiegend die geistige Einstellung betreffen.

Ebenfalls auf das Geistige beschränkt – in diesem Falle im Gegensatz zur Deutung der absteigenden Zeilenführung – ist die Deutung der nach rechts unten verlaufenden »t«-Durchstreichung (Figur 139). Der Schreiber hat eine pessimistische Grundhaltung. Hierzu gehört die Tendenz, sich ständig zu beklagen, sowie der Wunsch, immer recht zu haben. Die Urheber dieses Merkmals fühlen sich ständig verfolgt und benachteiligt.

Figur 139

Verrät eine Schrift, die nach unten verlaufende »t«-Durchstreichungen aufweist, etwa durch starken Druck oder andere Merkmale, daß der Schreiber im Grunde ein energischer Mensch ist, so ergibt die Kombination dieser Merkmale, daß er trotz seiner Rücksichtslosigkeit im Leben nicht weitergekommen ist. Erfolgreiche und zufriedene Menschen produzieren nämlich erfahrungsgemäß keine nach unten verlaufenden »t«-Durchstreichungen. Diese sind durch auf Mißerfolg basierendem Pessimismus bedingt – auch in einer Schrift, die Energie verrät. Deshalb kann es sein, daß der energische aber erfolglose Schreiber immer rücksichtsloser gegen das »böse Schicksal« ankämpft.

Figur 140

Eine zweimal gewundene Durchstreichung des »t«, die an einen Äskulapstab erinnert (Figur 140), finden wir erfahrungsgemäß bei Menschen, die sich theoretisch oder praktisch mit Medizin beschäftigen, also bei manchen Ärzten (eigenartigerweise jedoch nicht bei Chirurgen) oder auch bei hypochondrischen Menschen. Das übrige Schriftbild läßt im allgemeinen sehr leicht erkennen, ob es sich bei dem Schreiber tatsächlich um einen Arzt handelt oder nicht.

Übrigens ist die Form des Äskulapstabs in der Handschrift nicht nur auf das »t« beschränkt. Sie kann sowohl in der Oberlänge als auch in der Mittellage oder in der Unterlänge bei anderen Buchstaben vorkommen. Je nach Lage muß auch die Deutung anders formuliert werden.

Die Figur 141 zeigt uns ein mehr oder weniger eiförmiges »t«, das keinen Anfangsstrich besitzt und ganz oben mit einer Schleife geschlossen wird. Dieses meist schwungvoll hingeworfene »t« finden wir oft in Künstlerschriften. Doch nicht nur künstlerische Begabung kommt in diesem Merkmal zum Ausdruck, sondern gleichzeitig eine Unbekümmertheit, die sich besonders darin bemerkbar macht, daß das vollendete Werk seinen Erzeuger nicht mehr interessiert, da dieser bereits mit anderen Dingen beschäftigt ist. Die eiförmige, eine abgeschlossene Form beschreibende Geste, die wir in diesem »t« erblicken, könnte unsere Deutung sinnbildlich unterstützen. Der Künstler wendet sich von seinem vollendeten Werk, dessen weiteres Schicksal ihn nicht mehr interessiert, ab.

Figur 141

In verschiedenen Größen und Druckbetonungen sehen wir immer wieder das »Kreuz-t« (Figur 142). Es ist das Symbol der christlichen Religion, und wir finden dieses Merkmal als Zeichen von Religiosität manchmal in Handschriften von gläubigen Menschen.

Figur 142

Manchmal sehen wir in einer Handschrift lange, von links geholte »t«-Durchstreichungen, die nur bis an den Buchstaben herangehen, diesen aber nicht oder nur ganz wenig durchschneiden (Figur 143). Dies heißt, daß der Schreiber sehr in der Vergangenheit lebt. Es mangelt ihm deshalb an Elan und Unternehmungsgeist.

Figur 143

Interessant ist auch das »t« mit der »schützenden« Gebärde in Figur 144. Mit ein wenig Phantasie kann man in dieser Form sowohl einen Menschen, der aus Angst vor Schlägen seinen Kopf hinter einem schützend erhobenen Arm verbirgt, als auch einen undurchdringlichen Schutzschild sehen. Wir finden dieses Merkmal bei Menschen, die Angst vor der Zukunft haben und versuchen, sich vor Mißerfolgen und Schicksalsschlägen zu schützen.

Figur 144

Es folgen jetzt einige »t«-Formen, die uns etwas über das Pflichtgefühl des Schreibers verraten. Aus Figur 145 kann man zum Beispiel schließen, daß es dem Schreiber an Pflichtgefühl fehlt. Dieser Deutung müssen wir bei Arkaden- und Winkelschriften einiges hinzufügen. Bei dem weichen, oft

Figur 145

nicht sehr energischen Charakter des Girlandenschreibers verwundert ein Mangel an Pflichtgefühl nicht, obwohl ihm selbstverständlich die allergrößte Gewissenhaftigkeit genauso zu eigen sein kann.

Mangelndes Pflichtgefühl überrascht hingegen bei einem Arkaden- oder Winkelschreiber, den wir als zähen, beharrlichen, ausdauernden und energischen Menschen kennen. Wenn ein solcher Mensch nicht sehr pflichtbewußt ist, so muß er gleichgültig sein.

Bei Urhebern reiner Fadenbindung oder gemischter Bindung, in welcher der Faden dominiert, kann das Fehlen der »t«-Durchstreichung und -schleife die Bedeutung der Fadenbindung nur bestätigen. Der Schreiber ist arrogant, zeigt sich seiner Umgebung gegenüber völlig gleichgültig und beweist Mangel an Pflichtgefühl.

Figur 146

Wo das »t« etwa in der Mitte oder an der oberen Grenze der Mittellage eine durchgezogene Schleife oder Verknotung hat (Figur 146), haben wir es mit einem ganz besonders pflichtbewußten Menschen zu tun. Die Durchstreichung ist in die Gefühlslage hinuntergenommen worden, wo – wahrscheinlich wegen der geringen Distanz zwischen dem unteren Ende des »t«-Buchstabens und der tiefgesetzten Durchstreichung – nicht abgesetzt wird, so daß aus der eigentlichen Durchstreichung eine das »t« zweimal durchschneidende Schleife oder ein Knoten wird.

Das bei der »t«-Durchstreichung im Bereich der Oberlänge im Bewußtsein verankerte Pflichtbewußtsein wird hier in die Sphäre des Gefühls einbezogen. Das Pflichtbewußtsein wandelt sich zu einem wirklichen »Pflichtgefühl«. Es ist somit viel mehr zu einem Wesenszug des Schreibers geworden, als dies in der vorwiegend geistigen Sphäre möglich ist. Deshalb sprechen wir hier von einem ungewöhnlich starken Pflichtgefühl. Dies erfährt eine Steigerung, wenn die Gefühle des Schreibers ganz besonders intensiv sind, etwa seiner Familie und engen Freunden gegenüber.

Figur 147

Eine merkwürdige Variante dieses Merkmals sehen wir in Figur 147, wo sich die durchgezogene Schleife oder der Knoten ganz unten auf der Linie befindet. Auch hier liegen Gewissenhaftigkeit und Pflichtgefühl vor, jedoch aus einem ganz bestimmten Grund. Einen Anhaltspunkt gibt uns der Umstand, daß sich die Schleife so dicht wie möglich an der Linie, d.h. an der Grenze des Materiellen und Wirklichen, befindet. Vergleichende Arbeiten haben immer wieder gezeigt, daß solche Schreiber den Wunsch haben zu zeigen, was in ihnen steckt. Sie spornen sich selbst zu pflichtbewußtem Handeln an. Es liegt ihnen sehr viel daran, daß ihre Vorgesetzten erkennen, wie arbeitsam und auch gewissenhaft sie sind.

Interessant und meist recht lustig anzusehen ist das »t«, das sowohl eine Durchstreichung, als auch eine durchgezogene Schleife oder Verknotung aufweist (Figur 148). Die Deutung liegt auf der Hand: Der Schreiber besitzt ein übertriebenes Pflichtgefühl. Er hat oft das Gefühl, eine Pflicht versäumt und nicht alles ihm Mögliche getan zu haben. Er ist durch derartige Gedanken leicht beunruhigt. Ein solcher Mensch fühlt sich für alles verantwortlich und neigt auch dazu, sich aus diesem Grunde in die Angelegenheiten anderer (zum Beispiel Arbeitskollegen) einzumischen.

Figur 148

Ganz anders liegt der Fall, wenn die »t«-Durchstreichung oder auch die Schleife (Figur 149) das »t« nicht trifft, sondern weit daneben hängt. Das erste Gebilde in unserer Figur stellt zwei aufeinanderfolgende »t« dar, die eigentlich von einer schwungvollen Schleife durchschnitten werden sollten. Diese Durchschneidung ist im wahrsten Sinne des Wortes »danebengegangen« und zwar so sehr, daß man die »t« gar nicht als solche erkennen kann, wenn nicht das Wort selbst die Entzifferung ermöglicht.

Figur 149

Diese Schreibweise ist für solche Menschen typisch, die nicht gerne selber Verantwortung tragen. Diese Schreiber unterscheiden sich von den Urhebern des in Figur 145 dargestellten Merkmals, bei denen wir einen Mangel an Pflichtbewußtsein feststellen, dadurch daß sie sich ihre Pflichten durch Ausreden zu entziehen versuchen, an die sie oft selbst glauben. In krassen Fällen unterlassen sie die alltäglichsten Handlungen, die man wegen ihrer Selbstverständlichkeit kaum noch als Pflichterfüllung bezeichnen kann, und versuchen zu beweisen, warum sie das, was zu tun war, nicht tun konnten. Geltungsbedürftige Menschen, in deren Handschrift das hier behandelte Merkmal zu finden ist, neigen dazu, Erfolge auf ihr persönliches Konto zu verbuchen. Mißerfolge und Fehler hingegen werden sehr gerne auf andere geschoben.

Figur 150

Befindet sich die »t«-Durchstreichung rechts oder links neben dem Buchstaben (Figur 150), und zwar dicht neben ihm – im Gegensatz zu den in Figur 149 gezeigten »t«, wo zwischen dem Buchstaben und der Durchstreichung jeweils ein weiter Zwischenraum besteht – handelt es sich oft um einen Schreiber, der ein bestimmtes Ziel mit solcher Ausschließlichkeit verfolgt, daß er darüber sich selbst und seine Umwelt vergißt.

Das Ziel, das der Schreiber verfolgt, kann moralisch oder auch amoralisch sein. Das oben beschriebene Merkmal kann sich z. B. in der Handschrift eines Wissenschaftlers oder eines sozial engagierten Menschen finden, der alle seine Kräfte für die Erreichung eines anerkennenswerten Ziels einsetzt. Es tritt aber auch in der Handschrift eines Verbrechers auf, dessen ganze Aufmerksamkeit von seinem Ideal gefangen ist, das etwa darin besteht, der geschickteste Geldschrankknacker aller Zeiten zu werden. Es ist also das konzentrierte Verfolgen eines Ziels verbunden mit der Gleichgültigkeit gegenüber alltäglichen Notwendigkeiten, das dieses Merkmal verrät, während die übrige Schrift uns über das Ziel selbst nähere Auskunft erteilen muß.

Figur 151

Wir kommen jetzt zu dem von uns so genannten »Springbrunnen-t« (Figur 151). Die wie ein springender Wasserstrahl rechts aus dem Buchstaben herausragende Durchstreichung wird abzusetzten an den Buchstaben angeschlossen. Vielfach ist es in der Praxis schwierig, das »t« als solches zu erkennen. Nach unseren Beobachtungen kann man daran Besitzstreben ablesen, und der Schreiber ist sehr beeinflußbar. Seine Ehrlichkeit kann dadurch gefährdet werden.

Hiermit beschließen wir die Gruppe derjenigen »t«, die vorwiegend über Pflichtgefühl und Gewissenhaftigkeit Auskunft erteilen, und wenden uns der Untersuchung einiger anderer »t«-Formen zu. Das Oberschleifen bildende »t« ist nicht selten anzutreffen (Figur 152). Diese überflüssige Schleife weist den Weg zur richtigen Deutung. Da sie sich im Bereich des Geistigen befindet, dürfen wir daraus schließen, daß der Schreiber sich viele Illusionen macht. Er neigt dazu sich selbst zu überschätzen.

Figur 152

Die in Figur 153 dargestellten »t«-Formen erinnern an eine Boxbewegung. Die ausholende, auf Abwehr gerichtete Geste ist wörtlich zu nehmen. Diese Form wird von Menschen produziert, die den Wunsch haben, sich zu behaupten. Doch ob ihre Abwehr praktisch wirksam ist, läßt sich nur aus der übrigen Schrift ersehen.

Figur 153

Figur 154 zeigt das wegen seiner Form so genannte »Zirkel-t«, das zwar Ähnlichkeit mit dem »Box-t« hat, aber ganz anders gedeutet wird als dieses. Bei der ersten Form, dem »Box-t«, geht die Bewegung mit einer schwachen Rundung schroff nach links. Bei der zweiten Form, dem »Zirkel-t«, hingegen ist die viel kreisähnlichere Bewegung nach oben gerichtet. Der »Zirkel-t«-Schreiber ist ein exakt denkender Mensch, der Genauigkeit der Phantasie vorzieht und dies nicht als Selbstbeschränkung empfindet.

Figur 154

Die sehr deutlich auf die Gefühlslage drückende »t«-Durchstreichung (Figur 155) könnte man auch als Variante des »Kreuz-t« (siehe Figur 142) bezeichnen. Wir finden diese Form in den Handschriften von Menschen, denen die Religion hilft, Unruhe und Angst zu überwinden.

Figur 155

Eine sich über den ganzen Rest des Wortes hinstreckende »t«-Durchstreichung sehen wir in Figur 156. Diese an einen schützend ausgestreckten Arm erinnernde Geste finden wir bei Menschen, die sich durch einen starken Beschützerinstinkt auszeichnen. Da diese Form der »t«-Durchstreichung aber gleichzeitig bedeutet, daß der Schreiber gerne Zukunftspläne macht – die lange Durchstreichung tastet in die Zukunft hinein – dürfen wir den Schluß ziehen, daß dieser Schutz mit Vorsorge für die Zukunft gekoppelt ist.

Figur 156

Figur 157 zeigt uns zwei aufeinanderfolgende »t«, deren gemeinsame Durchstreichung nur das erste »t« schneidet, über

Figur 157

das zweite aber hinweggeht. Diese Art, bildlich – wenn selbstverständlich auch unbewußt – zum ersten »ja«, zum zweiten aber »nein« zu sagen, ist nach unseren Beobachtungen bezeichnend für den Schreiber. Er hat Angst, zuviel zu versprechen und fürchtet sich vor Verantwortung. Er wird nur solche Verpflichtungen übernehmen, die für ihn wirklich unvermeidlich sind.

Das umgekehrte Verfahren, bei dem die gemeinsame Durchstreichung – manchmal waagerecht, manchmal von oben kommend – nur das zweite »t« durchschneidet, das erste aber unberührt läßt (Figur 158), entsteht meistens bei zögernden und unsicheren Schreibern, die es nicht wagen, mit einem einzigen Schwung beide »t« durchzustreichen. Nach sorgfältigen, vergleichenden Beobachtungen handelt es sich hier um Menschen, die aus Angst vor Blamagen ihre Begabungen nicht frei entfalten können. Minderwertigkeitsgefühle veranlassen den Schreiber, seine Ideen mißtrauisch zu betrachten und zurückzuhalten, anstatt sie selbstbewußt zu vertreten.

Figur 158

Wo zwei dicht aufeinanderfolgende »t« oben oder unten mit einem einzigen Strich oder einer Schleife durchschnitten werden (Figur 159), handelt es sich um Schreiber, die sich durch ein gutes Gedächtnis auszeichnen. Es ist nicht selbstverständlich, daß der Schreiber, dessen Aufmerksamkeit vom Inhalt des Textes in Anspruch genommen wird, nach der Beendigung des zweiten »t« noch daran denkt, daß die Durchstreichung zwei »t« gleichzeitig treffen muß. Nur Menschen mit gutem Gedächtnis haben die Fähigkeit, dieses halb unbewußte doppelte Durchstreichen regelmäßig durchzuführen.

Figur 159

Bevor wir das »t«-Kapitel abschließen, wollen wir noch einige Formen des großen »T« untersuchen. Noch viel öfter als beim kleinen »t« sehen wir beim großen »T« den langen, sich über die nächsten Buchstaben erstreckenden »Protektionsstrich« (Figur 160). Der entsprechenden Deutung des kleinen »t« müssen wir noch etwas hinzufügen: Beim kleinen »t« liegt die lange Überstreichung meist mehrere Millimeter tiefer (also der Gefühlslage näher) als die lange Überstreichung des großen »T«, die sich in der Regel an der ober-

Figur 160

sten Grenze der Oberlänge befindet. Wir stellen deshalb zwar auch hier einen ausgeprägten Beschützerinstinkt fest, fügen dem aber hinzu, daß es selten Güte ist (wegen der äußersten Entfernung von der Gefühlslage), die den Schreiber zum Schutz seiner Mitmenschen veranlaßt, sondern eher eine übergroße, selbstgefällige Eitelkeit und eine starke Tendenz zur Herrschsucht.

Das romanische große »T« (Figur 161) verrät uns, wenn es sich nicht um einen Schreiber aus dem romanischen Kulturkreis zugehörige Schreiber handelt, daß der Schreiber ein eitler Mensch ist. Schwungvoll ausgeschmückte andere Großbuchstaben bestätigen diese Deutung in den meisten Fällen. Das gedruckte große »T« (Figur 162) verrät uns, daß der Schreiber ein Intellektueller ist, der nicht den Wunsch hat, dies durch Äußerlichkeiten zu zeigen. Diese »T«-Form ist zu bescheiden, als daß ihr Urheber eitel sein könnte. Hier handelt es sich zudem um eine Vereinfachung, bei der die Deutung für Druckgroßbuchstaben Anwendung findet.

Wo beim gedruckten großen »T« ein deutlicher Zwischenraum zwischen den beiden Balken besteht (Figur 163), ist die Deutung des gerade geschilderten Merkmals im Prinzip auch richtig. Der Schreiber kann sich aber in Illusionen verlieren, sehen wir doch deutlich in der Figur, daß der Querbalken lose im Bereich des Geistigen schwebt. Die Verbindung zwischen dem Geistigen und der materiellen Wirklichkeit fehlt. Die Figur 164 zeigt uns eine »T«-Form, die an einen Pfeil erinnert, der von einem Bogen abgeschossen wird. Das Bild paßt gut zum Charakter des Schreibers. Nach unseren Beobachtungen wird dieses Merkmal von nachtragenden Menschen produziert.

In manchen Handschriften finden wir eine »T«-Form, die stark an ein großes »F« erinnert, bei dem aber die mittlere Durchstreichung fehlt (Figur 165). Dieses Merkmal finden wir nach unseren Beobachtungen in Handschriften, deren Urheber sich durch große Disziplin und Solidarität mit ihren Mitmenschen auszeichnen. In der Regel handelt es sich darüber hinaus um Menschen, für die Individualität keine große Rolle spielt. Dem einfachen gedruckten »T« ähnelt das »T«, dessen Querbalken links mit einem Haken versehen ist,

Figur 161

Figur 162

Figur 163

Figur 164

Figur 165

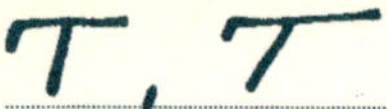

Figur 166

wie es Figur 166 zeigt. Dieser Widerhaken im Bereich des Geistigen ist wörtlich zu nehmen, denn wir finden ihn in Handschriften starrsinniger Menschen, die einen starken Widerspruchsgeist besitzen.

Sehr interessant sind auch die verschiedenen Schreibweisen sowohl des kleinen als auch des großen »d«, wenn dieser Buchstabe auch nicht so außerordentlich aufschlußreich ist wie das »t«. Was die graphologische Bedeutung eines einzelnen Buchstabens betrifft, nimmt das »t« nämlich eine Sonderstellung ein.

Da das kleine »d« sowohl die ganze Mittel- als auch die Oberlage ausfüllt, kann es Eigenschaften enthüllen, die nicht nur Willen und Gefühl, sondern auch den Geist betreffen. Je nachdem, in welcher der beiden Lagen sich die uns jeweils interessierende Besonderheit vorwiegend befindet, wird die Deutung sich mehr auf die eine oder auf die andere der erwähnten Eigenschaften beziehen. Das zurückgebogene »d«

Figur 167

(Figur 167), bei dem es darauf ankommt, daß sich der Buchstabe nach Verlassen der Gefühlslage mit einer deutlichen Rundung nach links biegt, finden wir sowohl in lateinischen als auch in Sütterlin-Handschriften. Diese nach hinten, also vom Mitmenschen abgewandte Geste finden wir in der Schrift von Menschen, die immer auf der Hut vor Kränkungen sind und zu Herrschsucht neigen.

Wir untersuchen nun ein sehr aufschlußreiches Merkmal, die abgetrennten und alleinstehenden »d«-Köpfe oder »d«-Bäu-

Figur 168

che (Figur 168). Die hier zu beobachtende Lücke befindet sich ausschließlich innerhalb der Gefühlslage. Diesem Befund entspricht, daß der Schreiber sich über sein Gefühlsleben nicht im klaren ist. Gefühle und Empfindungen kann er nicht richtig einordnen. Darüber hinaus zeichnet er sich durch geringe Menschenkenntnis aus.

Figur 169

Bei dem in Figur 169 gezeigten Merkmal ist der lange Verbindungsstrich zwischen dem »d«-Bauch und der Oberlänge auffallend. Die Schreiber dieses Merkmals lassen sich von anderen Menschen mitreißen. Sie können sich, wie die Figur zeigt, nicht recht entschließen, in die geistige Sphäre vorzudringen und bleiben im Emotionalen haften. Sie bringen wenig Energie auf, um eigene Ideen später auch in die Tat umzusetzen. Dabei handelt es sich oft um intelligente Menschen, die fähig wären, sich ein eigenes Urteil zu bilden und auch danach zu handeln. Ob diese Fähigkeit dann allerdings auch jeweils im Einzelfall besteht, verrät uns die übrige Schrift.

In manchen Schriften ist das »d« so beschaffen, daß der Bauch sehr dick ist und durch einen dünnen Strich mit dem zweiten »d«-Teil verbunden wird, so daß der Eindruck entsteht, der Bauch werde nachgeschleift (Figur 170). Dieses Bild darf insofern symbolisch gedeutet werden, als der Schreiber tatsächlich seine Gefühle künstlich aufbauscht. Beziehungen hält er manchmal nur deshalb lebendig, weil er Konflikten aus dem Weg gehen will, die durch das Abbrechen einer Gefühlsbindung entstehen könnten.

Figur 170

Das »Sessel-d« (Figur 171), das – wie wir sehen – verschieden geformt sein kann, erinnert an einen aus vielen Rundungen geformten Sessel. Der Schreiber liebt Bequemlichkeit. Diese Feststellung, die sehr gut zu dem Sesselbild paßt, soll im weitesten Sinne aufgefaßt werden. Im Alltag haben diese Menschen eine liebenswürdig-selbstverständliche Art, sich von ihrer Umgebung bedienen zu lassen. Was für den Graphologen noch interessanter ist, weil auch in dieser Hinsicht die Deutung bei sonst temperamentvoll erscheinenden Schriften immer zutrifft, ist, daß sich ein solcher Schreiber auch als Sexualpartner fast völlig passiv verhält.

Figur 171

Wo sich beim »d« der Bauch quer (anstatt parallel) zur übrigen Schriftlage stellt (Figur 172), haben wir dasselbe Merkmal vor uns, wie wir es bereits beim entsprechend geformten »a« (siehe Figur 30) kennengelernt haben, dessen Deutung hier übernommen werden kann.

Figur 172

Die letzte Form des kleinen »d«, das »Kufen-d« (Figur 173) bringt uns ebenfalls nichts Neues, da auch dieses Merkmal im »Kufen-a« (siehe Figur 25) bereits behandelt wurde. Die Deutung trifft auch hier zu.

Figur 173

Auch verschiedene Formen des großen »D« sind recht aufschlußreich und interessant. Die einfache Druckform ist als

Vereinfachung anzusehen und entsprechend zu interpretieren. Interessanter ist die ebenfalls sehr vereinfachte Form, deren Anfang und Ende oben wie zwei Klingen gekreuzt sind (Figur 174). Die Urheber dieses Merkmals sind Menschen, die das Duell mit Worten lieben. Die Schrift Winston Churchills z. B. weist dieses »D« regelmäßig auf. Oben geöffnete große »D«, die manchmal kaum noch als solche zu erkennen sind (Figur 175), erinnern an Gefäße, die weit geöffnet sind, um etwas aufzunehmen. Da diese Öffnung sich im Bereich des Geistigen befindet, bedeutet dies, daß der Schreiber der Inspiration geöffnet und religiösen Dingen zugänglich ist.

Beim Vergleich der beiden hier gezeigten nach unten geöffneten Formen (Figur 176) sehen wir, wie unterschiedlich die Merkmale sein können. Denn die Öffnung nach unten ist bei beiden vorhanden und könnte auch noch bei ganz anders aussehenden Formen vorkommen. Man kann die erste unserer beiden Formen sogar als Vereinfachung der zweiten ansehen, wobei der Urheber der ersten geistig viel klarer und intelligenter als derjenige der zweiten Form sein dürfte. Aber das, worauf es uns hier ankommt, haben beide Schreiber gemeinsam.

Bei der Beurteilung des nach unten geöffneten großen »D« müssen wir zwischen zwei unterschiedlichen Deutungen unterscheiden: Bei manchen Schriften ist das »D« zum Bereich des Materiellen und des Triebhaften hin geöffnet. Diese Öffnung kann bedeuten, daß der Schreiber mit seinen geistigen Erlebnissen nicht zufrieden ist und deshalb einen Ausgleich im Sex sucht.

Bei anderen Schriften zeigt sich auf symbolische Weise, daß der Schreiber eine Verbesserung seiner materiellen Grundlagen anstrebt. Die bestehende oder eingebildete materielle Unsicherheit, die sich auf diese Weise in der Schrift äußert, ist in der Regel von der Neigung des Schreibers begleitet, mehr zu versprechen, als er halten kann oder will.

Große »D«, die wie Halbmonde oder doch ganz ähnlich aussehen (Figur 177), beobachten wir in Handschriften von Menschen, die sich durch weltfremdes irrationales Denken auszeichnen. Oft fühlen sie sich als moralische und geistige Vorbilder für andere Menschen.

Schwungvolle, sich einrollende Schleifen oder Haken beim großgeschriebenen »D« (Figur 178) finden wir bei konservativ denkenden Menschen. Wie die Figur sich förmlich im Bereich des Geistigen anklammert, so hält der Schreiber an seinen Überzeugungen fest. Diese festklammernde Geste ist aber derart verkrampft, daß sie offensichtlich eine uneingestandene Unsicherheit kompensieren muß. Der Schreiber zwingt sich also aus Unsicherheit zu einer konservativen Einstellung.

Figur 178 ◀

Das wie ein Schild geformte große »D« (Figur 179) zeigt eine deutliche Abwehrgeste nach rechts, die gegen die Umwelt gerichtet ist. Wesentlich ist bei diesem Merkmal, daß der senkrechte Strich, um den herum sich die schützende Schildform wölbt, allein steht, d. h. unverbunden ist.

Figur 179 ◀

Erfahrungsgemäß handelt es sich bei den Urhebern dieses Merkmals um Menschen, die sich gegen Vorgesetzte – oft aber auch ganz speziell gegen ihren Vater – behaupten müssen. Dieses Merkmal verrät dennoch neben dem Willen zur Selbstbehauptung auch gleichzeitig eine uneingestandene Angst vor dem Leben.

Zum Schluß sei noch eine »D«-Form erwähnt, die wie ein auf die linke obere Rundung gestelltes Herz aussieht, wobei diese Rundung auch manchmal spitz ausfällt (Figur 180). Besonders bei jüngeren Menschen verrät dieses Merkmal die Suche nach Liebe und Zärtlichkeit – was um so einleuchtender ist, als in der hier gezeigten Figur auch unschwer ein Phallussymbol gesehen werden kann.

Figur 180 ◀

Der letzte Buchstabe, dessen Variationsmöglichkeiten interessant und zahlreich sind, ist das kleine »r«. Das wie ein französischer Akzent (Zirkumflex) aussehende »r« sehen wir in Figur 181. Dieses sowohl in Männer- als auch in Frauenschriften anzutreffende Merkmal, dessen Form an ein schützendes Zelt erinnert, bedeutet Zurückhaltung. Dieser Feststellung muß allerdings hinzugefügt werden, daß sich auch bloß vorgetäuschte Zurückhaltung auf diese Weise äu-

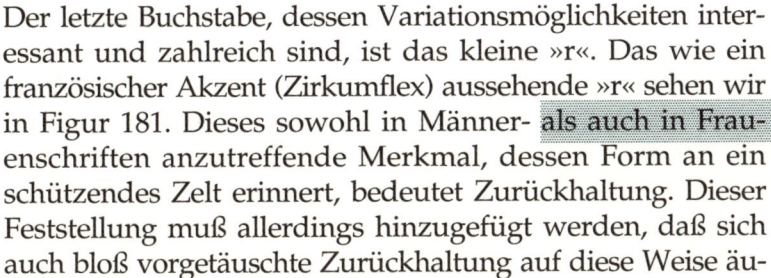

Figur 181 ◀

ßert. Die Beschaffenheit der übrigen Schrift, vor allem die der Unterschleifen, erlaubt uns, zwischen echter und vorgetäuschter Zurückhaltung zu unterscheiden. Kurze und auch schmale Unterschleifen, besonders wenn deren Schnittpunkt sich jeweils unterhalb der Linie befindet (siehe Figur 81), kennzeichnen die Zurückhaltung als echt.

Figur 182

Wo im »r« oben ein deutlicher waagerechter Strich zu sehen ist (Figur 182), haben wir es nach unseren Beobachtungen mit Menschen zu tun, die ein sehr enges Verhältnis zu ihrer Familie haben. Sie dulden keine Kritik an den Ihren und entschuldigen auch von ihnen selbst bemerkte Fehler. Wie ein schützendes Dach liegt der waagerechte Strich am oberen Rand der Gefühlslage, was diese Deutung bildhaft unterstreicht.

Figur 183

In dem von uns so genannte »Vogelflug-r« (Figur 183) läßt sich mit etwas Phantasie ein ängstlich flatternder Vogel erkennen, und damit haben wir die richtige Deutung, denn viele ängstliche und ruhelose Menschen schreiben solche »r«.

Figur 184

Viele »r« erinnern an Quadratwurzeln (Figur 184). Diese Form kann völlig unbewußt produziert werden, doch finden wir dieses Merkmal nur in den Handschriften von Menschen, die gute Rechner sind und die sich gleichzeitig durch eine gewisse Vorsicht im beruflichen und alltäglichen Bereich beim Reden und Handeln auszeichnen.

Figur 185

Wo in einer Schrift das »r« deutlich an ein Fragezeichen erinnert (Figur 185), die Form also oben und unten jeweils gerundet ist (in den Fällen, wo die Rundung nur oben zu sehen ist, trifft unsere Deutung also nicht zu), handelt es sich bei den Schreibern um Menschen, die sich in ihrem Beruf unsicher fühlen.

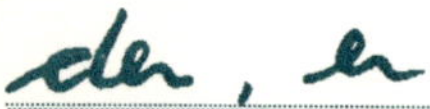

Immer wieder konnten wir bei den Urhebern dieses Merkmals feststellen, daß sie das Gefühl haben, im Beruf nicht an den richtigen Platz gestellt zu sein. In manchen Schriften sieht das »r« am Ende eines Wortes wie ein kleiner Haken aus (Figur 186). Wir finden diese Schreibart in den Handschriften von Menschen, die sich von einer unliebsamen Bindung gern befreien würden, hierzu jedoch nicht den Mut aufbringen.

Figur 186

Großbuchstaben

Ein beträchtlicher Teil der Besonderheiten bei Großbuchstaben (A, E, I, T, D) wurde zur besseren Übersicht bereits
in den jenen Buchstaben gewidmeten Kapiteln behandelt, so
daß sich das vorliegende Kapitel nur noch mit den übrigen
Besonderheiten befaßt.

Sehr häufig anzutreffen sind Großbuchstaben, wie sie unsere
Figur 187 zeigt. Die in den Bereich des Geistigen hineinra-
genden Teile werden innerhalb eines Buchstabens beträchtlich kürzer – oder länger – (in den weitaus meisten Fällen jedoch kürzer). Unsere Figur zeigt die Buchstaben »M«, »N«
und »W« als Beispiele für dieses Merkmal. In der Praxis ist
vorwiegend das kleiner werdende »M« zu finden. Die Urheber dieses Merkmals zeichnen sich in der Regel durch ein
stark ausgeprägtes Geltungsbedürfnis aus. Man könnte sie
auch als geistig eitel bezeichnen.

Großbuchstaben, von denen Teile weit ausladend und meistens auch stark druckbetont über das ganze Wort hinausragen (Figur 188), erinnern an das in Figur 160 gezeigte große »T«. Hier trifft die gleiche Deutung zu: Der Schreiber bietet Schutz nicht aus Güte, sondern aus Herrschsucht. Von
seiner Hilfsbereitschaft ist er selber aber überzeugt.

Die Figur 189 zeigt von uns so genannte »gehende« Großbuchstaben. Man braucht nicht viel Phantasie, um hier die
weit ausschreitenden »Beine« zu erkennen. Dies paßt vorzüglich zu unserer Deutung, denn dieses Merkmal findet
sich meist bei Menschen, die den Wunsch haben sich weiterzuentwickeln. Ob jedoch die persönlichen Voraussetzungen gegeben sind, die eine solche Entwicklung erlauben
würden, bleibt offen. Dazu müßte man die Schrift als Ganzes in die Überlegungen einbeziehen. Aber auch »auf der
Stelle marschierende« (oder vielleicht sollte man besser sagen: »stillstehende«) Großbuchstaben kann man gelegentlich
finden (Figur 190). Wir sehen deutlich, daß der »Schritt«
verhalten und gehemmt ist. In den Handschriften von Menschen, deren persönliche Entwicklung nur zögernd verläuft,
können wir dieses Merkmal häufig beobachten.

Figur 191

Menschen, die einen ausgesprochenen Sinn für Ästhetik besitzen, produzieren häufig Großbuchstaben, die durch auf schlanken »Säulen« thronende »Dächer« gekennzeichnet sind (Figur 191). Besonders oft sind sie in den Handschriften von Architekten festzustellen. Auch wenn dieses Merkmal in der hier gezeigten »Reinform« in der Praxis kaum vorkommt, läßt sich die Tendenz, auf die es ankommt, unschwer erkennen. Immer sind die Schreiber Menschen, die aufbauend wirken wollen und können.

Figur 192

Interessant in ihrer Symbolik sind auch die in Figur 192 dargestellten Großbuchstaben. Der mittlere der drei nach oben strebenden Buchstabenteile ist jeweils wesentlich kürzer als die beiden äußeren Teile. Sie scheinen einen Halt zu suchen, so daß der ganze Buchstabe – läßt der Betrachter seiner Phantasie ein wenig freien Lauf – wie ein unsicheres Wesen wirkt, das sich im Fall des »M« auf Krücken stützt oder beim »W« mit beiden »Armen« eine Stütze und einen festen Halt sucht. Wir finden diese Merkmale bei Menschen, die entweder Schwierigkeiten beim Gehen haben (also etwa bei Menschen mit Rückenleiden oder mit Lähmungserscheinungen) oder denen es seelisch an einem festen Halt fehlt. Ihre Schrift drückt die krampfhafte Suche nach einer Stütze in ihrem Leben aus.

Figur 193

Die Oberteile einiger Großbuchstaben – in erster Linie des »L« – haben die Form einer geöffneten Schale (Figur 193), wobei im Fall des »L« die Schleife völlig verkümmert ist. Diese nach oben, also zum Geistigen und zur Inspiration hin geöffnete Geste, die auch beim »I« oft zu beobachten ist, finden wir in den Handschriften von schöpferischen Menschen. Es handelt sich hier nicht so sehr um Intellektuelle als vielmehr um künstlerisch begabte Menschen.

Figur 194

Auch die untere Schleife des großen »L«, die normalerweise die ganze Mittellage ausfüllt, ist oft sehr ausdrucksvoll. Hier einige Beispiele: Ungewöhnlich große und dabei rundgeformte untere Schleifen beim großen »L« (Figur 194) werden nach unseren Beobachtungen sehr häufig von Menschen geschrieben, denen das Älterwerden Schwierigkeiten bereitet. Manche Frauen, denen Sex fehlt, schreiben ebenfalls so. In manchen Handschriften sind die Großbuchstaben mit auffallenden Schnörkeln und Schleifen versehen, ohne daß die Form dadurch origineller würde (Figur 195). Der Schreiber hat den Wunsch, sich aus seinem Milieu herauszuentwik-keln, das er als zu eng empfindet. Seine Versuche, dieses Ziel zu erreichen, sind jedoch vergeblich. Unsere Figur zeigt deutlich, daß es dem Schreiber nicht gelungen ist, seine beengten Verhältnisse hinter sich zu lassen. Es fehlt ihm möglicherweise an geistiger Beweglichkeit.

Figur 195

Die wie Schilde aussehenden Großbuchstaben haben wir bereits im »D«-Kapitel behandelt (siehe Figur 179). Wir wei-sen hier (Figur 196) auf die gleiche Tendenz bei einigen an-deren Großbuchstaben hin, wobei die Deutung die gleiche bleibt. Großbuchstaben, von denen Teile die untere Grenze der Mittellage heftig durchstoßen, zeigt uns die Figur 197. Dieses Merkmal ist besonders häufig beim »B« zu beobach-ten und wird von Menschen produziert, die einen finanziel-len Halt suchen. Die tief in den Bereich des Materiellen hin-eingreifende Geste unserer Figur verdeutlicht dies. Es ist in-teressant, daß bei Menschen, die sich materiell nie genügend abgesichert glauben, ständig dieses Merkmal zu finden ist. Bei anderen hingegen, die nur zeitweise finanzielle Sorgen haben, taucht es nur während dieser Zeit auf; schon kurze Zeit nach Behebung der finanziellen Notlage macht es wie-der der normalen Schreibweise Platz.

Figur 196

Figur 197

Manchmal kann man beobachten, daß sich der dem Groß-buchstaben folgende Kleinbuchstabe in jenen hineindrängt, sich förmlich darin verkriecht (Figur 198). Dieses Sichver-kriechen ist insofern wörtlich zu nehmen, als die Schreiber in der Regel Menschen sind, die Angst vor dem Leben ha-ben. Taucht diese Schreibweise jedoch nur in der Unterschrift auf, die vor allem den Berufsmenschen widerspiegelt, kön-nen wir statt von Angst von größter Vorsicht im Berufsleben sprechen.

Figur 198

Sehr aufschlußreich ist die von uns so genannte »Kamm-schrift«, die besonders beim großen »M« gut zu beobachten ist (Figur 199). Wir sehen, daß die drei »Kammzähne« so-wohl girlandenartig als auch winklig sein können. Die Be-deutung bleibt die gleiche. Charakterunterschiede zwischen den Urhebern der ersten und der zweiten Form können aus

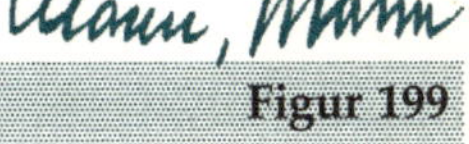

Figur 199

den übrigen Schriftverschiedenheiten, die bestimmt nicht fehlen, vollständig herausgearbeitet werden.

Um von Kammschrift zu sprechen, ist es nötig, daß der Buchstabe ganz oben begonnen wird. Wer derartige »Kämme« schreibt, neigt dazu, ihn interessierende Themen gründlich »durchzukämmen«. Dies ist eine Deutung, die wir nicht aus der Symbolik des Merkmals, sondern aus der Erfahrung nehmen. Der Begriff kann aber gut als »Eselsbrücke« dienen. Die Schreiber sind Menschen, die an einem Thema »klebenbleiben«, bis es vollständig ausgeschöpft ist. Sie gehen sehr gründlich vor und zeigen dabei unter Umständen eine gewisse pädagogische Begabung.

Die »Kamm-M«-Schreiber haben alle gemeinsam, daß sie bei ihren Gesprächspartnern stillschweigend voraussetzen, daß sich diese für dieselben Dinge wie sie selbst so lebhaft interessieren. Es ist klar, daß solche Menschen die Zuhörer, die ihre Interessen nicht teilen, ermüden und langweilen können. Jene Gesprächspartner, die aufmerksam bei der Sache sind, können dagegen unter Umständen sehr vom Wissen ihres Gegenüber profitieren. Viele Dozenten an Hochschulen schreiben diese »M«.

Figur 200

Die Schreiber von Figur 200 sind Menschen, die oft in der Vergangenheit leben, an die sie sich aus irgendwelchen Gründen mit Stolz und Freude erinnern. Leicht neigen diese Menschen dazu, Vergangenes zu idealisieren, so daß die Gegenwart dagegen abfallen muß. Eine gewisse Unzufriedenheit mit dem täglichen Leben, mit modernen Errungenschaften und neuen Lebensgewohnheiten kann die Folge sein.

Figur 201

Schlingpflanzenartige Großbuchstaben (Figur 201) werden – manchmal auch weniger ausgeprägt und dann entsprechend milder zu beurteilen – von Menschen produziert, die sich überall da, wo sie auf Freundschaft, Liebe, Sympathie oder auch nur auf Duldung stoßen, fest anklammern und beginnen, den betreffenden Menschen regelrecht »auszusaugen«. Sie lechzen nach geistiger Gemeinschaft, hungern nach Liebe oder sind materiell unersättlich. Manchmal trifft auch mehreres gleichzeitig zu, was uns die Beschaffenheit der

110

übrigen Schrift verraten kann. Dabei haben sie eine so geschickt umschlingende Art, daß sie sehr schwer abzuschütteln sind, wenn sie sich einmal festgeklammert haben, und daß ihnen ihre Absichten nicht leicht nachgewiesen werden können.

Ein Merkmal, das meistens bei Großbuchstaben und ganz besonders beim großen »H« oder »M« auftritt (Figur 202), ist das Pfundzeichen. Hier produziert der Schreiber unbewußt ein kaufmännisches Symbol. Wer so schreibt, ist Kaufmann – selbst wenn er keinen kaufmännischen Beruf ausübt. Auf jeden Fall hat er das Talent, mit Leichtigkeit zu rechnen und blitzschnell seinen Vorteil zu erkennen. Wesentlich ist, daß die große zurückgreifende Schleife auch den ersten Buchstabenteil so erfaßt, daß zwei deutliche Schnittpunkte oder wenigstens eine klare Ausbuchtung nach links entsteht. Wenn die große Schleife den ersten Buchstaben nur annähernd erreicht, ohne ihn zu durchschneiden, dann ist das beschriebene Merkmal – trotz Ähnlichkeit der Figur – nicht gegeben.

Figur 202

Manche Buchstaben, wie das »M« und das »R« in unserer Figur 203, umschreiben mit einfachen, knappen Linien große, merkwürdig leere Räume. Außerdem fällt auf, daß die Form oben, d.h. im Bereich des Geistigen, unterbrochen ist. Die Urheber derartiger Gebilde sind Menschen, die sich unrealisierbaren Träumen hingeben – unrealisierbar deshalb, weil sie jedes Zusammenhangs und jeder soliden Grundlage entbehren. Die sehr vereinfachten Formen verraten aber durchaus Intelligenz.

Figur 203

Ein interessantes Merkmal ist das von uns so genannte »Kurven-S« (Figur 204), das sogar in sonst eher steilen Schriften immer mehr oder weniger schräg gestellt ist. Es beschreibt – und zwar immer mit einem gewissen Schwung – zwei Kurven. Dieses Merkmal verrät Unternehmungsgeist, der einen Schuß Leichtsinn und Risikobereitschaft enthält; man kann an einen Autofahrer auf einer kurvenreichen Straße denken. Oft sind es wirklich »rasende« Autofahrer.

Figur 204

Wenn bei Großbuchstaben, besonders im »T« und im »F«, die Spitzen durch einen Querstrich abgeschnitten werden

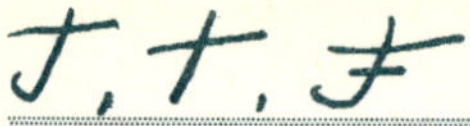

J, J, F

▶ Figur 205

(Figur 205), läßt sich dies folgendermaßen interpretieren: Der Schreiber ist ein Mensch, der sich vielleicht unbewußt bemüht, seine Phantasie zu zügeln. Aus irgendeinem Grund möchte er sich mehr an der Realität orientieren, als dies eigentlich seinem Charakter entspricht. Die Angst, sich ohne diese Selbstdisziplin in uferlosen Träumen zu verlieren, dürfte in den meisten Fällen die Ursache dafür sein.

J, K, F

▶ Figur 206

Die Figur 206 endet mit einer auf der Linie beginnenden, ruckartigen Bewegung nach links. Diese Form ist einer zum Schlage ausholenden Faust ähnlich. Da diese Boxbewegung sich innerhalb der Gefühlslage befindet, kann daraus auf eine Neigung zur Brutalität geschlossen werden. »Zangen«-Großbuchstaben, wie sie sich besonders im »W«, aber auch

W, V, O

▶ Figur 207

im »V« und »D« manifestieren (Figur 207), verraten einen Hang zum Sadismus. Weist die Handschrift sonst keine weiteren aggressiven Zeichen auf, ist der durch die Figur 207 ausgedrückte Sadismus als gemäßigt zu bezeichnen, weil die zugreifende Zange sich ganz oben im geistigen (theoretischen) Bereich befindet. Die Neigung des Schreibers bleibt also mehr oder weniger Theorie, er wird sich auf kleine verbale Stiche und Hiebe beschränken.

H, J, K

▶ Figur 208

In manchen Handschriften fällt auf, daß die Anfangsstriche der Großbuchstaben weggelassen wurden (Figur 208). Um die Deutung besser zu verstehen, betrachten wir nochmals das in Figur 200 dargestellte Merkmal, das gewissermaßen das entgegengesetzte Extrem verkörpert. Dort wurde festgestellt, daß die Schreiber in der Vergangenheit leben, an die sie sich sehr gern erinnern und auf die sie sich stützen. Die fehlenden Anfangsstriche in Figur 208 lassen aber auf Menschen schließen, die Althergebrachtes ablehnen. Die Figur zeigt deutlich, daß die verbindende Brücke weggelassen wurde. Die Schreiber wollen auf Überliefertes verzichten und sich von Traditionen befreien.

H, H, H

▶ Figur 209

Wo die Anfangsstriche der Großbuchstaben verbogen oder irgendwie verkrümmt sind (Figur 209), läßt sich die Deutung in ähnlicher Weise vornehmen. Die Schreiber wollen fortschrittliche Menschen sein. Viele bleiben trotzdem recht konservativ und letzten Endes auch den Traditionen verhaftet. Manche Großbuchstabenformen zeigen ausgesprochene

»Narrenkappen«, die am deutlichsten beim großen »P« zu finden sind (Figur 210). Wir sehen, daß das »P« sowohl völlig verbunden als auch in zwei Teile zerfallen sein kann. Wesentlich ist nur, daß der rechte obere Teil in »Nackenhöhe« stark druckbetont in einer Spitze oder in einem stumpfen Ende ausläuft. Zwar ist dieses Merkmal nicht leicht zu erkennen, und der graphologisch interessierte Laie wird manchmal zweifeln, ob es sich um eine »Narrenkappe« handelt, zumal sie auch bei anderen Großbuchstaben, etwa beim »K«, vorkommen kann. Doch legt die Schrift diese Deutung nahe, so sitzt dem Schreiber erfahrungsgemäß der Schalk im Nacken, er verspottet mit Vorliebe nicht nur andere Menschen, sondern auch sich selbst. Die »Narrenkappe« produziert er unbewußt.

Figur 210

Oben offene, Schalen bildende Großbuchstaben (Figur 211) haben graphologisch gesehen Ähnlichkeit mit dem in Figur 193 gezeigten großen »L«. Auch hier symbolisieren die Schalen das Geöffnetsein für Geist und Inspiration. Während sich aber beim »L« die Schale völlig im Bereich des Geistigen, oberhalb der Gefühlslage befindet, reicht sie bei den großen »J« (die allerdings wie »Y« geschrieben sind) in Figur 211 bis an die Gefühlslage heran und sogar in diese hinein. Deshalb sprechen wir bei dem »L« nur von der Anlage des Schreibers zu geistiger Kreativität, während wir bei den Urhebern der tiefen Schale davon ausgehen können, daß ihnen die schöpferischen Ideen förmlich zufliegen.

Figur 211

Fast symbolisch zu deuten sind die von uns so genannten »Periskop«-Großbuchstaben (Figur 212), die jedoch recht selten vorkommen. Tatsächlich haben ihre Urheber gemein, daß sie neugierig sind. Der Schreiber möchte förmlich »um die Ecke« sehen, alles Wissenswerte erfahren und beobachten, ohne dabei selbst gesehen zu werden. Nur wenn ein solcher Schreiber aufmerksam beobachtet wird, ist seine Neugierde zu bemerken.

Figur 212

Bei Groß-, aber auch bei Kleinbuchstaben kann man gelegentlich schaufelartig in die Tiefe greifende Haken registrieren (Figur 213). Sie drücken ganz anschaulich den heftigen Wunsch des Schreibers aus, feste Wurzeln zu fassen. Diese Deutung ergibt sich so klar aus allen bisherigen Ausführun-

Figur 213

gen, daß wir uns mit dem einmaligen Hinweis an dieser Stelle begnügen.

Figur 214

»Bohnenstangen«-Großbuchstaben haben wir solche Formen genannt, die sich an sich selbst emporranken (Figur 214). Der an symbolische Deutungen bereits gewöhnte Leser wird hier vielleicht von selbst auf die richtige Deutung kommen: Die Urheber dieses Merkmals möchten sich aus innerer Unsicherheit förmlich an sich selbst festhalten. Aus übergroßer Vorsicht neigen sie dazu, sich gegen alles Unangenehme im voraus abzusichern.

Figur 215

Das festgefügte, symmetrische »F«, dessen oberer Balken deutlich länger ist als der untere (Figur 215), wird nach unseren Beobachtungen von sehr angepaßten Menschen geschrieben.

Unterschriften

Weil die Unterschrift innerhalb der Gesamtschrift eine Sonderstellung einnimmt, haben wir sie bereits ziemlich ausführlich behandelt. Wir haben auch die Deutung einiger Besonderheiten vorweggenommen. Um Wiederholungen zu vermeiden, wollen wir uns hier im wesentlichen auf die Schilderung und Darstellung solcher Merkmale beschränken, die dann in der Praxis relativ oft auftauchen. Die Kenntnis ihrer Grundbedeutung kann eine wertvolle Hilfe bei der Gesamtbeurteilung eines Charakters sein. Die beiden wichtigsten Schlußfolgerungen wollen wir hier nochmals kurz erwähnen, weil sie uns bei der Analyse einer Unterschrift immer gegenwärtig sein sollten: 1. Die Unterschrift zeigt uns vor allem, wie der Schreiber sein möchte, und nicht unbedingt, wie er wirklich ist. 2. Die allgemeine Schrift zeigt den Privatmenschen, die Unterschrift jedoch den Berufsmenschen.

Unsere ersten Beispiele behandeln Unterschiede in der Schreibweise von Vor- und Nachnamen. Wo der Vorname auffallend kleiner geschrieben wird als der Familienname *Emil Meier* (Figur 216), liegt der Verdacht nahe, daß der Schreiber Kind-

Figur 216

heitserinnerungen verdrängt. Denn der Vorname läßt Rückschlüsse auf das Verhältnis des Betreffenden zu seiner Kindheit zu, während der Nachname Auskunft über sein Bewußtsein als Erwachsener gibt. Das erwähnte Verdrängen
von Kindheitserinnerungen kann verschiedene Ursachen
haben, von denen zwei grundlegend sind: Entweder ist es
der Wunsch des Schreibers, seine Herkunft zu verleugnen,
um leichter auf der sozialen Leiter emporsteigen zu können,
oder aber seine Kindheit war unglücklich, und er will sie
deshalb »auslöschen«.

Ein ähnlicher Fall liegt vor, wenn ein Schreiber konsequent *E. Maier*
nur die Initiale seines Vornamens schreibt (Figur 217). Aber

Figur 217

dennoch gibt es einen wesentlichen Unterschied zwischen
der Verkümmerung des Vornamens im ersten Fall und der
Abkürzung im zweiten Fall. Es ist kaum anzunehmen, daß
der zweite Schreiber den Vornamen verkümmert ausschrei-
ben würde.

Sorgfältige Beobachtungen haben bestätigt, daß Menschen,
die nur den Anfangsbuchstaben ihres Vornamens schreiben,
sich nicht darum bemühen, Kindheitserinnerungen zu unterdrücken. Sie wollen aber erwachsen sein und vernachlässigen ihre Neigung zu kindlichem Spiel. Wir finden diese
Schreibart also bei Menschen, die ernst genommen werden
wollen und sich durch ein starkes Pflichtbewußtsein auszeichnen. Sie versuchen, Beruf und Privatleben strikt voneinander zu trennen. Junge Menschen, die nicht als solche behandelt werden wollen, schreiben oft so.

Wo hingegen der Nachname viel kleiner geschrieben wird *Emil mein*
als der Vorname (Figur 218), ergibt sich die Deutung aus

Figur 218

allem bisher Gesagten von selbst. Der Schreiber ist ein
»Kindskopf«. Er ist albern, vor allem recht unselbständig
und beweist im allgemeinen nur wenig Pflichtbewußtsein.

Die folgenden Ausführungen befassen sich mit den verschiedenen Unter-, Über- und Durchstreichungen, die wir in
manchen Unterschriften beobachten können und deren Bedeutung wir auf den Grund gehen wollen. Am häufigsten

kommt die einfache Unterstreichung (Figur 219) des Namenszuges vor. Sie ist der unbewußte Ausdruck für das Bedürfnis, sich eine gesicherte materielle Grundlage zu schaffen oder zu erhalten. Ist die Grundlage jedoch nicht gesichert, verrät die einfache Unterstreichung auch eine gewisse Angst.

Befindet sich die Unterstreichung weit unterhalb des Namenszuges (Figur 220), liegt im Prinzip dasselbe Bedürfnis nach materieller Sicherheit vor. Der Schreiber, den wir in seinem Namenszug repräsentiert sehen, und die materielle Grundlage, die in dieser Unterstreichung zum Ausdruck kommt, sind in diesem Fall aber weit voneinander entfernt. Beobachtungen haben diese Deutung weitgehend bestätigt, denn der Schreiber ist in der Regel ein Mensch, der über seine Verhältnisse lebt. Er will Sicherheit haben, ohne deswegen sparen zu müssen.

Graphologisch interessant sind auch solche Unterschriften, die zugleich unter- und überstrichen sind (Figur 221). Daß der untere Strich neben dem Bedürfnis nach finanzieller Absicherung oft auch Angst verrät, haben wir schon erwähnt. Der obere Strich bedeutet eine Grenze (oder besser: eine Selbstbeschränkung), die im wesentlichen in einer Beschneidung der eigenen Phantasie besteht. »Bis hierher und nicht weiter« erlaubt der Schreiber seinen Gedanken zu gehen. Dadurch wird der Angstcharakter der Unterstreichung noch gesteigert. Als Ergebnis der Analyse kann man also festhalten, daß der Betreffende sich aus Angst selbst beschränkt und daß sein Leben in engen Bahnen verläuft – was übrigens auch in unserer Figur symbolisch sehr schön zum Ausdruck kommt.

Wieder anders liegt der Fall, wenn die Unterschrift nur überstrichen ist, wobei der Strich von der Initiale des Namens ausgeht (Figur 222). Dieser von der Initiale des »Ich« ausgehende Strich bedeutet: »Ich denke so...!« Diese Schreiber verlassen sich nur auf sich selbst und sind ihren Mitmenschen gegenüber sehr kritisch. Dies widerspricht übrigens in keiner Weise unserer Deutung des oberen Strichs in Figur 221, denn wer jede fremde Anregung ablehnt, schränkt sich auch selbst ein.

Sehr interessant sind die verschiedenen Durchstreichungen der Unterschrift, die man manchmal beobachten kann. Mitunter ist – wie in Figur 223 – der Name in der Mitte so durchgestrichen, daß alle Buchstaben davon betroffen sind. Die Erfahrung hat gezeigt, daß derartige »Selbstdurchstreichungen« vorkommen können, wenn der Schreiber sich selbst für unzulänglich hält und gern jemand anders sein möchte. In gewissen Fällen werden nur die Buchstabenköpfe (Figur 224) mit der Durchstreichung abgeschnitten, während die Mittellagebuchstaben unberührt bleiben. Was abgeschnitten ist, ist also der geistige Bereich. Der Schreiber hält offenbar nicht viel von seinen geistigen Qualitäten. Oft leidet er unter starken Minderwertigkeitskomplexen, die er zwar zu verbergen sucht, die sich aber doch in seiner meist etwas zögernden Reaktionsweise zeigen.

Figur 223

Figur 224

Zu den Unterschieden, die wir zwischen der allgemeinen Handschrift und der Unterschrift feststellen können – also etwa Unleserlichkeit der Unterschrift bei leserlicher Allgemeinschrift oder eine andere Zeilenrichtung oder Schriftlage der Unterschrift – ist zu sagen, daß sie grundsätzlich den Schluß zulassen, daß der Schreiber beruflich anders erscheint als privat. Als Berufsmensch, also als »offizieller« Mensch, will er etwas darstellen und spielt daher eine Rolle, in die er manchmal auch durch die Umwelt hineingedrängt wird, ohne dies zu erkennen. Er kann sich so in den »genialen Typ« oder was immer er sich zu verkörpern bemüht hineinsteigern, daß er sich auch im Privatleben so verhält, sich etwa sehr kühl-geschäftlich gibt.

Obwohl es mit Hilfe der beschriebenen Figuren nicht schwierig ist, durch eine vergleichende Untersuchung der Allgemeinschrift und der Unterschrift sowohl den Grundcharakter als auch das »Berufsgesicht« eines Schreibers herauszuarbeiten, wollen wir hier doch einige der häufigsten Konstellationen herausgreifen und als Beispiele schildern.

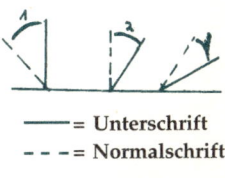

——— = Unterschrift
– – – = Normalschrift

Ist die Unterschrift steiler oder mehr linksgeneigt als die Normalschrift, oder ist sie leicht rechtsgeneigt, während die Normalschrift stark rechtsgeneigt ist (Figur 225), so haben wir es beim Schreiber mit einem Menschen zu tun, der im Berufsleben beherrschter und zurückhaltender ist als im

Figur 225

Privatleben. Beispiel Nr. 1 zeigt einen Menschen, der privat beherrscht ist. Beruflich jedoch ist er auf alle Fälle verschlossen und hat sogar die Neigung, bestimmte Fakten, von denen er meint, daß sie seinem Image schaden, zu verbergen. An Beispiel Nr. 2 erkennen wir jemanden, der beruflich sehr beherrscht und diszipliniert ist, als Privatmensch jedoch zu Spontaneität neigt (besonders abzulesen an den »a« und »o«). Beispiel Nr. 3 präsentiert uns einen Menschen, der privat hemmungslos über die Stränge schlägt (stark rechtsgeneigte Schriftlage), sich in seinem Berufsleben jedoch etwas besser in der Gewalt hat, obwohl auch dort impulsive Handlungen von ihm zu erwarten sind. Oft kann man aber auch eine umgekehrte Tendenz beobachten, wobei die Unterschrift mehr nach rechts geneigt ist, als dies bei der Allgemeinschrift der Fall ist.

Figur 226

Manche Menschen, die sonst ganz ungekünstelt und auch leserlich schreiben, produzieren die von uns so genannte »Schaumschlägerunterschrift« (Figur 226). Ihr Name stammt daher, daß die Handbewegungen, die eine solche Unterschrift entstehen lassen, dem Schaumschlagen mit einer Gabel nicht unähnlich sind. Der Namenszug wird bei dieser Schreibweise meistens schwer leserlich oder ganz unleserlich, was bei der Deutung jedoch keine Rolle spielt. Es ist in diesem Falle das »Schaumschlagen«, das den Graphologen interessiert. Der Schreiber ist – wie zahlreiche Beobachtungen bestätigen – ein Mensch, der vieles nur deshalb tut, weil er einen guten Eindruck machen will. Er ist meistens ein sehr diplomatischer »Bluffer«, der bestrebt ist, seinen Mitmenschen »Sand in die Augen zu streuen«.

Figur 227

Nicht selten können wir beobachten, daß ein Kleinbuchstabe in einer Unterschrift auffallend bauchig ist (Figur 227). Wir haben dieses Merkmal – allerdings in der Allgemeinschrift und nicht in der Unterschrift – bereits im Zusammenhang mit den Vokalen (siehe Figur 26) beschrieben und sprachen in unserer Deutung von einem heftigen Geltungsbedürfnis des Schreibers. Da die Unterschrift in starkem Maße das Ich-Bewußtsein des Schreibers widerspiegelt, muß die Deutung schärfer formuliert werden: Es handelt sich hier um einen Menschen, der sich durch ziemlich ausgeprägte, vor allem psychische, Eitelkeit auszeichnet.

Gelegentlich wird eine Unterschrift nicht zu Ende geführt, was man allerdings nur dann mit Sicherheit feststellen kann, wenn man den Namen des Schreibers kennt und wenn der geschriebene Teil der Unterschrift leserlich ist, wie Figur 228 zeigt. Hier wurde der Name »Baumann« offensichtlich nicht zu Ende geschrieben. Wenn dieses Merkmal festgestellt wird, kann man über den Schreiber folgendes sagen: Er bemüht sich, eine Tatsache, ein Erlebnis oder eine Schuld, die sein persönliches Leben belastet, zu verbergen. Hierbei ist aber für den Graphologen nicht erkennbar, ob eine echte Ursache für dieses Bemühen vorhanden ist oder ob es sich nur um eine vermeintliche Belastung oder was auch immer handelt. Die Schrift als Ganzes vermag hier Hinweise zu geben.

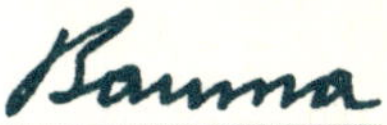

Figur 228 ◀

Wenn eine Unterschrift unverhältnismäßig große Schleifen nach unten aufweist (Figur 229), so handelt es sich bei ihrem Urheber um einen übertrieben materiell eingestellten Menschen. Dieses Merkmal ist so dominierend, daß es die vielleicht sonst eher günstige Gesamtbeurteilung einer Handschrift negativ beeinflussen muß.

Figur 229 ◀

Manchmal ist eine Unterschrift nahezu unleserlich, weil die Buchstaben sehr eng aneinandergerückt sind (Figur 230). Die Deutung deckt sich mit der der zu engen Allgemeinschrift. Der Schreiber ist besonders im Beruf ein kleinlicher, mißtrauischer und vorsichtig-abwartender Mensch.

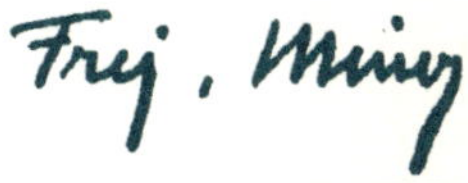

Figur 230 ◀

Endet eine Unterschrift mit einem senkrechten Strich nach unten (Figur 231) – eine Schreibweise, die wir sehr häufig beobachten können –, so haben wir es meist mit einem Menschen zu tun, dem materielle Dinge wichtig sind. Auch wenn die Beschaffenheit der übrigen Schrift Verständnis und Hilfsbereitschaft widerspiegelt, wird es der Schreiber im Berufsleben trotzdem nicht versäumen, auf seinen Vorteil zu achten, während er im Privatleben ein sehr großzügiger Mensch sein kann.

Figur 231 ◀

Nicht selten begegnen wir unverhältnismäßig großen Unterschriften, die oft um ein Vielfaches größer sind, als die jeweilige Normalschrift. Dann sollten wir uns daran erinnern, daß die Unterschrift zeigt, wie der Schreiber im tatsächlichen Leben gern sein möchte: Hier ist er überheblich, eine Eigenschaft, die sich je nach der Größe der Unterschrift bis zum Größenwahn steigern kann.

Doch nicht nur durch eine besondere Größe der Unterschrift macht sich das »Besonders-sein-Wollen« eines Schreibers bemerkbar. Gern werden auch theatralische Schnörkel und Schleifen verwendet, die sowohl Eitelkeit als auch Wichtigtuerei verraten. Je wichtiger sich ein Mensch nimmt, um so theatralischer ist seine Unterschrift.

In der Unterschrift eines Spaniers dürfen wir ausgeprägte, unter den Namen befindliche Schnörkel (Figur 232) nur mit Vorsicht deuten und bescheidene Formen gar nicht auswerten, weil eine Unterschrift ohne solche Schnörkel in Spanien vielfach nicht als rechtsgültig angesehen wird, so daß die Betreffenden zu derartigen Ausschmückungen – soweit es sich nicht um Privatbriefe handelt – geradezu gezwungen sind.

Was hier über die Bedeutung von Schnörkeln und stark ausgeprägten Schleifen gesagt wurde, gilt übrigens nicht nur für die Unterschrift, sondern auch ganz allgemein für die übrige Schrift.

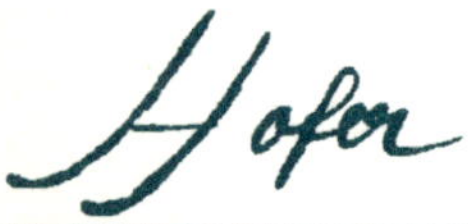

Abschließend wollen wir noch darauf hinweisen, daß die Unterschrift (oder ein Teil der Unterschrift) manchmal in verblüffender Weise den Beruf des Schreibers verrät. Uns ist ein Skilehrer bekannt, dessen Name mit einem »H« anfängt und der dieses »H« immer in Form von zwei Skiern darstellt (Figur 233).

Figur 233

Ein bekannter Kunstmaler, dessen Name mit einem »A« beginnt, schreibt dieses »A« immer wieder ganz deutlich in Form einer Staffelei (Figur 234).

Figur 234

Das große »B«, mit dem der Name eines Optikers beginnt, sieht in dessen Unterschrift stets einem Zwicker verblüffend ähnlich (Figur 235). Man könnte noch viele vergleichbare Beispiele anführen. Wir wollen jedoch darauf verzichten, weil wir diese Kuriositäten nur der Vollständigkeit halber erwähnen und nicht etwa empfehlen, in Unterschriften nach »Zeichnungen« zu suchen, um den Beruf der Schreiber zu erraten.

Figur 235

120

ie praktische
Auswertung

Die Fragestellung

*I*n diesem Teil unseres Buches wollen wir nun Original-
schriften analysieren, um die praktische Anwendung unserer Theorien anschaulich darzustellen. Bevor der Graphologe eine Schriftanalyse vornimmt, sollte er jedoch wissen,
wofür sie gebraucht wird.

Oft wird vom Auftraggeber einfach nur nach einer »umfas-
sende Charakteranalyse« verlangt. Wenn der Auftraggeber
keinen besonderen Zweck damit verfolgt und kein bestimmtes Ergebnis erwartet, sondern sich nur ein zusammenhängendes Bild von dem Schreiber machen möchte, dann trifft
diese Formulierung auch zu. Bei einer solchen Analyse kann
der Graphologe eine Beschreibung liefern, die es dem Auf-

traggeber erlaubt, den Schreiber recht gut kennenzulernen. In den meisten Fällen wird jedoch eine ganz besondere Auskunft von einer graphologischen Analyse erwartet: Kommt der Schreiber als Ehepartner in Frage? Eignet er sich für einen bestimmten Beruf? Kann man ihm vertrauen? Verbirgt er bestimmte Dinge?

Praktische Probleme

▶ Es ist selbstverständlich, daß diese Fragestellungen – es gibt ihrer noch viel mehr – eine andere Form der Beurteilung erfordern. Bevor wir aber auf die verschiedenen Fragestellungen näher eingehen, stellt sich ein anderes Problem. Da wir hier die praktische Anwendung der Graphologie mit all ihren Aspekten darlegen wollen, müssen wir auch die Schwierigkeiten behandeln, die in der Praxis immer wieder auftauchen. Dabei werden wir immer wieder heikle Punkte berühren müssen.

Wird ein Graphologe z.B. gefragt: »Ist der Schreiber in sexueller Hinsicht normal veranlagt?«, sollte er sich seine Antwort gut überlegen. Am besten ist es, wenn er auf diese sehr suggestive Frage überhaupt nicht antwortet. Es müßte nämlich zuerst definiert werden, was als »normale« sexuelle Veranlagung gilt und was nicht.

Dabei stellt sich auch die Frage: Muß oder darf der Graphologe die »ganze Wahrheit« sagen, oder das, was er dafür hält? Der Graphologe sollte auch ein guter Psychologe sein und wissen, wann er besser schweigt. Aufgrund der bisherigen Erwägungen können wir nun die beiden folgenden Fragen formulieren: 1. Wie kann der Graphologe dafür sorgen, daß ihn seine Auftraggeber nicht aus purer Neugierde oder Sensationslust um graphologische Analysen ersuchen? 2. Welche Auskünfte darf der Graphologe erteilen, und welche besonderen Umstände muß er dabei berücksichtigen?

Wir wollen diese Fragen aufgrund von praktischen Erfahrungen beantworten. Während wir im ersten und zweiten Teil unseres Buches graphologische Erkenntnisse vermittelten, können wir bei der Beantwortung der hier gestellten Fragen selbstverständlich nur unsere persönliche Meinung zum Ausdruck bringen. Da die behandelten Probleme in der Praxis zweifellos bestehen und von jedem Graphologen irgendwie gelöst werden müssen, wollen wir auch in diesem Punkt unsere Meinung und besonders die Ergebnisse unserer Beobachtungen offen darlegen.

Ein wirksames Mittel, um neugierige und indiskrete Auftraggeber zurückzuschrecken, ist der Preis der graphologischen Gutachten. Abgesehen von Ausnahmen sollte das Honorar immer so hoch angesetzt sein, daß ein Gutachten einfach zu teuer ist, um lediglich als Mittel zur Befriedigung von Neugierde und Sensationslust benutzt zu werden.

Neugier und Indiskretion ◀

Der Graphologe wird es ablehnen, zu einer Handschrift »nur schnell ein paar Worte« zu sagen, weil er immer riskiert, in der Eile eventuell kompensierende und der Aussage widersprechende Merkmale zu übersehen. Gerade diese nebenbei (vielleicht neben einem »seriösen« Analyseauftrag) gedeuteten Schriften können zu Indiskretion führen. Viele Leute lieben es, einen ihnen bekannten Graphologen zum Tee oder zum Abendessen zu bitten. Bei dieser Gelegenheit werden ihm dann Handschriften mit der Bitte um »nur ein paar Worte« vorgelegt. Wenn der Graphologe es versteht, die geschilderten »Klippen« zu umgehen und genügend hohe Honorarsätze festgelegt hat, wird es in der Praxis kaum vorkommen, daß man ihn ohne triftigen Grund um eine Schriftanalyse ersucht.

Hiermit kommen wir zu der sehr viel schwieriger zu beantwortenden zweiten Frage, welche plausiblen Gründe es für die Bitte um eine Schriftanalyse gibt. Oder, anders gesagt, welche Auskünfte der Graphologe erteilen darf und welche besonderen Umstände er dabei berücksichtigen muß. Wir sind der Ansicht, daß ein Mensch immer dann berechtigt ist, die Handschrift einer anderen Person analysieren zu lassen, wenn die Beurteilung auch im Interesse des Beurteilten liegt. In dessen Interesse kann eine aufklärende Untersuchung seiner Handschrift kaum liegen, wenn er unehrliche Absichten verfolgt. Aber niemand kann dem durch den Schreiber möglicherweise gefährdeten Menschen das Recht absprechen, sich Klarheit zu verschaffen.

Gründe für eine Schriftanalyse ◀

Ein unbeschränktes Recht auf die volle Wahrheit haben unseres Erachtens Menschen, die die Schrift eines möglichen

Ehepartners zur Untersuchung vorlegen. Allerdings sollte sich der Auftraggeber in jedem Fall verpflichten, das ihm gelieferte Gutachten sehr diskret und nur zur eigenen Orientierung zu gebrauchen. Eine Schriftanalyse kann auf mögliche Konflikte in einer Partnerschaft hinweisen; sie kann aber auch zeigen, daß zwei Menschen gut zusammenpassen. Ein Mensch, der glaubwürdig versichern kann, daß er einem anderen Menschen helfen will, ihn besser verstehen oder günstig beeinflussen möchte, hat unseres Erachtens ebenfalls ein Recht, eine Handschriftanalyse einzuholen, selbst wenn der Beurteilte von dieser Aktion nichts weiß. Denn es geschieht zu seinen Gunsten, mit der Absicht, ihm Gutes zu tun.

Daß Eltern berechtigt sind, die Handschrift ihrer Kinder analysieren zu lassen, zum Beispiel um Richtlinien für die Erziehung oder Hinweise auf die Berufseignung zu bekommen, halten wir für selbstverständlich. Ehefrauen oder -männer, die mit der Handschrift ihres Ehepartners ratsuchend zum Graphologen kommen, haben ebenfalls ein Recht auf Auskunft. Eine psychologische Beratung sollte die Analyse ergänzen.

Gutachten als Geschenk

Bevor wir den Bereich der privaten Fragestellungen verlassen, wollen wir noch auf eine Art der Gutachtenbestellung hinweisen, die auf den ersten Blick völlig unverfänglich erscheint, die aber doch Konflikte in sich birgt. Hin und wieder wird der Graphologe um ein Gutachten gebeten, das dem Freund oder der Freundin des Auftraggebers als Geburtstags- oder Weihnachtsgeschenk überreicht werden soll. Wir halten eine graphologische Analyse für ein durchaus vernünftiges Geschenk, das zur Selbstbesinnung anregen und dadurch sehr positiv wirken kann. Der Beschenkte sollte aber unbedingt vorher darüber informiert werden und seine Zustimmung geben.

Schriftgutachten für Betriebe

Kommerzielle und industrielle Betriebe konsultieren immer häufiger Graphologen. Dort gibt es im Grunde nur zwei Anliegen: 1. Graphologische Analyse von Stellengesuchen und Charakterbeschreibung der am besten geeigneten Bewerber; 2. Beurteilung von bereits eingestellten Personen aus den verschiedensten Gründen: Der Schreiber erledigt seine

Aufgaben nicht zufriedenstellend, ist auch selbst unzufrieden und soll nun mit Hilfe der graphologischen Analyse eine seinen Neigungen und Fähigkeiten besser entsprechende Stellung zugewiesen bekommen; er hat mit seinen Kollegen Schwierigkeiten, deren Gründe man erfahren will; man hat ihn für eine wichtige Vertrauensstellung vorgesehen, möchte aber vorher das eigene Urteil über den Betreffenden durch ein graphologisches Gutachten bestätigt sehen und dabei eventuell bisher unbekannt gebliebene Charakterzüge des Schreibers kennenlernen. Es erscheint uns selbstverständlich, daß die Auftraggeber in all diesen Fällen das Recht besitzen, graphologische Gutachten einzuholen.

In der Regel will der Kunde nur solche Auskünfte bekommen, die unmittelbar mit der Fragestellung zusammenhängen. »Ich will nur wissen, ob er ehrlich ist, sonst nichts!« ist ein Satz, den der Graphologe immer wieder hört. Wenn eine Schrift jedoch Eigenschaften verrät, die in der Zusammenarbeit mit Kollegen und Vorgesetzten Probleme verursachen könnten, sollte der Graphologe nach Ansicht des Autors darauf hinweisen.

Wer Graphologie berufsmäßig ausübt, trifft ab und zu auf Gegner dieser Methode, die oft noch kein graphologisches Gutachten in der Hand gehabt haben und einfach »nur so« nichts davon halten. Sie erregen sich darüber, daß aufgrund des graphologischen Gutachtens ein Bewerber, der keine Ahnung von dieser Vorgehensweise hat, engagiert, die anderen, die genauso ahnungslos sind, jedoch nicht berücksichtigt werden. Sie werfen dem Graphologen vor, »Schicksal zu spielen« und finden das unverantwortlich.

Gegner der Schriftgutachten

Seine Aufgabe ist es jedoch, anhand der Schrift zu erkennen, ob der Bewerber für die in Frage kommende Arbeit geeignet ist oder nicht. Wertungen wie »gut« oder »schlecht«, die sich auf die Persönlichkeit des Bewerbers beziehen, haben in einem graphologischen Gutachten nichts zu suchen.

Nicht selten wird der Graphologe gefragt: »Ist dieser Mann/ diese Frau nicht viel zu schade für diese Tätigkeit? Könnte er/sie nicht...« Oder der Graphologe stellt von sich aus fest, daß ein Bewerber für eine viel schwierigere Arbeit als die vorgesehene die nötigen Qualifikationen besitzt. Sehr oft werden derartige Anregungen des Graphologen in die Tat umgesetzt. Wichtig ist auch, daß die graphologische Analyse nicht nur vom Standpunkt des Arbeitgebers aus vorgenommen wird, sondern daß auch die Interessen des Bewerbers wahrgenommen werden.

»Behandlungs-
ratschläge«

Es passiert auch, daß der Arbeitgeber im Anschluß an die eigentliche Analyse der Handschrift des neuen Angestellten für diesen »Behandlungsratschläge« wünscht und erhält. Im übrigen kommt es ebenfalls vor, daß nicht der Arbeitgeber, sondern der Arbeitnehmer der Fragesteller ist. »Werde ich mit dem Arbeitgeber, der mich engagieren will, auskommen? Was ist er für ein Mensch?« Wir sind der Auffassung, daß der Arbeitnehmer dasselbe Recht auf Auskunft hat wie der Arbeitgeber.

Auch ihm wird der gewissenhafte Graphologe zwar nichts über die Privatangelegenheiten des Schreibers mitteilen, aber er wird all jene Charaktereigenschaften nennen, die etwas über sein Verhältnis zu seinen Kollegen und seinen Untergebenen aussagen. Er wird auch untersuchen, wie der Auftraggeber mit seinem Chef voraussichtlich auskommen wird. Daß der Graphologe auch bei polizeilichen und gerichtlichen Untersuchungen zugezogen wird und dort wertvolle Dienste leisten kann, ist selbstverständlich und bedarf keiner Begründung.

Die Analyse

Wir kommen jetzt zur praktischen Anwendung unserer graphologischen Theorien. In diesem letzten Kapitel unseres Buches wollen wir drei verschiedene Handschriften analysieren. Bei den ersten beiden gehen wir so vor, daß wir Punkt für Punkt die Analyse langsam aufbauen und den ganzen Arbeitsprozeß eingehend und präzise schildern. Wir verwenden dabei ausschließlich Merkmaldeutungen, die bereits anschaulich und – wie wir hoffen – unmißverständlich beschrieben wurden.

Die Auswahl der Handschriften wurde nach ganz bestimmten Kriterien vorgenommen. Es wäre nun zum Beispiel durchaus reizvoll, anhand unserer Thesen zu zeigen, wo und wie in der Schrift von Prominenten allgemein bekannte Charaktereigenschaften dieser Menschen ihren Niederschlag finden. Es wäre auch interessant, zusätzlich Eigenschaften herauszufinden, die im öffentlich bekannten Bild noch fehlen. Aber wir haben uns jedoch gegen diese Art der Schriftenauswahl entschieden: Es ist nämlich ein wesentlicher Unterschied, ob man in einer Schrift Bestätigungen für bekannte Charaktereigenschaften sucht, oder ob man den Charakter eines unbekannten Menschen durch die Schriftanalyse erst kennenlernen will.

Auswahl der Handschriften

Wir haben uns auch gegen die Auswahl der Handschriften ganz besonders markanter (wenn auch nicht prominenter) Persönlichkeiten entschieden. Ein Mensch, bei dem ein Charakterzug ganz besonders stark ausgeprägt ist, läßt sich nämlich relativ leicht beschreiben.

Der Graphologe steht in der Regel vor der sehr viel schwierigeren Aufgabe, die Handschriften von »Durchschnittsmenschen« zu analysieren. Das Wort »Durchschnittsmensch« soll lediglich ausdrücken, daß der so Bezeichnete von seinen Mitmenschen weder in gutem noch in schlechtem Sinne in auffallender Weise absticht. Ein solcher Mensch wird zwangsläufig viele Charaktereigenschaften besitzen, die wir auch bei anderen finden. Und dennoch gibt es keinen eigentlichen »Durchschnitt«, weil jeder Mensch schließlich eine einmalige Persönlichkeit ist. Weil das gerade für diesen Schreiber besonders Charakteristische aber unbedingt aus dem Gutachten hervorgehen sollte, ist wegen der charakterlichen Ähnlichkeit mit anderen Personen die Analyse dann um so schwieriger.

Zum Glück für den Graphologen sind aber ausgesprochen »nichtssagende« Schriften, die die größten Anforderungen an ihn stellen, genauso selten wie auffallend markante Schriftzüge, deren Begutachtung viel problemloser ist. Für dieses

*H*andschriftprobe

Buch wurden Handschriften ausgewählt, wie sie in der Praxis am ehesten vorkommen: Sie sind weder zu farblos noch zu markant. Bei unserer Auswahl haben wir ganz besonders darauf geachtet, Handschriften von ganz verschieden veranlagten Menschen zu nehmen.

Wir beginnen mit der Handschrift eines etwa 40jährigen Mannes und gehen nun daran, eine allgemeine Charakteranalyse auszuarbeiten, ohne dabei eine besondere Fragestellung zu berücksichtigen. Es wäre nun naheliegend, den speziellen Teil unseres Buches Kapitel für Kapitel mit der Handschrift Nr. 1 zu vergleichen, um das jeweils Zutreffende festzuhalten.

Handschrift Nr. 1

Dieses Vorgehen würde zweifellos zu richtigen Resultaten führen. Es wäre jedoch zu theoretisch, weil der Gesamteindruck der Handschrift dabei verlorengehen könnte. Es ist deshalb ratsam, eine Handschrift zunächst als Ganzes zu betrachten und dann die Merkmale zu notieren, die besonders auffallen. Sie sind als dominierend anzusehen, und man kann davon ausgehen, daß sie auf hervorstechende Charaktereigenschaften hinweisen. Auf diese Weise ist es leichter als bei der oben geschilderten Methode, die Eigenschaften als solche nicht nur richtig zu erkennen, sondern auch richtig zu akzentuieren.

Betrachten wir jetzt die Handschrift Nr. 1, so fallen uns verschiedene Besonderheiten auf. Es ist jedoch unwahrscheinlich, daß jedem Betrachter dieselben Merkmale zuerst ins Auge springen. Darauf kommt es aber auch nicht an. Wichtig ist, daß die hervorstechendsten Charaktereigenschaften vom Betrachter erkannt werden; in welcher Reihenfolge spielt dabei überhaupt keine Rolle.

Auffallend und sehr interessant ist die Zeilenführung bei dieser Handschrift. Wir sehen starke Schwankungen, sowohl innerhalb der Zeilen als auch innerhalb der Worte. Der Schreiber ist ein unbeständiger Mensch, der sich sehr leicht umstimmen läßt. Sein Weltbild ist nicht gefestigt, und er zeigt privat und beruflich verschiedene Gesichter. Er kann undiszipliniert sein, launisch und gelegentlich auch rücksichtslos.

Zeilenführung

Richten wir nun unsere Aufmerksamkeit auf das Schriftbild als Ganzes. Wir sehen eine für einen Mann sehr weiche Girlande und müssen feststellen, daß sie und die auch sonst überall abgerundete, nicht eckige Schrift den Schluß auf Rücksichtslosigkeit nicht zuläßt. Außer den erwähnten Schwankungen zeigt die Zeile insgesamt eine deutlich absteigende Tendenz.

Da die Handschrift weder zittrige Strichführungen noch unmotivierte Unterbrechungen aufweist, ist sie als die Schrift eines gesunden Menschen anzusehen, so daß die dieser Schrift entsprechende Deutung Anwendung findet: Übermüdung, seelisches Sichfallenlassen und die Neigung zum Jammern. Übermüdung und eine entsprechend absteigende Zeilenführung können bei jedem Schreiber gelegentlich vorkommen, so daß immer berücksichtigt werden muß, daß die absteigende Zeilentendenz vielleicht nur momentanen Charakter hat. Die von uns bereits vorher bemerkte weiche Girlande sowie die festgestellte Stimmungslabilität und Undiszipliniertheit lassen es in diesem Fall als ziemlich sicher erscheinen, daß es auch mit dem seelischen Sich-Fallenlassen und der Neigung zum Jammern bei diesem Schreiber seine Richtigkeit hat.

Raumeinteilung

Am Ende der Zeilen sehen wir eine besondere Krümmung nach unten. Diese hat mit der eigentlichen Zeilenführung nichts mehr zu tun, sondern betrifft die Raumeinteilung. Allerdings kann man insgesamt nicht von einer ausgesprochenen Raumverschwendung sprechen, so daß wir daraus kein völlig mangelhaftes, sondern nur ein geringes Einteilungstalent ersehen.

Außer der Zeilenführung fällt uns die bereits erwähnte Girlande auf, deren Weichheit durch die Rundungen von Buchstaben außerhalb der Mittellage noch unterstrichen wird. Nirgends findet sich die geringste Andeutung eines Winkels oder einer Arkade, deshalb trifft die Deutung der Figur 1 hier in vollem Ausmaß zu. Der Schreiber ist ein gutmütiger, weicher, zärtlicher und anpassungsfähiger Mensch. Da die Girlande hier, verglichen mit der Gesamtschriftgröße, weder zu eng noch zu weit ist, muß die obige Deutung weder eingeschränkt noch erweitert werden.

Außerdem stellen wir Tendenzen zu gelegentlicher Fadenbindung fest, die sich am deutlichsten am Wort »Zum«
zeigt. Wir betrachten also noch einmal die Figur 4. Die
Deutung, die für Schreiber gilt, die immer wieder und in
auffallender Weise die Fadenbindung produzieren, kann
wegen des seltenen Auftretens hier nur sehr abgeschwächt
angewandt werden. Wir stellen also fest, daß der Schreiber
manchmal etwas oberflächlich sein und sich gelegentlich
auch arrogant geben kann. Auch der Schluß auf Nervosität
und Ungeduld, zumindest im Moment des Schreibens der
vorliegenden Zeilen, ist sicherlich richtig.

Auffallend sind die eigenartigen großen »H«, die man kaum
als solche identifizieren kann, sondern eher erraten muß.
Obwohl unser Buch ein derartiges »H« nicht berücksichtigt,
weil das gleiche kaum ein zweites Mal zu finden sein dürfte, liefern unsere Beschreibungen doch genügend konkrete
Anhaltspunkte, um die Bedeutung auch dieses Merkmals zu
erfassen.

Zunächst müssen wir beachten, daß der Vorname des
Schreibers mit einem »H« beginnt (siehe Unterschrift). Da

Vorname

alle anderen Großbuchstaben gut leserlich geschrieben sind,
haben wir den Eindruck, daß gerade dieser Umstand die
Ursache dafür ist, daß dieser Großbuchstabe diese auffallende, »besondere« Form hat. Wir erinnern uns daran, daß sich
jeder Schreiber – wenn auch unbewußt – weitgehend mit seinem Namenszug identifiziert bzw. so sein möchte, wie er
unterschreibt. Der Vorname allein zeigt den kindlichen oder
privaten Menschen.

Wir haben also Grund für die Annahme, daß unser Schreiber als Privatmensch etwas ganz Besonderes sein und sehr
originell wirken möchte. Dabei müssen wir die Möglichkeit
in Betracht ziehen, daß dem Schreiber selbst sein Wunsch
nach Originalität und Einmaligkeit unbewußt oder nur ganz
schwach bewußt ist.

Was ist nun aber das Originelle und Besondere an diesem
»H«? Das, was ursprünglich wahrscheinlich eine tiefer gele-
gene, durchgezogene Schleife war, ist nach und nach ganz
dicht an den Anfangspunkt hinaufgerückt. Wir stellen fest,

daß sich der Schreiber im Privatleben aufgrund einer gewissen Eitelkeit in den Vordergrund drängt und daß sein Geltungsbedürfnis beträchtlich ist.

Wenn wir ein Merkmal finden, daß auf ein gesteigertes Geltungsbedürfnis hinweist, ist es angebracht, die gesamte Schrift daraufhin zu untersuchen, ob noch mehr Anzeichen für diese Eigenschaft vorhanden sind. Außerdem sollte geprüft werden, ob dieses Bedürfnis als Kompensation eines nicht eingestandenen Minderwertigkeitsgefühls zu bewerten ist. In dem Wort »Macht« am Anfang der 6. Zeile erkennen wir eindeutig die Tendenz, die wir bei Figur 187 beschrieben haben. Auch hier kann festgestellt werden, daß der Schreiber ein ausgeprägtes Geltungsbedürfnis besitzt. Es wird ausdrücklich betont, daß diese Schreiber ein starkes Selbstbewußtsein besitzen und meistens auch tatsächlich überdurchschnittlich intelligent sind. Nicht nur das Verlangen nach Anerkennung ist groß, sondern diese Schreiber haben auch in starkem Maß den Wunsch, Großes zu leisten.

Wir wollen nun untersuchen, ob es mit der schon erwähnten überdurchschnittlichen Intelligenz in diesem Fall auch seine Richtigkeit hat. Wir wissen, daß die Intelligenz keine Charaktereigenschaft ist und daß der Gesamteindruck einer Handschrift oder die Summe verschiedener Eigentümlichkeiten für die Bewertung der Intelligenz das notwendige Material liefert. Genaues Befolgen und Einhalten der Schulvorlage ist ungünstig, denn gerade die individuelle, vereinfachte und doch leserliche Formung verrät Intelligenz. In unserem Fall ist die Schrift sehr flüssig, in mancher Hinsicht sind die Formen persönlich und auch vereinfacht. Daraus leiten wir ab: Der Schreiber ist zweifellos überdurchschnittlich intelligent.

Verschmierungen Ein weiteres, uns beim Anblick dieser Handschrift sofort auffallendes Merkmal besteht in den leichten Verschmierungen. Die Handschrift wirkt nicht unsauber, aber dennoch sind viele Oberschleifen sowie Köpfe und Bäuche von Mittellagebuchstaben verschmiert, und zwar genau am Anfang und am Schluß des Textes. Man kann den Eindruck gewinnen, daß die Tinte etwas bereitwilliger geflossen ist als sie sollte. Da die Qualität des Schreibmaterials wahrscheinlich zu wünschen übrig ließ und das Gesamtbild noch relativ sauber wirkt, wollen wir hier nur die abgeschwächte Deutung leichtere Verschmierungen anwenden. Wir kommen zu dem Schluß, daß wir es mit einem sinnesfreudigen Menschen zu tun haben, der allen Genüssen des Lebens sehr zugänglich ist. An eine unmoralische Gesinnung, wie starke und ständige Verschmierungen sie ausdrücken würden, glauben wir hier nicht, zumal auch die übrige Schriftbeschaffenheit dagegen spricht. Wir können lediglich sagen, daß der Schreiber sich seelisch nicht immer im Gleichgewicht befindet, was die bereits festgestellte Launenhaftigkeit nur bestätigt.

Auffallend sind weiterhin die mit beachtlicher Konsequenz meist von oben »geholten« Wortanfänge. Es ist interessant, daß auch solche Buchstaben oben anfangen, die normalerweise auf oder dicht über der Linie beginnen sollten. Die der Figur 88 entsprechende Deutung findet hier also Anwendung: Der Schreiber besitzt eine starke Intuition, die sein Handeln und Urteilen weitgehend bestimmt.

Wortanfänge

Unsere Deutung, daß solche Schreiber sich selbst dann von ihren gefühlsmäßigen Eingebungen leiten lassen, wenn ihnen ihr Verstand eine ganz andere Handlungsweise vorschreibt, ist in diesem Fall ganz besonders zutreffend und muß im Gutachten entsprechend hervorgehoben werden. Denn viele der bereits gefundenen Teilergebnisse weisen darauf hin, daß dieser Schreiber ein sehr weicher Mann ist, so daß gefühlsmäßig geleitete Handlungen und Reaktionen von ihm zu erwarten sind.

Die von oben geholten Wortanfänge deuten darauf hin, daß diese Schreiber, wenn vielleicht auch unbewußt, nach seelischer und geistiger Weiterentwicklung streben und das »Gute« suchen, sowohl bei sich selbst als auch bei ihren Mitmenschen.

Nebenbei wollen wir bemerken, daß alle bisher notierten Einzelergebnisse als »vorläufige Befunde« zu betrachten sind. Erst eine zusammenfassende Übersicht am Ende unserer Untersuchungen wird die Entscheidung bringen, ob und in welcher Gewichtung die Einzelresultate ins Gutachten eingehen dürfen.

Einige der Großbuchstaben, nämlich das »M« in »Mein« und das »B« in »Basel«, fangen zu hoch oben an und entsprechen dem in Figur 95 dargestellten Merkmal. Auch dieser Wortanfang bedeutet ein Streben nach geistiger und seelischer Weiterentwicklung. Der Schreiber geht dabei jedoch etwas übereifrig vor, wobei Widerspruchsgeist und eine Neigung zur Besserwisserei zeigen. Diese Deutung ist hier sicherlich richtig, weil das bei dieser Handschrift sehr stark ausgeprägte Geltungsbedürfnis ohnehin in diese Richtung weist.

»ü«- und »ö«-Häkchen

Auffallend, da im Verhältnis zur Gesamtschriftgröße sehr stark ausgeprägt, sind die als waagerechte Striche geschriebenen »ü«- und »ö«-Häkchen, die wir in normaler Größe und Druckbetonung in Figur 118 dargestellt haben. Unsere Deutung zeigt vor allem, daß der Schreiber ein schnell denkender Mensch ist. Wir müssen dies im Gutachten besonders unterstreichen, weil diese Eigenart hier in einem relativ kurzen Text mit absoluter Konsequenz fünfmal vorkommt. Weiterhin heißt es in der Deutung, daß der Schreiber etwas »kühl« ist, und zwar sogar dann, wenn seine Schrift eine weiche Girlande aufweist (was ja hier der Fall ist).

Wenn wir alle Einzelergebnisse zusammenfassen, finden wir hier einen gewissen Widerspruch, denn »kühl« paßt eigentlich nur wenig zu den anderen Befunden. An geeigneter Stelle werden wir deshalb zeigen, wann oder wem gegenüber unser Schreiber kühl ist und in welchen Situationen seine starke Gefühlsbetonung zur Geltung kommt.

Wegen der auffallenden Länge und starken Druckbetonung der offensichtlich mit Energie gesetzten strichartigen »ö«- und »ü«-Häkchen ist deren Deutung mit den obigen Ausführungen noch nicht erschöpft. Da auch die meisten »i«-Punkte überdurchschnittlich druckbetont sind, findet die Deutung der Figur 115 hier Anwendung. Sie besagt, daß die Urheber hartnäckige Menschen sind, die an ihren Ideen und einmal gefaßten Meinungen festhalten und immer wieder auf ihren Standpunkt zurückkommen.

Auch hier sehen wir einen Widerspruch. Während wir soeben sagten, der Schreiber halte an einmal gefaßten Meinungen fest, heißt es in unserem ersten Einzelergebnis, der

Deutung der schwankenden und wechselnden Zeilenführung, der Schreiber sei ein unbeständiger Mensch.

Obwohl diese beiden Befunde sich eigentlich widersprechen, ist der Widerspruch im Grunde doch nur ein scheinbarer. Während nämlich der erste Befund sich ausschließlich aus der Mittel- oder Gefühlslage ergab, entnehmen wir den zweiten Befund einer hochgelegenen Stelle des Oberlängenbereiches. Das heißt aber, daß die hier angesprochene Unbeständigkeit sich nur auf gefühlsmäßige Urteile oder Einstellungen zu Geschehnissen und anderen Menschen bezieht. Wo der Schreiber heute liebt, kann er morgen verachten. Wo er heute meint, einen guten und auch wertvollen Menschen vor sich zu haben, da kann er morgen entgegengesetzter Auffassung sein.

Diese detaillierte Deutung ist aufgrund der Gefühlsbetontheit, des Zärtlichkeitsbedürfnisses und der Sensibilität des Schreibers sicherlich auch für ihn zutreffend. Das gleichzeitige Beharren auf seinen Ideen und Meinungen jedoch, das wir der Größe und starken Druckbetonung vieler »i«-Punkte, besonders aber der strichartigen »ö«- und »ü«-Häkchen entnehmen, bezieht sich ausschließlich auf die Weltanschauung des Schreibers und hat mit seinen Gefühlen wenig zu tun. Übrigens bedeutet auch der energische waagerechte Strich neben dem sehr hochgesetzten Anfang des großen »B« in »Basel« nichts anderes als die soeben beurteilten waagerechten Striche. Dieser Strich über dem großen »B« erscheint jedoch etwas unmotiviert. Er weist deutlich auf die Selbstbezogenheit des Schreibers hin.

Als weiteres besonders auffälliges Merkmal notieren wir die ungewöhnlich starke Verbundenheit dieser Handschrift. Wohl ist sie nicht absolut verbunden (besonders nach dem »i« und dem »s« sehen wir Unterbrechungen), aber dennoch weist diese Handschrift völlig verbundene, relativ lange Worte und Wortteile auf. Deshalb dürfen wir die der völlig oder vorwiegend verbundenen Handschrift entsprechende Deutung hier uneingeschränkt anwenden. Der Schreiber ist anpassungsfähig und verfügt über eine schnelle Auffassungsgabe. Auf diese geistige Wendigkeit und Lebhaftigkeit weist uns diese Handschrift immer wieder hin, und wir

Verbundenheit der Schrift

müssen diese Eigenschaften im endgültigen Gutachten stark hervorheben. Die erwähnte Anpassungsfähigkeit fügt sich gut in das Bild der anderen Einzelergebnisse.

Wir unterscheiden auch zwischen einer engen und einer weiten verbundenen Schrift. Verglichen mit ihrer Gesamtgröße kann die vorliegende Handschrift keinesfalls als eng bezeichnet werden, zumal wir die nach unten gebogenen und etwas zusammengedrückten Zeilenenden, die wir bereits als Ausdruck des schlechten Einteilungsvermögens des Schreibers erkannt haben, in diesem Zusammenhang nicht auswerten dürfen. Überdurchschnittlich weit ist diese Schrift jedoch auch nicht. Sie steht also zwischen den beiden geschilderten Extremen. Wir sehen uns deshalb die entsprechenden Deutungen an, um zu sehen, ob diese (denn das Wesentliche bei diesen Merkmalkombinationen bleibt immer die starke Verbundenheit) in abgeschwächter Form zu den übrigen Einzelergebnissen passen.

Bei der engen verbundenen Schrift sprachen wir von logischem Denkvermögen. Wir erkannten bereits an anderer Stelle, daß der Schreiber der vorliegenden Handschrift vorwiegend intuitiv reagiert. An der Richtigkeit dieser Feststellung zu zweifeln, haben wir keine Veranlassung – gerade weil die Schrift nicht eng ist. Aber sie wirkt doch bei aller Spontaneität kontrolliert, so daß wir sagen können, daß der Schreiber logisch zu denken imstande ist. Dennoch wird er die Ergebnisse seines logischen Denkens durch gefühlsmäßige Eingebungen wahrscheinlich sehr oft relativieren. Wir sind überzeugt, daß diese Deutung für unseren Schreiber zutreffend ist.

Allerdings sind wir nicht der Ansicht, daß ein angehender Graphologe sofort imstande ist, so verschieden stark auftretende und bis zu einem gewissen Grade einander widersprechende Merkmale, wie sie die vorliegende Handschrift zeigt, bei der Auswertung richtig zu gewichten. Er wird am Anfang zu sehr das Entweder-oder suchen, anstatt das Sowohl-als-auch zu berücksichtigen. Es wird ihm nicht leichtfallen, die Zusammenhänge richtig zu erfassen und die beiden sich widersprechenden Eigenschaften logisch und verständlich im Gesamtgutachten unterzubringen.

Durch die Untersuchung der Verbundenheit der Schrift kommen wir zu der Besprechung eines Merkmals, das im Grunde nicht hierher gehört. Wir haben nämlich festgestellt, daß unser Schreiber eine normal weite Schrift mit im Verhältnis zur Gesamtschriftgröße zu großen Zwischenräumen hat. Die entsprechende Deutung besagt, daß der Schreiber den Wunsch hat, Ordnung zu schaffen und auch Organisationstalent besitzt. Weiterhin wird gesagt, daß der Schreiber sehr großzügig ist, und zwar nicht so sehr mit dem eigenen als vielmehr mit dem Geld anderer Menschen.

Zwischenräume ◀

Da diese im allgemeinen weiche und liebenswürdige Schrift uns keinen Anhaltspunkt für Kleinlichkeit liefert, wäre es bestimmt falsch, wenn wir aus der obigen Deutung etwa den Schluß ziehen würden, unser Schreiber sei ein kleinlicher Mensch. Er ist nicht leichtsinnig oder unbedacht, sondern großzügig. Zu großzügig, also manchmal etwas unüberlegt, ist er nur bei der Verwendung der Mittel anderer Menschen; etwa wenn er im Auftrag anderer Menschen beruflich etwas organisieren muß. Dann vertritt er die Meinung: Die Firma kann ruhig zahlen!

Da wir an anderer Stelle bereits feststellten, daß von einer unmoralischen Gesinnung oder unehrlichen Absicht bei diesem Schreiber nicht die Rede sein kann, müssen wir der obigen Deutung hinzufügen, daß unser Schreiber nicht die Absicht hat, seinen Mitmenschen zu schaden; er versucht vielmehr, das für die Vorbereitung eines Projekts ausgegebene Geld nachher so schnell, wie es möglich ist, wieder hereinzuholen. Das einzige, was man ihm vorwerfen könnte, wäre ein etwas übertriebener Optimismus in beruflicher Hinsicht. Denn nur, wenn ein solcher Optimismus vorhanden ist, läßt sich die etwas leichtfertige Art des Geldausgebens mit den übrigen Charaktereigenschaften des Schreibers in Einklang bringen. Es empfiehlt sich, dem Schreiber gegenüber etwas zurückhaltend zu sein.

Die genauere Untersuchung einer Handschrift, deren Zeilenführung eine eher absteigende Tendenz hat, führt hier also zu dem überraschenden Ergebnis, daß der Urheber dieser Schrift ein großer Optimist sein muß. Wir wollen damit zeigen, wie gefährlich es ist, die absteigende Zeilenführung ohne Berücksichtigung der übrigen Schriftbeschaffenheit als ein unfehlbares Zeichen für Pessimismus anzusehen.

Die uns am meisten auffallenden Merkmale haben wir untersucht und ausgewertet. Darüber hinaus berücksichtigen wir auch die etwas unauffälligeren Merkmale, die mit den auffallenden Merkmalen in direktem Zusammenhang stehen. Obwohl die Einzelergebnisse bisher nur unverbunden **Gesamteindruck** nebeneinanderstehen, haben wir doch ein schon recht klares und plastisches Bild unseres Schreibers gewonnen. Wenn wir uns die Aufgabe gestellt hätten, eine kurze, eher skizzenhafte Charakteranalyse anzufertigen, könnten wir uns mit den bisher gefundenen Eigenschaften bereits begnügen.

Es wäre vielleicht noch nötig und auch ratsam, die Formung der Vokale, die Ober- und Unterlängen oder die Wortendungen zu untersuchen. Aber die Revidierung unseres Gesamteindrucks ist nicht mehr zu befürchten, da alle wirklich markanten und somit dominierenden Merkmale ausführlich berücksichtigt wurden und ein ziemlich einheitliches Bild ergaben.

Wir wollen noch die Möglichkeit erwähnen, daß ein anderer Graphologe bei dieser Handschrift vielleicht weitere Merkmale als besonders auffallend kennzeichnen würde. Bis zu einem gewissen Grad hängt es vom Zufall ab, welche Einzelheit einer Handschrift unsere Aufmerksamkeit zuerst fesselt. Die Analyse der auffallendsten Schrifteigentümlichkeiten würde durch eine andere Betrachtungsweise jedoch kaum sehr wesentlich verändert. Wir können hier jedenfalls nichts anderes beschreiben als unsere eigene Art zu »sehen«. Deshalb betrachten wir alle bisher nicht berücksichtigten Merkmale als zwar vorhanden, aber nicht sehr dominierend. Auf den Inhalt der Deutung hat dies ja keinen Einfluß, sondern nur auf deren Gewichtung.

Es ist sinnvoll, an dieser Stelle systematisch die einzelnen Analyseschritte vorzustellen.

Der Schriftduktus. Wir bemerkten eine ausgesprochene Girlande mit gelegentlicher leichter Tendenz zu einer Fadenbindung.

Die Schriftgröße. Die relativen Größenverhältnisse sind als wohlproportioniert anzusehen. Wegen der starken Schwankungen der Buchstabengröße und der Fahrigkeit der Schrift, woraus wir Launenhaftigkeit und einen Mangel an Disziplin entnommen haben, ist es schwierig, diese Größenverhältnisse klar festzustellen. In der Mittellage z.B. sind sowohl ganz schmale (niedrige), als auch relativ breite (hohe) Stellen zu beobachten. Der Schreiber kann also sowohl gefühlsmäßige Kälte als auch Wärme ausstrahlen.

Wenn wir nun versuchen, eine Art »Durchschnitt« der in sich verschieden hohen Einzellängen (Oberlänge, Mittellage, Unterlänge) zu konstruieren, so könnte man das Ergebnis als »launisches Gleichgewicht« bezeichnen. An anderer Stelle wiesen wir bereits darauf hin, daß »normale« Befunde bei der praktischen Auswertung möglichst wenig berücksichtigt werden sollten. Es kann dabei nämlich passieren, daß charakteristische Besonderheiten von mehr oder weniger nichtssagenden Merkmalen überdeckt werden. Wir könnten aufgrund des oben festgestellten Gleichgewichts der Größenverhältnisse die folgende Aussage machen: Der Schreiber kann genauso stark gefühlsmäßig reagieren, wie er in anderen Situationen seinen Verstand sprechen lassen kann.

Gefühl und Verstand

Eine solche Behauptung trifft aber auf sehr viele Menschen zu, und wir haben anhand der markanteren Schriftmerkmale viel präziser feststellen können, wie unser Schreiber gefühls- und verstandesmäßig reagiert. Wir wollen also auf die obige Auswertung verzichten und uns der Untersuchung der Gesamtgröße dieser Handschrift zuwenden.

Während bei unserem Schreiber z.B. das Wort »Basel« ziemlich genau mit der ungefähren »Normalgröße« übereinstimmt, ist der übrige Text doch ein wenig kleiner geschrieben. Auf unseren Schreiber trifft aber die Deutung der »allgemein« kleinen Schrift, deren Größe beträchtlich unterhalb der Grenzen unserer ungefähren Normalmaße bleibt, nicht zu. Wenn wir dennoch einen Blick auf die Deutung jener wesentlich kleineren Handschrift werfen, so erfahren wir, daß diese von wissenschaftlich interessierten und forschenden Menschen stammt. Unser Schreiber gehört jedoch nicht zu ihnen. Also gibt uns auch die Gesamtschriftgröße in diesem Fall keinen Anhaltspunkt. Die zum besseren Verständnis sehr ausführlich vorgenommene Untersuchung der Schriftgröße hat uns außer der Bestätigung der bereits festgestellten Eigenschaften keine neuen Erkenntnisse gebracht.

Die Lage der Schrift. Sie ist »normal«. Wir verzichten auf die Deutung, die lediglich besagt, daß unser Schreiber weder ungewöhnlich zurückhaltend noch auffallend unbeherrscht ist.

Enge und Weite der Schrift. Die Raumeinteilung bei Briefen wurde bereits erwähnt.

Die Verbundenheit der Schrift. Sie ist eines der markantesten Merkmale der vorliegenden Schrift.

Die Zeilenführung. Auch sie fiel uns besonders auf und wurde untersucht.

Die Druckverteilung. Ausgewertet wurden die schon besprochenen Verschmierungen. Auch die druckbetonten »i«-Punkte und strichartigen »ö«- und »ü«-Häkchen wurden untersucht. Das Schriftbild macht den Eindruck, als ob das benutzte Schreibmaterial die Druckverteilung beeinflußt habe, so daß wir von weiteren Deutungen der Druckverteilung absehen wollen.

Die Formung der Vokale. Die meisten »a« und »o« – zunächst interessieren uns diese – sind verschmiert. Einige Formen sind dagegen so deutlich geschrieben, daß wir sie ohne weiteres näher charakterisieren können. Unter der Lupe sehen wir, daß sie nicht eingerollt sind, wie es hier und da für das bloße Auge den Anschein hat, sondern alle zwanglos geschlossen sind. Es kommt deshalb die Deutung der Figur

Aufrichtigkeit ▶ 21 zur Anwendung: Der Schreiber ist aufrichtig, jedoch abwägend und vorsichtig. Er kann schweigen, wenn er will. Während die erwähnte Aufrichtigkeit unsere Ansicht bestärkt, daß wir es hier mit einem integren Menschen zu tun haben, enthält die Feststellung, daß der Schreiber vorsichtig und auch verschwiegen ist, einen neuen Gesichtspunkt. Bisher war von vorwiegend gefühlsmäßigen Reaktionen, von Spontaneität und von Geltungsbedürfnis die Rede. Dies legte den Schluß nahe, daß unser Schreiber alles ausspricht, was ihm gerade durch den Kopf geht. Wenn wir auch keinen Anlaß haben, die Spontaneität und Schlagfertigkeit unseres Schreibers anzuzweifeln, so können wir doch feststellen, daß der Schreiber sich gut unter Kontrolle hat. Wir dürfen dies deshalb behaupten, weil kein einziges »a« oder »o« eine Öffnung aufweist. Es ist jedoch wegen der spontanen Natur des Schreibers unwahrscheinlich, daß dieser von seiner Möglichkeit der Selbstkontrolle im verbalen Bereich häufig Gebrauch macht.

Wieder muß ein scheinbarer Widerspruch erklärt werden. Da viele Auftraggeber kritisch darauf achten, ob der Graphologe sich etwa in seinem Gutachten widerspricht, sollte der Graphologe sich immer klar und eindeutig ausdrücken. Wir können von unserem Schreiber nicht zuerst behaupten, sein Charakter weise einen starken Mangel an Disziplin auf, und später sagen, er könne sich kontrollieren. Wenn wir aber sagen, daß unser Schreiber in Gefühlsdingen undiszipliniert und launenhaft ist, während sein Denken in kontrollierten Bahnen verläuft, so ist das in keiner Weise ein Widerspruch. Der Mensch ist nämlich ein vielschichtiges Wesen. Der Graphologe sollte sich deshalb immer präzise ausdrücken und erläutern, bei welcher Gelegenheit, in welcher Hinsicht und in welcher Intensität die geschilderte Eigenschaft sich bei dem betreffenden Schreiber zeigt. Mißverständnisse in Form von scheinbaren Widersprüchen werden dadurch weitgehend vermieden.

Während uns in der vorliegenden Schrift bei dem kleinen »a« außer den geschilderten Eigenschaften nichts Besonderes auffällt, scheint uns das »o« merkwürdig schmal und zusammengedrückt zu sein. Wenn es nur verschmiert wäre, müßte es breiter sein. Besonders das »o« im »also« in der 4. Zeile und das im »so« in der 6. Zeile sind deutlich zusammengedrückt. Diese Formen entsprechen ohne Zweifel dem in Figur 39 gezeigten Merkmal. Die Deutung besagt, daß der Schreiber nicht genau weiß, was in ihm vorgeht. Es ist ihm unmöglich, sich selbst zu erkennen. (Um hier Mißverständnissen vorzubeugen, sei gesagt, daß nicht etwa das Unbewußte gemeint ist, das zu erkennen der Schreiber nicht fähig ist. Hierzu ist ja im Grunde niemand befähigt, abgesehen vielleicht von einigen Psychoanalytikern, die aber wahrscheinlich auch einen Kollegen konsultieren, wenn sie die eigene Seele erforschen wollen). Wenn es sich um Gefühle handelt ist es nämlich sehr schwer, eine Grenze zwischen Bewußtem und Unbewußtem zu ziehen. Dennoch haben viele Menschen wenigstens ein ungefähres Bild von ihrer Gefühlswelt. Natürlich enthält ein solches Bild manche Illusionen und Projektionen, aber doch auch viele objektive Tatsachen. Damit haben wir bereits angedeutet, was Menschen, die das »zerquetschte« »o« schreiben, nicht können: Nämlich ihre Gefühle treffend schildern. Denn ihre Persönlichkeit ist »zerquetscht« wie der Buchstabe, heißt es in der Deutung. Um den Grund hierfür zu erkennen, betrachten wir erneut die Handschrift, speziell die Gefühlslage, die uns durch das Schwanken der Zeile, den Duktus sowie das »a« und »o« schon viele Anhaltspunkte für die Interpretation gegeben hat.

Wir sehen, daß die »e«-Köpfe bis auf wenige Ausnahmen verkümmert sind. Die meisten sind viel zu klein, als daß die Verschmierungen allein ihre Verkümmerung erklären könnten. In der 2. Zeile der Schriftprobe enthalten das »die« und ganz am Ende der Zeile das »wie« anstelle des »e« nur eine sehr punktartige Andeutung, die niemand als »e« erkennen könnte. Aber auch die »e«, die erkennbare Köpfe haben, müssen beachtet werden. Das »e« verrät uns etwas über die Einstellung des Schreibers zu seiner Familie. Wegen der gelegentlich auch klar geformten »e«-Köpfe dürfen wir hier die Deutung der Figur 43 nur bedingt anwenden. Der Schreiber hat ein gutes Verhältnis zu seiner Familie, mit dem einen oder anderen Familienmitglied hat er jedoch seine Probleme. und Schwierigkeiten.

Einstellung zur Familie

Wir sind ziemlich sicher, daß wir mit dieser Deutung die Ursache für die »Zerquetschung« der »o« gefunden haben. Wenn wir bedenken, daß wir hier einen Menschen vor uns haben, der weich, zärtlich und sensibel ist, können es keine alltäglichen Geschehnisse und Erfahrungen gewesen sein, die einen solchen Menschen gegenüber Mitgliedern der eigenen Familie kühl und abweisend gemacht haben. Wir können uns auch vorstellen, daß die mehrfach erwähnte innere Unsicherheit mit negativen Erlebnissen innerhalb der

Familie des Schreibers zusammenhängen könnte. Wir erinnern uns daran, daß das übersteigerte Geltungsbedürfnis unseres Schreibers, auf das wir mehrfach hingewiesen haben, eine Kompensation für seine Minderwertigkeitsgefühle sein könnte.

Unsere Untersuchung hat gezeigt, daß diese »Minderwertigkeit« bestimmt nicht auf geistigem Gebiet zu finden ist. Die oben festgestellte, mit negativen Erlebnissen innerhalb der Familie zusammenhängende Gefühlskälte und »Zerquetschung« der Persönlichkeit wird von unserem Schreiber vielleicht als Schwäche empfunden. Es würde jedenfalls sehr gut zu dem uns nun in groben Zügen bekannten Charakter unseres Schreibers passen, wenn er die innere Leere, die er zweifellos fühlt, sowohl durch besondere Erfolgserlebnisse als auch durch ein Hineinsteigern in bestimmte Emotionen zu kompensieren versuchte. Die emotionalen Erlebnisse müssen mindestens so stark beachtet werden wie das Geltungsbedürfnis des Schreibers. Denn die mangelnde Fähigkeit zur Selbstanalyse, verbunden mit einem starken Zärtlichkeitsbedürfnis, führen dann beinahe zwangsläufig dazu, daß unser Schreiber Gefühle (besonders Liebesgefühle) vor sich selbst und vor anderen sehr stark aufbauscht. So wird er immer wieder »ganz große« Erlebnisse und ebensolche Enttäuschungen haben, durch die ein anderer an seiner Stelle vielleicht nur ganz leicht beeinflußt würde. Je gründlicher wir die Einzelergebnisse prüfen, um so sicherer können wir sein, daß unsere obigen Schlußfolgerungen, die eher psychologischer als graphologischer Art sind, zutreffen.

Kompensation

Zum Abschluß sehen wir uns noch das »i« an, zuerst nur den Buchstaben und nicht die »i«-Punkte, von denen später noch die Rede sein wird. Wie bereits erwähnt assoziieren sehr viele Schreiber mit dem »i« – wenn auch meistens nur unbewußt – das Wort »ich«. Große »I« enthält unser Schriftbild nicht, wohl aber viele kleine, die zum Teil aus der Mittellage hinausragen. Wenn wir uns nun näher ansehen, wo die besondere Größe des »i« auffällt, so stellen wir eindeutig fest, daß dies immer dann der Fall ist, wenn das Wort »ich« geschrieben wird . Es kommt vier Mal vor, nämlich in der 2., der 3., der 9. und der 10. Zeile. Die Deutung lautet, daß der Schreiber ein starkes Geltungsbedürfnis hat, sich gerne in den Vordergrund drängt und wahrscheinlich unter einem Minderwertigkeitskomplex leidet.

Wenn aber die verschiedensten Merkmale völlig unabhängig voneinander immer wieder zu den gleichen oder doch ganz ähnlichen Resultaten führen und auch die Summe der Einzelergebnisse ein zusammenhängendes, gut verständliches Bild ergibt, liegt der Graphologe mit seiner Deutung sicher richtig.

Die Oberlängen. Auch hier wird durch starke Verschmierungen das klare Bild etwas getrübt. Dennoch erkennen wir leicht, daß die Oberschleifen »normal« sind. Einzelne Formen wirken sehr schmal; wir zweifeln in diesen Fällen auch daran, daß es nur die Verschmierungen sind, die keine Schleifen entstehen lassen. Wir vermuten deshalb, daß diese Formen sehr verkümmert sind. Dennoch sind die meisten Oberschleifen sowohl in ihrer absoluten als auch in ihrer relativen Größe normal gebildet. Auf die entsprechende Deutung verzichten wir, weil sie nur dann gültig ist, wenn die übrige Schriftbeschaffenheit nichts Gegenteiliges ergibt.

Die Unterlängen. Die absolute und relative Größe der Unterlängen ist »normal«. Es ist sogar auffallend, daß die Ober- und Unterlängen etwa gleich lang sind. Obwohl hier ein Normalbefund vorliegt, der nicht extra analysiert werden muß, wollen wir ihn notieren, um ihn dann mit den übrigen Ergebnissen zu vergleichen. Zuerst kann man festhalten, daß **Vernunft und Leidenschaft** sich hier die Waage halten. Wir wissen, wie wir diese Deutung in diesem besonderen Fall interpretieren müssen, da die anhand der sehr markanteren Merkmale gefundenen Deutungen dominieren. Die Vernunft des Schreibers wirkt sich ähnlich wie die früher behandelte Selbstkontrolle eher als eine dem Schreiber zur Verfügung stehende Möglichkeit aus und nicht als ein für ihn typisches Charaktermerkmal. Praktisch dürfte sich das etwa so ausdrücken: Er läßt sich treiben, steigert sich in etwas hinein, sieht zwischendurch ganz klar, was er da tut, und tut es doch. Ganz ähnlich muß der Rest der Deutung interpretiert werden: Der Schreiber ist theoretisch und praktisch gleichermaßen begabt. Phantasie und Wirklichkeitssinn halten sich

144

die Waage. Weiter unten heißt es, der Idealismus des Schreibers werde durch eine gleich starke materielle Einstellung ausgeglichen. Diese »Normalbefund«-Deutung ist uns deshalb wichtig, weil sie uns zeigt, daß unser Schreiber trotz aller Extravaganzen, die für ihn typisch sind, doch die Möglichkeit hat, sich selbst zur Ordnung zu rufen und sich mit der vielleicht unbequemen Realität abzufinden. Praktisch bedeutet dies, daß der Schreiber selbst solche Dinge, die er vor ihrem Eintreten als völlig unerträglich bezeichnet hat, wider Erwarten gut ertragen kann, wenn sie zur unabwendbaren Realität werden.

Nach der Größe der Unterlängen sehen wir uns ihre Form an, d.h. die Form der Unterschleifen, denn die Längen in »f« und »p« geben uns keine weiteren Anhaltspunkte. Es ist sehr schwierig, die verschiedenen Formen, die diese Schrift uns zeigt, eindeutig und vorbehaltlos mit dem einen oder anderen der geschilderten Merkmale als identisch zu erklären. Zweimal, jeweils am Ende eines Wortes, ist die Schleife unten abgerissen und besteht nur aus einem senkrechten Strich. Wir können daran erkennen, daß der Schreiber eine materielle Stütze sucht, ohne sie zu finden. Er ist in finanzieller Hinsicht leicht beunruhigt.

Es fallen uns auch die beiden Unterschleifen auf (in den Wörtern »Glückwünsche« und »weniger«), die einen spitzen Winkel nach rechts beschreiben. Diese Form kann ebenfalls als Suche nach einem festen Halt gedeutet werden. Es muß aber die Einschränkung gemacht werden, daß dieses Schriftmerkmal etwa bei Ingenieuren oder Mathematikern, die viel mit Zahlen umgehen, durch die berufliche Tätigkeit beeinflußt sein könnte.

Suche nach einem festen Halt

Der Charakter unseres Schreibers zeigt deutlich, daß dieser keinen der genannten Berufe ausübt. Deshalb trifft die obige Deutung ohne Einschränkung auf ihn zu. Sie ist nicht nur eine Bestätigung für die Deutung der unten abgerissenen »g«, sondern diese unterstützt ihrerseits auch die zuletzt gefundenen Resultate. Auch das wie ein Anker im Materiellen sich festklammernde »z« im Wort »Allerherzlichst« weist darauf hin, daß die beiden letzten Deutungen im Prinzip richtig sein müssen.

Einige weitere Unterschleifen sind bisher unberücksichtigt geblieben. Sie sind schmal und verschmiert und können die Deutung der anderen Formen etwas abmildern. Wir müssen deshalb mit der Möglichkeit rechnen, daß die Deutungen, wonach unser Schreiber materiellen Halt sucht und sich finanzielle Sorgen macht, vielleicht nur einen momentanen Zustand widerspiegeln.

Möglicherweise stehen die soeben beschriebenen Untersuchungsergebnisse in Zusammenhang mit der schon festgestellten Neigung unseres Schreibers, großzügig und optimistisch zu planen. Dann wäre seine unerfreuliche materielle Lage zumindest teilweise charakterbedingt. Da unser Schreiber jedoch sehr intelligent ist, also trotz der uns bekannten Schwächen in materieller Hinsicht gesichert sein sollte, dürften die äußeren Lebensumstände ungünstig gewesen sein. Interessant ist jedoch die Feststellung, daß es hier nicht allein die äußeren Umstände sind, die eine ungünstige persönliche Situation verursachen, auch wenn der Betroffene dies nicht wahrhaben will.

Äußere Lebensumstände

Dies dürfte bei unserem Schreiber der Fall sein, denn seine lebhafte, intelligente und schnelle Natur lassen an ein eigenes »Verschulden« kaum glauben. Da er logisch denken kann, wird er diese Fähigkeiten gerade dann einsetzen, wenn er seine persönliche »Schuldlosigkeit« zu beweisen sucht, wobei er dann zweifellos an seine Argumente selbst glaubt.

Aus der ganzen Beschaffenheit der Unterschleifen, sowohl aus ihrer Größe als auch aus ihrer Form, können wir schließen, daß unser Schreiber in sexueller Hinsicht »normal« veranlagt ist. Das Fehlen groß- und weitbauchiger Unterschleifen zeigt uns, daß er Sex genießt, aber nicht zu Ausschweifungen neigt. Er ist jedoch leicht zu entflammen. Die Kombination all dieser Eigenschaften zeigt, daß unser Schreiber sich leicht verliebt und viel mehr Wert auf Zärtlichkeit und seelische Harmonie als auf sexuelle Abenteuer legt.

Der Wortanfang. Bis auf wenige Ausnahmen, die als normal anzusehen sind, wurden alle Wortanfänge von oben geholt – eine Tatsache, die wir bereits ausgewertet haben.

Das Wortende. Die Wortendstriche unseres Schreibers sind verschieden. Wir beobachten sowohl »handgebende« Endgesten (siehe Figur 96) als auch kleiner werdende, manchmal auch verstümmelte Endgesten (siehe Figur 108). Außerdem sehen wir, daß bei einigen Wörtern der Endstrich völlig fehlt – eine Schreibweise, die der Figur 105 entspricht. Wir wissen, daß das Wortende uns über das Verhalten des Schreibers seiner Umwelt gegenüber Auskunft gibt. Unserem als launisch bekannten Schreiber entspricht es durchaus, daß seine Wortendgesten grundverschieden sind. Zeigt dieser Umstand doch, daß er sich – je nach Art der Menschen, mit denen er zu tun hat, und je nach Stimmung – sehr unterschiedlich verhalten kann.

Handgebende Endgesten (siehe Figur 96) zeigen, daß der Schreiber sich sehr bemüht, selbstlos und hilfsbereit zu sein. Kleiner werdende Endgesten (siehe Figur 108) weisen darauf hin, daß der Schreiber mißtrauisch ist.

Nun werden einige Merkmalkombinationen beschrieben, wobei das eine Merkmal jeweils in der kleiner werdenden Endgeste besteht. Wir sehen, daß die erste Kombination (offene »a« und »o« bei kleiner werdenden Endgesten) bei unserem Schreiber nicht vorkommt. Seine »a« und »o« sind restlos geschlossen. Sein Mißtrauen ist deshalb nicht negativ zu bewerten, sondern hilft es dem Schreiber, vorsichtig und zurückhaltend zu handeln.

Mißtrauen

Die zweite Merkmalkombination besteht in kleiner werdenden Endgesten bei einer verschmierten Schrift. Die Deutung lautet, daß starke Verschmierungen eine wankende Moral verraten. Die leichten Verschmierungen unseres Schreibers drücken jedoch lediglich Genußfreude aus. Dennoch gibt uns diese Merkmalkombination Anlaß zu Bedenken, und zwar deswegen, weil das gleichzeitige Vorhandensein beider Merkmale besonders negativ ist und die ihnen zugrundeliegenden Charakterzüge sich gegenseitig verstärken. (Daß Mißtrauen eine negative Eigenschaft ist und andere ebenfalls ungünstige Charakterzüge verstärken kann, ist einleuchtend. Viele Menschen sind nämlich nur deshalb mißtrauisch, weil sie bei ihren Mitmenschen Eigenschaften voraussetzen, die sie selbst in starkem Maße besitzen.)

Wir bringen die Deutung an dieser Stelle so ausführlich, weil wir zweifellos am schwierigsten Punkt unserer Analyse angekommen sind. So sehr wir einerseits geneigt sind, unseren Schreiber trotz gewisser Schwächen als einen im Grunde anständigen Menschen anzusehen, so stark spüren wir andererseits, daß einige ungünstige Eigenschaften ebenfalls auf ihn zutreffen. Denn die Tatsache »verschmierte Schrift bei kleiner werdenden Wortendgesten« kann nicht geleugnet werden.

Obwohl wir zu den kleiner werdenden Endgesten bei unserem Schreiber auch die verstümmelten Endstriche hinzurechnen müssen, die auf Mißtrauen hinweisen, produziert unser Schreiber doch auch erfreulich viele handgebende Endgesten, die sehr günstig zu beurteilen sind. Auf jeden Fall muß diese Deutung stark relativiert werden.

Sympathie und Antipathie

Bisher noch nicht erwähnt haben wir folgenden Punkt: Wie jeder Mensch läuft auch der Graphologe Gefahr, sich durch Sympathien oder Antipathien in seiner Arbeit beeinflussen zu lassen. Wie sich etwa der Richter oder der Staatsanwalt durch Aussehen, Auftreten und Benehmen eines Angeklagten beeinflussen läßt, mag er auch noch so sehr darauf bedacht sein, sich nur an den Tatbestand und an das Gesetz zu halten, so wird auch der Graphologe, der zunächst völlig unvorbelastet mit seiner Analyse beginnt, nach und nach von der Schrift und somit vom Schreiber beeinflußt, sei es nun in angenehmer oder in unangenehmer Weise. Er muß dann sehr diszipliniert vorgehen, um objektiv urteilen zu können.

Wir finden unseren Schreiber eher sympathisch. Dennoch gilt es jetzt, die zuletzt gefundene Deutung so zu formulieren, daß sie dem tatsächlichen Schriftbefund weitmöglichst entspricht. Folgende vorläufige Formulierung, die übrigens auch früher gefundene Einzelergebnisse berücksichtigt, haben wir gewählt: Unser Schreiber ist menschlich sehr enttäuscht worden, so daß es ihm heute schwerfällt, Vertrauen zu anderen Personen zu fassen. Sein Mißtrauen bringt es mit sich, daß auch seine Grundsätze und Anschauungen etwas ins Wanken geraten sind. In dem Maße, wie er bei anderen Menschen weniger Aufrichtigkeit voraussetzt als früher, hat er seine Skrupel und Bedenken verloren. So kann er sich heute etwas gleichgültiger über Versäumnisse hinwegsetzen, als ihm dies früher möglich war. Dennoch erweist er sich als anständiger, gutwilliger und zuverlässiger Mensch überall da, wo er dieselben Eigenschaften bei seinen Mitmenschen voraussetzt.

Zuletzt müssen wir noch die bereits festgestellten fehlenden Endstriche (siehe Figur 105) auswerten. Wir lesen in der entsprechenden Deutung, daß dieses Merkmal mangelnde Kontaktfreudigkeit verrät und daß es sich bei den Schreibern um einsame Menschen handelt. Diese Deutung ist immer dann richtig, wenn in einer Schrift alle oder doch die meisten Wörter endstrichlos sind. Die handgebenden Endgesten unseres Schreibers zeigen jedoch, daß dieser keineswegs ein einsamer Mensch ist.

Den gelegentlich fehlenden Endstrichen entnehmen wir, daß unser Schreiber jedoch zu manchen Menschen keine engeren Beziehungen haben kann und auch nicht haben möchte. Hier fallen uns Feststellungen ein, die einen scheinbaren Widerspruch zu den meisten anderen Eigenschaften unseres Schreibers bilden. Da ist zuerst die Feststellung (aus der gelegentlichen Fadenbindung entnommen), daß unser Schreiber ungeduldig und arrogant sein kann. Später fanden wir (als Teilergebnis der strichartigen »ü«- und »ö«-Häkchen), daß er sich auch kühl zeigen kann.

Beziehungen zu anderen Menschen

Wir glauben nun, mit der zuletzt gefundenen Deutung der ab und zu fehlenden Wortendstriche die Lösung dieses scheinbaren Widerspruchs gefunden zu haben. Während unser Schreiber sich nämlich gegenüber ihm sympathischen Menschen als weich, aufgeschlossen und geradezu zärtlich erweist, ist seine Haltung solchen Menschen gegenüber, die ihm unsympathisch sind und mit denen er nichts zu tun haben will, kühl und ein wenig arrogant. Diese Eigenschaften dienen ihm als Abwehrmittel in bestimmten Situationen, weil er weiß, wie leicht es ist, ihm zu nahe zu treten. In der weiteren Deutung der fehlenden Wortendgesten wird noch ein Mangel an Vertrauen, Egoismus und fehlende Hilfsbereitschaft festgestellt. Auch hier müssen wir auf das in unserem Fall nur seltene Fehlen der Wortendstriche hinweisen.

▶ Einen Mangel an Vertrauen haben wir bereits früher festgestellt, während Egoismus und fehlende Hilfsbereitschaft durch die zahlreichen handgebenden Endgesten und mehrere andere bereits untersuchte Merkmale widerlegt wird. Die Erwähnung des Egoismus animiert uns jedoch, darüber nachzudenken, ob vielleicht andere Merkmale in dieser Handschrift darüber Aufschluß geben, ob unser Schreiber außergewöhnlich egoistisch ist.

Wir fanden schon heraus, daß er ein großzügiger, in mancher Hinsicht sogar zu großzügiger Mensch ist, der nichts Rücksichtsloses oder Raffgieriges an sich hat. Dann stellten wir fest, daß er – wenigstens zur Zeit, als die Schriftprobe entstand – materiell nicht gut gestellt war. Diese Feststellungen berechtigen uns jedoch keineswegs, ihn für egoistisch zu halten. Viel eher haben wir den Eindruck, daß dieser sowohl sehr sensible und weiche als auch sehr geltungsbedürftige Mensch egozentrisch ist und sich nicht leicht von seinen Gefühlen und Interessen lösen kann.

»i«-Punkte, »u«-Haken und Akzente. Die strichartigen »ö«- und »ü«-Häkchen haben wir ausführlich untersucht, ebenso die Druckbetonung der »i«-Punkte. Dennoch wurden die »i«-Punkte bisher nicht erschöpfend behandelt. Bis auf ganz wenige Ausnahmen sind die »i«-Punkte unseres Schreibers als »hochgesetzt« anzusehen – und zwar in so starkem Maße, daß die Deutung der Figur 112 Anwendung findet.

Hochfliegende Gedanken, Phantasiereichtum, Impulsivität und Schnelligkeit werden dort festgestellt, Eigenschaften, die bereits vorher konstatierte Charakterzüge unseres Schreibers bestätigen. Auch der Hinweis darauf, daß viele Menschen, die das hier behandelte Merkmal produzieren, sich bemühen, keine Spießbürger zu sein, dürfte bei unserem Schreiber zutreffen. Wir haben schon andere Eigenschaften bei ihm festgestellt, die in dieselbe Richtung weisen.

Im Zusammenhang mit den Figuren 113 und 114 beschrieben wir »i«-Punkte, die sich genau über den zu ihnen gehörenden Buchstaben befinden, manchmal auch ein wenig links daneben. Genau das ist bei unserem Schreiber der Fall, wobei wir selbstverständlich die Lage der Schrift berücksichtigen müssen. Wohl befinden sich die Punkte nicht genau über dem »i«. Würde man aber das »i« jeweils in seiner Schräglage verlängern, so stieße man in den meisten Fällen genau auf den Punkt. Bei den Wörtern »endlich« in der ersten Zeile und »Schreibt« in der 10. Zeile ist der Punkt jeweils leicht nach links verschoben. Unsere Deutung bescheinigt dem Schreiber ein gutes Gedächtnis. Die starke Druckbetonung der Punkte, die das gute Gedächtnis ausdrücklich bestätigt, ist ebenfalls gegeben, nicht aber die leicht nach links gebogenen Buchstabenköpfe.

Nun beschreiben wir eine besonders interessante Merkmalkombination: die oben erwähnten »i«-Punkte und das gleichzeitige Vorhandensein druckbetonter Einleitungszüge bei Großbuchstaben. Diese druckbetonten Anfänge produziert unser Schreiber zwar nur beim großen »H«, aber die geschilderte Kombination ist damit trotzdem in der Handschrift unseres Schreibers gegeben. Die Deutung lautet: Aus Eitelkeit betreibt der Schreiber eine bewußte Gedächtnisschulung, um seine Umgebung durch sein erstaunliches Erinnerungsvermögen zu beeindrucken. Das paßt so gut zu den uns bereits bekannten Eigenschaften des Schreibers, daß wir überzeugt sind, daß diese Deutung auf ihn zutrifft. Trotzdem wollen wir das soeben Geschilderte nicht als eine für den Schreiber typische Eigenschaft hinstellen, weil die Bedingungen für die vorbehaltlose Anwendbarkeit dieser Deutung ja nur zum Teil erfüllt sind.

Die Interpunktion. Wegen der stark schwankenden Zeilenführung, die einen klaren Überblick nicht erlaubt, wollen wir die gelegentlichen leichten Verschiebungen der Punkte und Kommata nach oben oder nach unten nicht als »zu hoch« oder »zu tief« gesetzt bewerten. Die sehr sorgfältige Einhaltung der Interpunktionsgesetze, die dieser kurze Text uns ganz besonders anschaulich zeigt, veranlaßt uns zu der Feststellung, daß unser Schreiber ein ordnungsliebender Mensch ist.

Alle übrigen Merkmalbeschreibungen des Kapitels über die Interpunktion treffen auf unseren Schreiber nicht zu. Wohl machen uns die relativ großen Zwischenräume zwischen den Satzenden und den Schlußpunkten etwas stutzig. Wir finden jedoch, daß diese Zwischenräume nicht auffallend groß sind, so daß die entsprechende Deutung keine Anwendung findet.

Vereinfachung der Schrift. Diese wurde bei der Feststellung der überdurchschnittlichen Intelligenz des Schreibers ausgewertet.

Verbesserungen. Das Schriftbild weist keine Verbesserungen auf.

Unterstreichungen. Auch sie sind in diesem kurzen Text nicht vorhanden.

Besonderheiten. Das »t« unseres Schreibers ist eigentümlich, wenn es einem »s« folgt. In unserem »t«-Kapitel wurde diese Form nicht beschrieben, weil die Besonderheit, auf die es hier ankommt, auch bei vielen anderen Buchstaben, ganz besonders bei Großbuchstaben, zu beobachten ist. Wir haben dieses Merkmal bei der Deutung der Großbuchstaben beschrieben (siehe Figur 200). Ohne Schwierigkeiten erkennen wir die »Fähnchen nach hinten« beim »t« unseres Schreibers,

Idealisierung der Vergangenheit

die wie folgt zu deuten sind: in Gedanken lebt er gern in der Vergangenheit und erinnert sich mit Stolz und Freude an diese. Es ist diesen Feststellungen noch hinzuzufügen, daß derartige Schreiber dazu neigen, das Vergangene zu idealisieren, was eine gewisse Unzufriedenheit mit der Gegenwart zur Folge hat.

Diese Deutung, die im wesentlichen auch für unseren Schreiber Gültigkeit hat, bestätigt manchen anderen Befund. Wir denken z.B. an seine ungünstige materielle Lage und können aufgrund der letzten Deutung schließen, daß dieser Schreiber bessere Zeiten gesehen haben muß. Aber wir haben auch seelische Erschütterungen festgestellt, hervorgerufen durch das Verhalten ihm nahestehender Menschen. Auch hier ist es sicher so, daß die Vergangenheit dem Schreiber schöner und angenehmer erscheint als das Jetzt.

Die übrigen »t« in dieser Handschrift sind verschieden. Einige weisen Verknotungen auf, die Gewissenhaftigkeit verraten (siehe Figur 146); Ein einziges »t« im Wort »Arbeit« ist ohne Schleife und Durchstreichung, was einen Mangel an Pflichtgefühl ausdrückt (siehe Figur 145). Einige »t« sind mehr oder weniger deutlich mit überflüssigen Oberschleifen versehen, eine Schreibweise, die den Hang zu Illusionen verrät (siehe Figur 152).

All diese Deutungen haben wir nur der Vollständigkeit halber hier notiert. Wir wissen, daß sie zutreffend sind; denn die uns bekannte Launenhaftigkeit des Schreibers dürfte bewirken, daß er auch ausnahmsweise (ein einziges darauf hinweisendes »t«) nicht ganz gewissenhaft handelt. Die Illusionen wiederum ergeben sich automatisch aus dem geschilderten unmotivierten Optimismus unseres Schreibers. Obwohl diese Deutungen also jeweils in einem ganz bestimmten Sinne zutreffen, wollen wir sie dennoch nicht diesen »t«-Formen entnehmen, weil sie zu vereinzelt vorkommen. Anders läge der Fall, wenn uns diese Deutungen etwas grundlegend Neues verraten würden. Dann müßten wir anhand der übrigen Schriftbeschaffenheit genau prüfen, ob diese auf einem einzigen kleinen Merkmal fußende Deutung zutreffen könnte oder nicht.

Etwas können wir jedoch diesen sehr unterschiedlichen »t« entnehmen: Menschen, die drei oder mehr verschiedene »t«-Arten produzieren, sind eifersüchtig. Wenn wir an die Sensibilität und den Geltungsdrang unseres Schreibers denken, so ist die Neigung zu Eifersucht in diesem Fall nicht auszuschließen. Das »d« erscheint uns – obwohl meistens verschmiert – normal geformt zu sein. Jedenfalls entspricht es keiner der von uns geschilderten Spezialformen. Auch beim »r« sehen wir keine Besonderheiten. Am Wortende weist das »r« meist eine handgebende Geste auf, was die gutherzige Hilfsbereitschaft, die der Schreiber ihm sympathischen Menschen gegenüber beweist, nur unterstreichen kann.

Großbuchstaben. Das große »M« wurde bereits beschrieben und ausgewertet. Innerhalb anderer Deutungsgruppen wurden auch das große »G« und das »H« beurteilt. Von den übrigen Großbuchstaben, die dieses Schriftbild aufweist, muß außerdem noch das »P« in »Prag« in der ausführlichen Merkmaldiskussion behandelt werden. Die Bedingung der Girlande, ohne die diese Deutung keine Anwendung finden

Eifersucht

würde, wird von unserem Schreiber erfüllt. Dieser ist demnach ein Mensch, der den lebhaften Wunsch hat, im Leben voranzukommen, jedoch nicht die notwendige Kraft dazu besitzt. Da hier der Zusammenhang zwischen »Hut« und »Stamm« des »P«-Pilzes fehlt, schließen wir auf mangelnde Kraft des Schreibers, eine geistige Weiterentwicklung in Angriff zu nehmen. Weil dieselbe Tendenz auch durch den beziehungslos in der Luft hängenden Strich beim »B« im Wort »Basel« ausgedrückt wird, trifft die gerade beschriebene Deutung auch auf unseren Schreiber zu.

Bisher wußten wir nur, daß dieser intelligent, schnell denkend und lebhaft ist und den Wunsch nach geistiger Weiterentwicklung besitzt. Daß es ihm hierzu jedoch an der notwendigen Kraft fehlt, ist uns neu. Wir vergleichen diesen letzten Befund nun sorgfältig mit den übrigen Einzelergebnissen. Wir denken etwa daran, daß er zu stark auf sich selbst fixiert ist; an seine Neigung, die Vergangenheit zu idealisieren und sich – vielleicht unbewußt – gegen alles Neue zu sträuben; an seine Enttäuschungen, die seinen ursprünglichen Elan zweifellos geschwächt haben; an seine ungünstige materielle Situation, die ihm zu schaffen macht; und schließlich an seine sanfte Natur.

Stagnation

Daher kommen wir zu der Schlußfolgerung, daß es tatsächlich eine Stagnation in seiner geistigen Entwicklung geben dürfte. Wohl beherrscht unser Schreiber wegen seines guten und speziell von ihm trainierten Gedächtnisses vieles, was er sich in der Vergangenheit angeeignet hat. Um Neues hinzuzulernen, reichen seine Kräfte und sein Wille momentan jedoch nicht aus.

Zweimal, nämlich in den Wörtern »gefunden« und »geschlafen«, kommt ein »g« vor, das wir bei Menschen finden, die sich von beruflichen oder anderen Zwängen eingeengt fühlen. Hast kann eine ständige Eigenschaft oder auch ein vorübergehender Zustand sein. In beiden Fällen kann sich diese Eigenschaft in der Handschrift manifestieren. Vorsichtshalber wollen wir unsere Deutung in diesem Fall etwa so formulieren: Zur Zeit, als dieses Schriftstück entstand, wurden besondere Anforderungen an den Schreiber gestellt, die ihm sehr viel Energie abverlangten. Auf die Unterschrift können wir aus Gründen der Diskretion nicht eingehen. Damit ist die eigentliche Analyse abgeschlossen.

Den in diesem Buch vorgestellten Theorien könnte man vielleicht noch einiges hinzufügen. Wir weisen ausdrücklich darauf hin, daß wir nicht der Ansicht sind, eine »erschöpfende« Analyse erstellt zu haben. Überdies glauben wir, daß es nicht so sehr darauf ankommt, möglichst viel über einen Menschen zu sagen, sondern darauf, eine möglichst zutreffende Charakterbeschreibung zu liefern, in der die dominierenden Eigenschaften hervorgehoben werden.

Wir wollen jetzt die gefundenen Einzelergebnisse zu einem Gutachten zusammenfügen. Um eine klare Übersicht über die Resultate zu erhalten, sollten wir diese aus dem Gewirr von erklärenden Worten, Kommentaren und Abschweifungen, die wir bei dieser ersten praktischen Analyse für notwendig hielten, jetzt herausschälen. Da wir uns während der Analyse bei jedem Einzelergebnis bemüht haben, dieses den vorher gefundenen Resultaten gegenüberzustellen und dabei scheinbare Widersprüche aufzulösen, wollen wir von einer neuerlichen Gegenüberstellung der einzelnen Befunde absehen. Wir begnügen uns deshalb damit, hier unser endgültiges Gutachten festzuhalten. Der aufmerksame Leser wird ohne Schwierigkeiten feststellen können, welche bisher vielleicht noch nicht besprochenen Schlußfolgerungen wir aus der Gegenüberstellung der Einzelergebnisse gezogen haben.

40jähriger Mann

Ein überdurchschnittlich intelligenter Mensch spricht aus dieser Handschrift. Es fällt sofort auf, daß dieser Schreiber stark intuitiv veranlagt ist, wodurch seine Entschlüsse größtenteils bestimmt werden. Er kann aber auch logisch denken. Seine Handlungen werden eher von seiner Intuition als von seinem Verstand bestimmt. Bringt ihn seine Gefühlsbetontheit in unangenehme oder komplizierte Situationen, kann er seine Umgebung immer wieder damit überraschen, wie klar, logisch und zutreffend er seine eigene Handlungsweise beurteilt. Besonders sachlich ist er immer bei Themen, die ihn nicht persönlich angehen (also etwa bei der Erörterung von weltanschaulichen oder politischen Problemen). Dabei kann er mit großer Beharrlichkeit auf seinen Ansichten bestehen, wobei sich sein stark entwickelter Geltungsdrang deutlich zeigt. Er hat jedoch nicht nur den festen Willen, sich Anerkennung zu verschaffen, sondern gleichzeitig das Bedürfnis, etwas zu leisten. Da sein gutes Gedächtnis es ihm erlaubt, jederzeit auf sorgfältig durchdachte Formulierungen zurückzugreifen, wirkt er ungewöhnlich schlagfertig. Trotz dieser beeindruckenden geistigen Wendigkeit, die von ihm bewußt sehr trainiert wird, ist der Schreiber zu größeren geistigen »Neuerwerbungen« momentan nicht fähig, da es ihm an der hierzu nötigen Willenskraft und vor allem auch Konzentration fehlt.

Wir stellen eine sehr starke Egozentrik fest. Immer wieder bringt der Schreiber das Gespräch auf seine Person, seine Erfolge, Wünsche und vor allem die Gefühle. Als sehr weich und sensibel veranlagter Charakter hat er gegen manche Menschen eine instinktive Abneigung. Diesen gegenüber zeigt er sich kühl, distanziert, ungeduldig und ein wenig arrogant. Ist ihm aber ein Mensch sympathisch, so kann er in erstaunlicher Weise sein Innerstes hervorkehren und seine Gefühle so differenziert zum Ausdruck bringen, daß man hier beinahe von einem seelischen Exhibitionismus sprechen möchte.

Innere Leere

Dabei muß festgestellt werden, daß alle seelischen Vorgänge, und ganz besonders auch die Liebesgefühle des Schreibers, von diesem vor sich selbst und vor anderen künstlich aufgebauscht und übertrieben werden. Sein Bestreben, etwas Besonderes zu sein und ständig etwas Außergewöhnliches zu erleben, resultiert aus einer uneingestandenen inneren Leere.

Deutlich zeigt diese Schrift, daß ihr Urheber tiefe Enttäuschungen erlebt hat, an denen ihm sehr nahestehende Menschen, wahrscheinlich Familienmitglieder, schuld sein dürften. Diese Erlebnisse haben das Gefühlsleben des Schreibers durcheinandergebracht, so daß er sich nicht mehr darüber im klaren ist, was tatsächlich in ihm vorgeht. So entstand die schon erwähnte innere Leere, die der Schreiber sicherlich als Schwäche empfindet. Darum also kommt er von sich nicht los, und daher rühren die ständigen Kompensationsversuche durch geistiges Brillieren und das Aufbauschen kleinster Gefühlsregungen. Wird eine Situation dann völlig unerträglich, etwa wenn ein Liebesverlust droht, so wird der Schreiber ganz plötzlich »vernünftig«. Seine Umgebung ist dann erstaunt, wie leicht und schnell er über das scheinbar Unerträgliche hinwegkommt. Hier spielt auch die starke Launenhaftigkeit des Schreibers eine große Rolle. Wie er sich in Liebesgefühle hineinsteigern kann, so kann er auch Gefühle der Ablehnung übertreiben. So stark dieser Schreiber also auf geistigen Erkenntnissen beharren kann, so leicht ist es, ihn gefühlsmäßig umzustimmen. Sein seelischer Zustand ist sehr starken Schwankungen unterworfen: Das Spektrum reicht von himmelhochjauchzend bis zu Tode betrübt. Er neigt ziemlich undiszipliniert zu starken Äußerungen des Selbstmitleids.

Launenhaftigkeit ◀

Ganz ohne Zweifel ist dieser Schreiber ein gutmütiger, weicher und zärtlicher Mensch, der bereit ist, sich ihm nahestehenden Menschen anzupassen. Er will sich weiterentwickeln und ist bestrebt, sowohl bei sich als auch bei anderen Menschen das Gute zu fördern. Er ist ein großzügiger Mensch, der gerne Geschenke macht und nicht kleinlich ist. Wohl kann er, wenn nötig, sparen. Es fällt ihm jedoch schwer, sein Geld vernünftig einzuteilen. Übertrieben großzügig ist er dann, wenn er – etwa im Berufsleben – über das Geld anderer Menschen verfügen kann. Er ist zweifellos ein guter Organisator und Verhandler, der das Bedürfnis hat, Ordnung zu schaffen. Aber er kann dabei einen etwas leichtsinnigen Optimismus zeigen, der ihn sehr häufig veranlaßt, zu großzügig zu sein.

Großzügigkeit ◀

Es muß dabei ausdrücklich festgestellt werden, daß dieser Schreiber nicht die Absicht hat, seinen Mitmenschen zu schaden. Er glaubt an den von ihm angekündigten Erfolg immer ganz fest. Aufgrund der geschilderten Umstände ist es dennoch möglich, daß er Verluste macht. Natürlich kann es auch vorkommen, daß seine großzügige und aktive Mitarbeit zum Erfolg führt. Wohl haben entsprechende Erfahrungen den Schreiber gelehrt, Menschen gegenüber, die sich als moralisch nicht einwandfrei erweisen, skrupellos zu sein. Wo er jedoch glaubt, eine anständige Gesinnung bei anderen voraussetzen zu können, erweist er sich selbst als zuverlässig und vertrauenswürdig. Er ist ein aufrichtiger, sehr wahrheitsliebender Mensch, der es jedoch auch versteht zu schweigen. Er besitzt in hohem Maße die Fähigkeit, seine verbalen Äußerungen einer scharfen Selbstkontrolle zu unterziehen – obwohl er dies nicht gerade liebt.

Diese Schrift verrät eine zumindest momentan ungünstige finanzielle Lage ihres Urhebers. Man erkennt deutlich, daß er innerlich angespannt und bestrebt ist, eine solide materielle Grundlage zu finden. Man sieht also, daß der Schreiber sich materielle Vorteile sichern will, wobei er, je nach der Situation, sogar Mißtrauen und viel Vorsicht an den Tag legt. Dennoch ist er aufgrund seines Charakters auch fähig, selbstlos und hilfsbereit zu sein.

Der Schreiber ist ein sehr sinnesfreudiger Mensch, der allen Genüssen stark, manchmal etwas zu stark, zugänglich ist. Dabei ist er in keiner Weise ein Sexfanatiker, wohl aber zeigt er ein sehr starkes Zärtlichkeitsbedürfnis. Aufgrund seiner Neigung, sich in Gefühle hineinzusteigern, ist er, so merkwürdig es sich in diesem Zusammenhang ausnimmt, ein **Treue** treuer Mensch. Wegen der Wandelbarkeit seiner Gefühle ist es jedoch wiederum möglich und sogar wahrscheinlich, daß seine Treue gelegentlich das Objekt wechselt. Man könnte fast sagen: Er liebt seine Treue, braucht für diese also eine »Projektionsfläche«.

Auf jeden Fall ist er zu sensibel und zu sehr auf Ausschließlichkeit bedacht, als daß er jemals zwei intime Beziehungen gleichzeitig haben könnte. Seine Treue ist also nicht etwa das Resultat moralischer Skrupel. Er bemüht sich im Gegenteil, kein »Spießbürger« zu sein. Seine Treue entspricht ganz einfach seiner Veranlagung. Damit geht eine ausgeprägte, wenn auch aus Eitelkeit von ihm nicht gern zugegebene Eifersucht einher.

Wichtig ist noch die Feststellung, daß dieser Schreiber, obwohl er phantasievolle Zukunftspläne schmieden kann, in Gedanken und auch in seinen Erzählungen oft und gern in der Vergangenheit lebt. Offenbar hat er bessere Zeiten gesehen, weshalb es für ihn nun um so schwieriger ist, mit der Gegenwart zufrieden zu sein.

Abschließend kann festgestellt werden, daß der Schreiber viele gute Eigenschaften besitzt, auch wenn seine hervorstechendsten Charaktermerkmale Egoismus und Geltungsbedürfnis sind. Die positiven Eigenschaften werden dann verstärkt zutage treten, wenn er in moralischer, materieller und geistiger Hinsicht wieder festeren Boden unter den Füßen spürt.

Bevor wir uns der nächsten Handschrift zuwenden, wollen wir das vorliegende Gutachten einer kritischen Prüfung unterziehen. Was den Aufbau des Gutachtens betrifft, wäre eine systematischere Gliederung möglich. Wir haben jedoch die Erfahrung gemacht, daß eine Gliederung, die etwa Verstand, Begabungen, Wille, Gefühl, Triebe etc. strikt voneinander trennt, meist auf Kosten des Verständnisses für die inneren Zusammenhänge geht. So konstatieren wir z.B. ein starkes Geltungsbedürfnis. Wenn wir der Überzeugung sind, daß mit dieser Eigenschaft ein Minderwertigkeitskomplex kompensiert wird und dies zum Ausdruck bringen wollen, ohne die Zusammenhänge zu zerstören, so läßt sich eine Vermischung der beiden Bereiche Verstand und Gefühl kaum vermeiden. Vieles greift so stark ineinander, daß eine strikte Trennung der oben genannten Bereiche nicht sinnvoll ist. Trotzdem halten wir eine bestimmte, wenn auch lockere Reihenfolge ein.

Prüfung des Gutachtens

In der Regel beginnen wir mit einer Beschreibung der Intelligenz. Das Gutachten wird mit einigen Betrachtungen über das Triebleben des Schreibers und einer Zusammenfassung abgeschlossen. Wir sind der Ansicht, daß diese lockere Gliederung zwar den Nachteil hat, daß Bereiche wie Verstand, Gefühl, Triebe etc. manchmal nicht ohne weiteres zu überblicken sind. Dies wird aber durch eine sehr lebendige Darstellung aufgewogen, wodurch der Leser sich ein genaues Bild von dem beurteilten Menschen machen kann.

Gliederung des Gutachtens

Wir wollen nicht behaupten, daß das vorliegende Gutachten tief in die Psyche des Schreibers eindringt und dessen Charakter umfassend interpretiert. Aber wir können wohl sagen, daß der Schreiber für den Leser kein Unbekannter mehr ist und daß dieses Gutachten vielleicht einen größeren und vor allem zuverlässigeren Einblick in den Charakter des Schrei-

Handschriftprobe

Meine Lieben,

Recht herzlichen Dank für Euren lieben Brief. Ich freue mich dass es Euch gut geht und Ihr zufrieden seid. Auch mir geht es gut trotz meiner strengen Arbeit. Am kommenden Sonntag werde ich Euch nicht besuchen können die Arbeit lässt mir keine Zeit dazu. Doch hoffe ich in der folgenden Woche wieder einen Nachmittag mit Euch verleben zu können. Ich freue mich immer auf die Zeit die ich mit Euch verbringen darf. Bleibt hübsch gesund bis dahin und seid inzwischen herzlich

bers gewährt, als es durch eine längere persönliche Bekannt-
schaft mit dem Schreiber möglich ist.

Werfen wir nun noch einen Blick auf die Länge dieses Gutachtens, die in der Praxis eine große Rolle spielt. Soviel man
auch über einen Schreiber sagt: Man könnte immer noch
mehr von ihm berichten. Wir haben uns bei diesem Gutachten bemüht, ausführlich zu sein. Unserer Ansicht nach ist
seine Länge das Maximum dessen, was man einem Leser –
von Spezialfällen abgesehen – zumuten darf. Ein noch län-
geres Gutachten würde viele Leser nicht nur ermüden, sondern es würde sie vielleicht auch die Gesamtübersicht über
das Charakterbild verlieren lassen. Wir haben solche Gutachten gelesen und wußten trotz konzentrierter Aufmerksamkeit am Ende nicht mehr, was am Anfang gesagt worden
war.

Vom Schreiber der Handschrift Nr. 2 wollen wir eine allgemeine Charakteranalyse anfertigen und uns dabei die Aufgabe stellen, diese Handschrift in berufsberatender Hinsicht
besonders zu untersuchen. Das ist eine Arbeit, die in der
täglichen Praxis oft vorkommt. Um das bei der ersten Analyse sehr detaillierte Verfahren hier abzukürzen, wollen wir
diesmal nur solche Merkmale und Merkmalkombinationen
herausgreifen, die wir für besonders wichtig halten. Auf diese Weise ist das Charakterbild von Anfang an klar und über-
sichtlich, und trotzdem kann genau verfolgt werden, aus
welchen Merkmalen der Handschrift wir unsere Schlüsse
ziehen. Die Urheberin von der zweiten Handschrift ist eine
39jährige Frau.

Handschrift Nr. 2 ◄

Sehr auffallend bei ihr sind die regelmäßig wiederkehrenden
handgebenden Endgesten (siehe Figur 96): Diese Schreiberin
bemüht sich, ein selbstloser, hilfsbereiter und sozial einge-
stellter Mensch zu sein. Ein beträchtlicher Teil dieser handgebenden Endgesten – besonders deutlich bei der Anrede
»Meine Lieben« – ist jedoch am Ende stark nach links zu-
rückgebogen. Diese Endgesten entsprechen dem in Figur 102
dargestellten Merkmal: Die Schreiberin ist im Grunde ein
gutmütiger und hilfsbereiter Mensch. Weiterhin heißt es in
der Deutung, daß Menschen so schreiben, die anderen gern
mit Rat und Tat zur Seite stehen, wenn es nichts kostet. Da

bei unserer Schreiberin die handgebenden Endgesten nur zum Teil mit jenem »materiellen Widerhaken« versehen sind, ein großer anderer Teil der Endungen davon jedoch frei ist, müssen wir die Deutung entsprechend formulieren: Wir stellen fest, daß die zweifellos große Hilfsbereitschaft dieser Schreiberin gelegentlich durch materielle Vorbehalte beeinträchtigt werden kann. Sie zieht es dann vor, durch den Einsatz ihrer Person anstatt durch finanzielle Unterstützung zu helfen.

Gutmütigkeit

Da diese ersten Deutungen so stark auf die Gutmütigkeit der Schreiberin hinweisen, sehen wir uns jetzt zunächst den Duktus an, der über den Willen und das Gefühl Auskunft gibt. Unser erster Eindruck ist, daß es sich hier um eine Girlande handelt. Wenn wir jedoch genauer hinsehen, dann stellen wir eine seltene Mischung fest: eine Girlande mit Winkeln. Viel häufiger sind Mischungen aus Girlande und Arkade oder aus Arkade und Winkel.

Das ist einleuchtend, denn die weiche Girlande geht in die feste Arkade über und diese in den schroffen, zackigen Winkel. Bei unserer Schreiberin aber fehlt dieser Übergang in der Handschrift und somit auch im Charakter. Obwohl bei ihrer Schrift die Girlande bei weitem überwiegt, sind die Winkel doch eindeutig festzustellen – besonders in den Wörtern »mich« in der 3. Zeile, »mir« in der 5. Zeile und »kommenden« in der 6./7. Zeile.

Dem Grundcharakter der Schreiberin entspricht also die Deutung der Girlande, wonach die Schreiberin ein gutmütiger, weicher, zärtlicher und anpassungsfähiger Mensch ist. Während wir bei dem Urheber der Handschrift Nr. 1 dieselbe Deutung weitgehend gelten lassen durften, müssen wir hier – wegen der gelegentlichen Winkel – sofort eine starke Einschränkung machen. Wir fügen der obigen Deutung hinzu, daß die Schreiberin plötzlich herrschsüchtig und auch sehr eigensinnig sein kann (»schwer belehrbar« heißt es in der Deutung der Figur 3).

Manchmal, etwa beim Verfolgen bestimmter Pläne, kann die Schreiberin auch eine Ausdauer und Beharrlichkeit zeigen, die dem Winkelschreiber eigen ist. Von der übrigen Deutung der Winkelschrift müssen wir hier absehen, weil diese offenbar nur bei solchen Schreibern zutreffen kann, deren Handschrift ausschließlich Winkelbindungen aufweist. Denn fehlende Warmherzigkeit etwa kann man hier wegen der dominierenden Girlande nicht feststellen.

Auffallend bei dieser Handschrift sind die sehr ausgeprägten »t«-Schleifen, die eindeutig unserer Figur 146 entsprechen. In der Deutung heißt es, daß wir es bei den Urhebern dieses Merkmals mit außergewöhnlich pflichtbewußten **Pflichtbewußtsein** Menschen zu tun haben. Dieses Pflichtbewußtsein ist Familienmitgliedern gegenüber besonders stark ausgeprägt. Der Hinweis auf die Familienmitglieder läßt uns einen Blick auf das kleine »e« werfen, von dem wir wissen, daß es uns über die Familienbeziehungen der Schreiberin Auskunft geben kann. Wir sehen gut und normal geformte »e«-Köpfe. Einzelne Köpfe sind zwar etwas verkümmert, aber viel zu wenige, als daß wir auf schlechte Familienbeziehungen schließen könnten.

Die meisten »e« entsprechen jedoch nicht der Figur 44, so daß auch nicht von einer sehr starken Bindung an die Familie gesprochen werden kann. Das oben erwähnte sehr ausgeprägte Pflichtgefühl, das sich besonders der Familie gegenüber äußert, basiert also auf einem zwar nicht übertriebenen, jedoch starken Familiengefühl. Auch das »f« weist kräftige Verknotungen auf – ein Umstand, der die obige Deutung nur untermauern kann.

Ein ganz dominierendes Merkmal dieser Handschrift bilden die unten zugespitzten und links runden Unterschleifen, die weitgehend mit der Figur 72 identisch sind. Wir sehen, daß dieses ausgeprägte Merkmal verschiedene Eigenschaften **Eignung für** verrät: soziales Denken, Geschicklichkeit und eine damit **soziale Berufe** einhergehende Eignung für soziale Berufe. Es wird in der Deutung besonders auf den Beruf der Krankenschwester hingewiesen. Wenn wir dieses Ergebnis mit den bereits erzielten Resultaten vergleichen, in denen immer wieder von der Hilfsbereitschaft der Schreiberin die Rede ist, dann sehen wir, daß die berufliche Eignung bereits in eine ganz bestimmte Richtung weist. Man könnte hier einwerfen, daß diese Deutung recht einfach ist, besonders wenn wir sie mit der Handschrift Nr. 1 vergleichen. Bis zu einem gewissen Grad ist dieser Einwurf berechtigt, aber obwohl wir die Untersuchung dieser Handschrift noch lange nicht abgeschlossen haben, glauben wir nicht, daß die weitere Analyse noch überraschende Wendungen bringen wird.

Auch wenn diese Analyse weniger differenziert ist als die der Handschrift Nr. 1, so wird die Beschreibung des Charakters der Schreiberin durch viele kleine Widersprüche doch ziemlich erschwert. In der weiteren Deutung der charakteristischen zugespitzten Unterschleifen heißt es, daß ihre Urheber herbe und etwas herrische Menschen sind. Diese Deutung und jene der gelegentlichen Winkelbindung bestätigen und verstärken sich gegenseitig, was zur Folge hat, daß die Bedeutung der weichen Girlande noch mehr abgeschwächt wird.

Ein weiteres auffallendes Merkmal finden wir in den kräftigen, langen Anstrichen, mit denen viele Wörter versehen sind. Wir greifen deshalb auf die Deutung der Figur 85 zurück, stellen aber sogleich fest, daß in dieser Figur die Anstriche noch kräftiger und vor allem länger sind als bei unserer Schreiberin und daß bei weitem nicht alle Wörter diesen verlängerten Anstrich haben. Wir sehen, daß unsere Schreiberin bei bestimmten Dingen Unternehmungsgeist entwickeln kann. Weiterhin heißt es in der Deutung, daß die **Widerspruchsgeist** Urheber dieses Merkmals einen stark ausgeprägten Widerspruchsgeist besitzen und gelegentlich rechthaberisch sind. Hier etwas abzuschwächen wäre zwecklos, da ganz ähnliche Resultate bei dieser Analyse schon mehrmals erzielt wurden. Es ist wirklich merkwürdig, wie hier – trotz der dominierenden Girlande – bereits drei völlig verschiedene Merkmale (die gelegentliche Winkelbindung, die Unterschleifen und bestimmte Wortanfänge) immer wieder auf Herrschsucht, Eigensinn und Oppositionslust hinweisen. Wir erinnern uns daran, daß wir bei der Analyse der Handschrift Nr. 1 auf ähnlich frappierende Weise immer wieder auf die geistige Wendigkeit und das starke Geltungsbedürfnis des Schreibers aufmerksam wurden.

Zweimal – in den Wörtern »gesund« in der 15. Zeile und »gegrüßt« in der 17. Zeile – sehen wir ebenfalls schwungvolle Anstriche, nach denen jedoch die Feder vor der eigentlichen Formung der Buchstaben wieder abgesetzt wird. Ohne weiteres erkennen wir diese Schreibart in der Figur 87 wieder. In der Deutung heißt es, daß die Urheber dieses Merkmals zwar sehr aktiv und auch unternehmungslustig sind, manchmal aber unüberlegt handeln. Diese Deutung paßt sehr gut zu den anderen Einzelergebnissen, besonders zu dem festgestellten sprunghaften Wechsel zwischen Gutmütigkeit und Schroffheit.

Auffallend sind die meist sehr weit oben liegenden »i«-Punkte und »ö«-, »ä«- und »ü«-Häkchen. Nach der entsprechenden Deutung (siehe Figur 112) ist unsere Schreiberin ein phantasievoller, impulsiver Mensch, der sich bemüht, nicht zu bürgerlich zu sein.

Uns fällt sehr auf, daß bis auf ganz wenige Ausnahmen alle Anfangsgroßbuchstaben allein stehen. Dies ist um so bemerkenswerter, als die sonstige Schrift vorwiegend verbunden ist. Wir wissen schon, daß Schreiber alleinstehender Anfangsbuchstaben meist gemütliche Menschen sind, die Sinn für Humor haben. Da unsere Schreiberin vorwiegend Girlandenbindungen produziert, sollten wir die Deutung der einzeln stehenden Anfangsgroßbuchstaben nicht nur vorbehaltlos anwenden, sondern sogar im Gutachten besonders hervorheben. Demnach ist die Schreiberin zu einem beschaulichen Unterbrechen ihrer jeweiligen Tätigkeit fähig; sie hat tatsächlich, und das ist das Wesentliche bei dieser Deutung, einen ausgesprochenen Sinn für Humor.

Sinn für Humor ◄

Dieses positive Teilresultat mildert die mehrfach festgestellte Herrschsucht und Oppositionslust insofern wieder ab, als diese an sich eher störenden Eigenschaften dadurch sehr viel erträglicher werden. Wir können uns nun recht gut vorstellen, daß die im allgemeinen gutmütige Schreiberin zwar gelegentlich auch heftig werden kann. Manchmal sagt sie auch Dinge, die zwar nicht böse gemeint sind, aber doch als verletzend empfunden werden können.

Die alleinstehenden Anfangsgroßbuchstaben sind noch nicht vollständig ausgewertet. In der Deutung wird auch von einer gewissen Unbeständigkeit gesprochen, die sich bei den

Unbeständigkeit ◄

Urhebern dieses Merkmals sowohl beim Verfolgen von Interessen als auch bei der Denkweise zeigt. Wie den Sinn für Humor, so müssen wir auch diesen Teil der Deutung im Gutachten besonders unterstreichen, weil das zugrundeliegende Merkmal sehr dominant ist. Da die Unbeständigkeit und die mehrfach festgestellte Sprunghaftigkeit der Schreiberin sehr gut in ihr Gesamtbild passen, nimmt dies immer konkretere Konturen an.

Merkwürdige Unterbrechungen mitten in den Buchstaben fallen uns auf, die besonders bei manchen »g« und »z« sehr gut zu sehen sind. Hier handelt es sich zweifellos um eine nicht durch den Charakter, sondern durch die körperliche Verfassung der Schreiberin bedingte Schreibstörung. Die Unterbrechungen, die übrigens fast immer in der gleichen »Höhenlage« der Schrift, nämlich ziemlich in der Mitte zu

Krankheit

sehen sind, kehren so regelmäßig wieder, daß sie Ausdruck einer ganz bestimmten Schwäche oder Krankheit der Schreiberin sein müssen.

Die Art dieser Krankheit zu ergründen, ist nun nicht unsere Aufgabe, zumal wir wahrscheinlich voraussetzen dürfen, daß diese der Schreiberin bekannt ist. Immerhin wollen wir im berufsberatenden Teil unseres Gutachtens (wir raten ihr, Krankenschwester zu werden) darauf hinweisen, daß es weitgehend vom Gesundheitszustand der Schreiberin abhängt, ob sie für diesen Beruf in Frage kommt oder nicht.

Die wirklich dominierenden Merkmale haben wir damit untersucht. Wir beginnen deshalb auch hier wieder mit der systematischen Überprüfung der Ergebnisse, wobei wir nur solche Merkmale erwähnen, die bisher nicht berücksichtigt wurden, um Wiederholungen zu vermeiden.

Die Raumeinteilung von diesem Textes wollen wir aus zwei Gründen nicht übergehen. Erstens stellen wir fest, daß bei dieser normal weiten Schrift, die auch mit normal weiten Zwischenräumen versehen ist, der Rand relativ schmal ist und nach unten immer schmaler wird. Dieser Befund entspricht nicht ganz unserer Merkmalbeschreibung, die von einer weiten Schrift ohne Rand ausgeht. Wir stellen deshalb nur ganz allgemein fest, daß das Einteilungstalent unserer

Schreiberin etwas zu wünschen übrig läßt. Zweitens zeugt die Raumeinteilung dieses Textes unseres Erachtens nicht gerade von einem ausgeprägten Sinn für Ästhetik. Wir haben ausdrücklich festgestellt, daß derartige Dinge nur subjektiv beurteilt werden können. Das Urteil des Graphologen kann nur dann praktischen Wert haben, wenn der Leser dem ästhetischen Empfinden des Graphologen vertraut. Unser ganz persönliches Urteil möchten wir also so zusammenfassen: Die Raumaufteilung ist bei diesem Text etwas ungünstig und zeigt einen Mangel an Raumgefühl und an Sinn für Ästhetik.

Die Zeilenführung bringt uns ein weiteres Ergebnis. Wir stellen starke Schwankungen innerhalb der Wörter fest, und doch wirken die einzelnen Zeilen in ihrer Gesamtheit gerade, wobei wir selbstverständlich kein Lineal anlegen wollen. Für unsere Deutung genügt vollständig die sichtbare Tendenz zum »Gerade-sein-Wollen«. Dieser Zeilenbeschaffenheit entspricht eine unserer Merkmalbeschreibungen. Die Schreiber haben den Wunsch, so zu sein wie die Urheber der völlig geraden Zeilen. Sie würden also gern beherrscht auftreten und ihr inneres Gleichgewicht bewahren. Sie geben sich Mühe, nicht launisch zu sein, dies gelingt ihnen aber nur manchmal. Einmal mehr sehen wir uns zu der Feststellung veranlaßt, wie gut auch dieser Einzelbefund zu den übrigen Ergebnissen paßt.

Inneres Gleichgewicht

Die Vokale sind folgendermaßen geformt: Mehrere »a« und »o« sich ganz geschlossen (siehe Figur 21), einige »a« und »o« sind halb offen (siehe Figur 20) und einige »o«, jedoch kein einziges »a«, sind ganz offen (siehe Figur 19, soweit das »o« betroffen ist). Wir wollen hier nicht alle in Frage kommenden Deutungen zitieren, sondern versuchen, die richtige Mischung herzustellen. Wir sehen, daß beide Buchstaben sowohl geschlossen als auch mehr oder weniger offen vorkommen, wobei das »a« allgemein mehr zum Geschlossensein neigt, während das »o« eine größere Tendenz zum Offensein zeigt. Wir erinnern uns daran, daß die Beschaffenheit des »a« über die Verschwiegenheit oder die Offenheit des Schreibers Auskunft gibt, während das »o« uns zeigt, ob und wie sehr der Schreiber dazu neigt, über sich selbst und seine Angelegenheiten zu sprechen. Im Falle unserer Schreiberin kommen wir zu dem Schluß: Eine früher spontane Offenheit wurde von der Schreiberin teilweise zurückgenommen. Wohl kann sie auch heute noch in ihrer Erregung alles zum Ausdruck bringen, was sie denkt und fühlt. Im allgemeinen versucht sie jedoch, nur dort frei und offen zu sprechen, wo sie Verständnis und Interesse voraussetzen kann. Dabei behandelt sie die Angelegenheiten anderer Menschen diskreter als die eigenen. Über sich selbst spricht sie sogar gern, wenn es jemand versteht, ihr Vertrauen zu gewinnen.

Künstlerische Veranlagung

Die Oberlängen an sich sind normal. Aber die Schleifen fallen uns dadurch auf, daß sie entweder verkümmert oder bauchig sind. Obwohl die bauchigen Schleifen das Normalmaß nicht überschreiten, entspricht dies dem Befund, bei dem von gleichzeitigem Auftreten verkümmerter und bauchiger Schleifen die Rede war. Demzufolge ist unsere Schreiberin ein künstlerisch veranlagter Mensch, dessen Urteil, besonders über Kunst, jedoch oberflächlich ist. Welcher Art das subjektive Urteil unserer Schreiberin ist, können wir uns ungefähr vorstellen, da wir über ihren Geschmack und ihr ästhetisches Empfinden bereits einiges erfahren haben.

Hier beobachten wir jetzt also, daß ein Mensch, dessen Geschmack und dessen Urteil über Kunst nicht gerade differenziert ist, trotzdem künstlerisch veranlagt sein kann. Wenn wir an die Geschicklichkeit unserer Schreiberin denken, halten wir es für wahrscheinlich, daß sie bei ihrer künstlerischen Veranlagung sehr gut zeichnen oder handarbeiten kann, wobei das, was sie produziert, nicht allen gefällt.

Wir untersuchen jetzt, wie sich unsere Schreiberin mit den Regeln der Interpunktion auskennt bzw. welchen Gebrauch sie davon macht. Wir stellen fest, daß sie kein einziges Komma setzt. Schlußpunkte hingegen setzt sie regelmäßig, wenn wir annehmen, daß sie die beiden Sätze »Am kommenden Sonntag werde ich Euch nicht besuchen können« und »die Arbeit läßt mir keine Zeit dazu« eigentlich durch ein Komma und nicht durch einen Punkt trennen wollte. Wir dürfen dies annehmen, weil der zweite Satz mit einem kleinen »d« beginnt. Wir stellen also fest: Mangel an logischem Denkvermögen und mangelhafter Ordnungssinn.

Verbesserungen finden wir an folgenden Stellen: Im Wort »die« in der 14. Zeile wurde der »e«-Kopf nachträglich angeflickt, wahrscheinlich wurde auch der »e«-Kopf des »die« in der 13. Zeile nachträglich korrigiert. Dies erinnert uns an die Figur 126: Die Schreiberin traut ihren eigenen Gefühlen nicht und hat immer Angst, sich gefühlsmäßig zu »verirren«. Da das dieser Deutung zugrunde liegende Merkmal jedoch mit Sicherheit nur einmal, wahrscheinlich aber höchstens zweimal im Schriftbild zu beobachten ist, muß die Deutung im Gutachten in entsprechend abgeschwächter Form erfolgen. Aus demselben Grund müssen wir die Möglichkeit, daß es sich bei diesem Merkmal um den Niederschlag einer Angst vor körperlichen Krankheiten handelt, hier vollständig ausschließen.

Noch eine weitere Verbesserung fällt uns deutlich an diesem Schriftbild auf, die so merkwürdig ist, daß sie in unserer ausführlichen Merkmalbesprechung gar nicht vorkommt. Am Ende der Zeile »mit Euch verleben zu können« sehen wir uns das letzte Wort näher an. Wir bemerken, daß die »ö«-Häkchen doppelt vorhanden sind, einmal in normaler Höhe über dem »ö« und einmal viel höher, das »i« im Wort »Nachmittag« in der darüber liegenden Zeile berührend. Zweifellos wurden diese viel zu hoch liegenden »ö«-Häkchen zuerst geschrieben, und die darunter befindlichen stellen die Korrektur dar.

Wir untersuchen jetzt aufmerksam das übrige Schriftbild, ob wir etwas Ähnliches nochmals bemerken. Wir entdecken beim Wort »lieben« in der 3. Zeile zwei »i«-Punkte, die im Grunde beide nicht am rechten Platz stehen. Wir können also nicht eindeutig feststellen, welcher der beiden Punkte die Korrektur des anderen ist. Eine derartige Schreibweise (vor allem die ursprünglich viel zu hoch gesetzten »ö«-Häkchen) können wir eigentlich nur bei einem Menschen beobachten, der schlecht sieht. Wir schließen daraus, daß unsere Schreiberin also nicht sehr gut sieht und vielleicht eine zu schwache Brille getragen hat.

Sehschwäche ◀

Nun kommen wir zu den Besonderheiten der Großbuchstaben. Das große »M« unserer Schreiberin im ersten Wort ihres Textes erinnert uns sehr an die »Kammschrift« und entspricht dem in Figur 199 dargestellten Merkmal bis zu einem gewissen Grad. Die Bedingung, daß das »M« von oben geholt wird, erfüllt die Schreiberin jedoch nicht. Es fehlt ihr also die Fähigkeit, sich in einen Menschen einfühlen zu können. Der Kamm ist aber dennoch vorhanden und somit bei der Schreiberin auch die Neigung, ein sie interessierendes Thema gründlich zu behandeln und weitschweifig über etwas zu erzählen; eine Tatsache, die sehr gut zu der bereits festgestellten Beschaulichkeit paßt.

Gründlichkeit und pädagogische Begabung finden wir bei unserer Schreiberin nicht. Abgesehen davon, daß der in diesem Fall »regelwidrig« von unten geholte Anstrich diese Deutung hier nicht zulassen würde, wissen wir, daß unserer Schreiberin logisches Denken fremd ist und daß sie sowohl in ihrem Denken als auch in ihrem Handeln zu starker Sprunghaftigkeit neigt, was eine ausgesprochen pädagogische Begabung wohl weitgehend ausschließt.

Intelligenz

Die Großbuchstaben, die mehr Vereinfachungen aufweisen als die Kleinbuchstaben, zeugen von Intelligenz. Wir versuchen jetzt, diese Schrift und ganz besonders die Formung der Großbuchstaben in ihrer Gesamtheit auf uns wirken zu lassen. So können wir sehen, ob die Schreiberin sich von der Schulvorlage freigemacht hat oder nicht. Einige Formen wirken ziemlich persönlich und vereinfacht, wie etwa das »S«, das »M« und das »N«. Andere Formen, ganz besonders das große »E«, »I« und »D«, gleichen der Schulvorlage dagegen sehr. Diese Tatsache ist insofern von großer Bedeutung, als die Schreiberin schon 39 Jahre alt ist.

Hier haben wir die Möglichkeit zu zeigen, wie notwendig und nützlich die Altersangabe des Schreibers ist. Wäre die Schreiberin beispielsweise erst 20 Jahre alt (was nach dem Schriftbild zwar nicht wahrscheinlich, aber doch immerhin möglich wäre), dann könnten wir sagen, sie sei eben noch jung und ihre Persönlichkeit noch nicht genügend entwickelt. Mit wachsender Reife würden auch individuellere Buchstabenformen in der Schrift auftauchen. Unsere Schreiberin ist aber 39 Jahre alt. In diesem Fall können wir eine große Weiterentwicklung nicht mehr erwarten und müssen deshalb etwas strenger in der Beurteilung sein. Da manche Formen vereinfacht sind, andere wiederum nicht, kommen wir zu der Schlußfolgerung: Eine durchschnittliche Intelligenz ist der Schreiberin nicht abzusprechen. Aber sie ist in ihrer geistigen Entwicklung sozusagen stehengeblieben. Bestimmte Interessen, die sie in früheren Jahren einmal gehabt haben mag (wir entnehmen dies den Ansätzen zur Vereinfachung), sind im Laufe der Zeit verlorengegangen.

Wir kehren zurück zu den Besonderheiten und stellen fest, daß die bisher noch nicht behandelten Merkmale uns keine weiteren Anhaltspunkte für die Analyse dieser Handschrift liefern. Wir kommen deshalb nun zur Gegenüberstellung und Zusammenfassung der Einzelergebnisse. Unser Resultat stellen wir auch in diesem Fall in Form eines fertigen Gutachtens vor, wobei wir hier den Gesichtspunkt der beruflichen Eignung besonders berücksichtigen.

Gutachten

39jährige Frau

Diese Handschrift verrät eine ursprünglich gute, aber in ihrer Entwicklung stehengebliebene Intelligenz. Deutlich sieht man, daß bestimmte Interessen, die die Schreiberin früher gehabt haben dürfte, verkümmert und von Alltäglichem überlagert sind. Sie besitzt ausgeprägte soziale Fähigkeiten, verbunden mit einer beachtlichen Geschicklichkeit. Da sich die Schreiberin sichtlich bemüht, ein selbstloser und hilfsbereiter Mensch zu sein, sollte sie einen Beruf wählen, der es ihr erlaubt, die geschilderten Fähigkeiten und Neigungen praktisch anzuwenden.

Eignung für soziale Berufe

Ihr Charakter ist jedoch nicht ganz so unkompliziert, wie es zunächst den Anschein hat. Im Grunde ist die Schreiberin ein sehr gutmütiger Mensch, der mit Rat und Tat und mit dem Einsatz seiner ganzen Persönlichkeit stets zu helfen bereit ist.

Die Tatsache, daß ihre Hilfsbereitschaft manchmal materielle Vorbehalte kennt und daß finanzielle »Opfer« ihr viel schwerer fallen als der persönliche Einsatz kann den Wert ihrer sozialen Einstellung kaum herabmindern. Die Schreiberin scheint das verständliche Bedürfnis nach materieller Absicherung zu haben. Sie ist im allgemeinen anpassungsfähig

171

und -willig und ihr nahestehenden Menschen gegenüber weich und zärtlich. Die bis jetzt geschilderten Eigenschaften zeigen nur eine Seite ihres Charakters, nämlich die dominierende. Manchmal kann sich die Schreiberin aber auch ganz plötzlich und scheinbar grundlos als herrschsüchtig und eigensinnig erweisen. Manchmal entspringt ihr Wunsch zu dominieren auch ihrer Fürsorglichkeit. Sie versucht vielleicht, ihr nahestehende oder anvertraute Menschen, die sich gegen einen ihrer wohlgemeinten Ratschläge sträuben, quasi zu ihrem »Glück« zu zwingen.

Sinn für Humor

In Diskussionen und ganz besonders bei Streitigkeiten, die man durchaus mit ihr haben kann, ist diese sonst so gutherzige Frau zu ausgesprochenen Grobheiten fähig. Zum Glück besitzt sie jedoch einen ausgeprägten Sinn für Humor, so daß ihre Grobheiten oft außerordentlich witzig, schlagfertig und treffend wirken. Auf diese Weise wird zweifellos manche Meinungsverschiedenheit, die man mit ihr hat, mit einem Lachen enden. Empfindliche Personen können jedoch auf ihren mitunter beißenden Spott auch beleidigt reagieren. Beim Reden kann die Schreiberin doch etwas weitschweifig, gleichzeitig aber so merkwürdig sprunghaft, unsystematisch und unkonzentriert sein, daß ihre Zuhörer manchmal viel Geduld aufbringen müssen. Ihre an sich genauen und liebevollen Erklärungen sind daher nur von sehr geringem pädagogischem Wert.

Ihre ursprünglich sehr spontane Offenheit hat die Schreiberin teilweise zurückgenommen. Wohl kann sie auch heute noch in Momenten der Erregung impulsiv und etwas unvorsichtig ihre Gedanken und Gefühle zum Ausdruck bringen. Aber im allgemeinen versucht sie heute, nur dort offen zu sprechen, wo sie Verständnis und Interesse für ihre Person und ihre Probleme voraussetzt. Dabei behandelt sie die Angelegenheiten anderer Menschen diskreter als die eigenen. Über sich selbst spricht sie sogar gern – wenn es jemand versteht, ihr Vertrauen zu gewinnen.

Stimmungs-schwankungen

Obwohl die Schreiberin im Grunde genommen ausgeglichen ist, ist sie manchmal doch starken Stimmungsschwankungen unterworfen. Trotz ihrer Bemühungen, sich zu beherrschen und ihr inneres Gleichgewicht zu wahren, gelingt es ihr nicht immer, ihre Launen zu unterdrücken oder zu verbergen. Ihrer Veranlagung entsprechend kann sie sich bei ihr weniger wichtig erscheinenden Dingen ziemlich abwartend und passiv verhalten. Andere, sie mehr interessierende Angelegenheiten kann sie mit Ausdauer verfolgen. Schließlich gibt es auch Situationen, in denen sie unüberlegt handelt. Es wird dabei deutlich, das sie nur schwer Wesentliches von Unwesentlichem unterscheiden kann. Denn gerade bei für sie wichtigen Angelegenheiten legt sie manchmal eine erstaunliche Passivität an den Tag.

Ihre Beziehungen zu anderen Menschen sind durch ein ständiges Wechselbad der Gefühle gekennzeichnet. Man kann sagen, daß die Schreiberin manchmal Angst vor Gefühlen hat. Das Wesentliche ist aber auch hier wieder der abrupte Wechsel von Gleichmut und Impulsivität, der für die Schreiberin sehr charakteristisch ist. Sehr bemerkenswert ist das **Pflichtbewußtsein** ausgeprägte Pflichtbewußtsein dieser Schreiberin, das durch den Mangel an Ordnung und Systematik kaum beeinträchtigt wird.

Diese positive Eigenschaft zeigt sie ganz besonders stark ihren Familienangehörigen gegenüber, aber auch im Beruf. Aufgrund der geschilderten Eigenschaften wäre ein sozialer Beruf für diese Schreiberin sehr geeignet. Die Betreuung von Kindern und Säuglingen, ganz speziell aber die Krankenpflege würde ihr sehr liegen. Denn nicht nur die Qualitäten der Schreiberin (ihre Hilfsbereitschaft, Geschicklichkeit, ihr unverwüstlicher Humor und ihr starkes Pflichtbewußtsein) weisen in diese Richtung, sondern zum Teil auch ihre Schwächen. Ihre gutgemeinte Fürsorge wirkt einerseits vielleicht übertrieben und dadurch störend. Andererseits ist sie im Umgang mit Kranken oder Kindern durchaus angebracht und wünschenswert, zumal die von der Schreiberin ergriffenen Maßnahmen in den meisten Fällen wirklich sinnvoll sein dürften.

Bei der Berufswahl muß allerdings berücksichtigt werden, **Krankheit** daß eine körperliche Schwäche oder Krankheit, die der Schreiberin sehr wahrscheinlich bekannt ist, ihre Aktivitäten etwas beeinträchtigt. Es müßte von einem Arzt entschieden werden, ob die Schreiberin trotzdem als Krankenschwester geeignet ist. Übrigens verrät die Handschrift auch eine gewisse Sehschwäche, die zumindest beim Abfassen des vorliegenden Textes nicht durch eine genügend starke Brille korrigiert wurde.

Künstlerische Begabung

Interessant ist auch die etwas widersprüchliche Feststellung, daß es der Schreiberin einerseits an Raumgefühl und Sinn für Ästhetik mangelt, während man ihr andererseits einen gewisse künstlerische Begabung nicht absprechen kann. So interessiert sie sich bestimmt für Kunst, obwohl ihr Urteil recht oberflächlich sein dürfte. Dennoch kommen wir, wenn wir außer ihrem lebhaften Interesse an Kunstwerken auch noch ihre außergewöhnliche Geschicklichkeit berücksichtigen, zu folgendem Schluß: Ihre künstlerische Ader zeigt sich nicht nur im Bewundern der Werke anderer, sondern sehr wahrscheinlich betätigt sie sich auch selbst in dieser Richtung (etwa Zeichnen, Handarbeiten).

Menschen, die humorvoll und nicht zu empfindlich sind, werden mit dieser manchmal etwas groben, aber im Grunde hilfsbereiten und integren Schreiberin bestimmt sehr gut auskommen.

Handschrift Nr. 3

Handschrift Nr. 3 stammt von einer 27jährigen Frau. Bei dieser letzten Arbeit wollen wir, anders als bei den beiden anderen Gutachten, auf die Erklärung unseres Vorgehens bei der Analyse verzichten und uns mit der Niederschrift des fertigen Gutachtens begnügen. Auf diese Weise geben wir dem Leser die Möglichkeit, durch den Vergleich zwischen der Handschrift und dem Gutachten selbst herauszufinden, aufgrund welcher Merkmale und Deutungen wir zu unseren Ergebnissen gekommen sind.

27jährige Frau

Labilität

Diese Schrift läßt auf eine außerordentlich unbeständige und labile Person schließen. Die Schreiberin ist intelligent, aber sehr sprunghaft. Ihre Interessen sind fast ausschließlich auf praktische, materielle und sinnliche Dinge gerichtet. Mit abstrakten Gedankengängen kann sie kaum etwas anfangen. Um anderen zu gefallen, geht sie vielleicht scheinbar auf diese Gedankengänge ein, aber sie kann sich kaum längere

$\mathcal{H}$andschriftprobe

Sehr mitfühlend
großzügig
opferfähig
wahrheitsliebend
sehr ehrlich
sehr geschäftstüchtig

sehr unordentlich
sehr nervöse
u. gereizt
manchmal
nachfragend
beeinflussbar
leidenschaftlich
viel. leichtsinnig

Zeit aufmerksam und diszipliniert mit einer Sache beschäftigen. Sie kann sich zwar für kurze Zeit anpassen und auf ihre Umgebung einstellen und sich dabei sogar vormachen, daß das von ihr gezeigte Interesse einem echten inneren Bedürfnis entspringt. Aber ganz plötzlich endet ihre Geduld, wobei die sprunghafte, rastlose und ichbezogene Natur spontan zum Durchbruch kommt.

Neigung zu Illusionen

▶ Die Schreiberin hat ein gutes Gespür für Menschen, und es gelingt ihr oft, diese so zu behandeln, daß sie bei ihnen alles durchsetzen kann, was sie sich vorgenommen hat. Dabei nimmt sie es mit der Wahrheit nicht so genau. Sie neigt auch dazu, sich selbst zu belügen und sich derart in etwas hineinzusteigern, daß sie sich selbst leid tut. So praktisch sie einerseits veranlagt ist, so sehr kann sie sich andererseits in Illusionen und Phantasien verlieren, wodurch ihre Urteilsfähigkeit stark beeinträchtigt wird. Problematisch ist dabei, daß man sie nicht wirklich von den realen Gegebenheiten überzeugen kann. Einerseits, weil sie nur bedingt fähig und bereit ist, einen Unterschied zwischen Realität und Einbildung zu machen, andererseits, weil sie nicht die Geduld hat, sich auf die Argumente des anderen einzustellen und richtig zuzuhören.

Oberflächlichkeit

▶ Dabei ist sie durchaus gutmütig. Wenn man mit ihr einer Meinung ist und kein problematisches Thema anschneidet, kann sie momentan eine sehr gute und temperamentvolle Gesprächspartnerin sein. Sobald man jedoch in die Tiefe dringt, muß man immer wieder feststellen, daß sie ein eher oberflächlicher Mensch ist. Trotz ihrer gelegentlich heftigen und sogar aggressiven Haltung ist sie leicht zu beeinflussen. Ihr Widerstand ist nämlich genausowenig »gefestigt« wie ihr Verhalten der Umwelt gegenüber.

So wie sie oft nicht aufrichtig ist, kann sie auch nicht wirklich gewissenhaft und pflichtbewußt sein, denn hier kommt einiges zusammen: Unaufmerksamkeit, inneres Chaos, fehlende Selbstdisziplin und moralische Haltlosigkeit. Nur da, wo es um Befriedigung von Trieben geht, verfolgt sie ihr Ziel mit großer, wenn auch völlig unsystematischer Hartnäckigkeit. Ihre Angewohnheit, manchmal ganz spontan nicht nur ihre Abneigung, sondern auch ihre Sympathie zu zeigen, läßt sie jedoch leicht Freunde finden. Sie hat Sinn für Humor, solange sie nicht selbst die Zielscheibe des Spotts ist. Sie ist nämlich sehr empfindlich.

Alle bei ihr festgestellten Eigenschaften zeigen deutlich, daß sie oft und gut schauspielert und dabei wahrscheinlich selbst an ihre Rolle glaubt. Da sie mit sich selbst nichts anzufangen weiß und sich allein leicht langweilt, sucht sie die Geselligkeit. Sie begeistert sich leicht für andere Menschen, ist aber auch schnell von ihnen enttäuscht. Sie neigt überdies dazu, Erlebnisse aufzubauschen und sich in etwas hineinzusteigern. Ihre Freude an materiellem Besitz, ihr geselliger Charakter und ihre lebhafte, in keiner Weise gehemmte Natur weisen darauf hin, daß sie beruflich erfolgreich sein kann.

Sie ist auch praktisch veranlagt, was sich aber nur bei solchen Arbeiten zeigt, die ihr sehr schnell von der Hand gehen und keine Geduld erfordern. Größere und komplizier- **Impulsivität** tere praktische Arbeiten liegen ihr gar nicht. Trotz ihrer Spontaneität ist sie ein Mensch, der schweigen kann, wenn Diskretion vonnöten ist. Sie ist aber auch dazu fähig, ihr Wissen über andere Menschen in Momenten der Erregung gegen diese zu verwenden. Es ist selbstverständlich, daß es bei der Beurteilung eines derart labilen und gleichzeitig impulsiven Menschen sehr auf sein soziales Umfeld ankommt. Es dürfte nämlich nicht schwer sein, sie aufgrund ihrer Schwächen auszunutzen.

Die nun folgenden graphologischen Gutachten wurden auf **Methodik** die gleiche Weise erstellt wie die Gutachten der Handschriften Nr. 1, 2 und 3, quasi vor den Augen des Lesers. Je nachdem, wie fleißig und interessiert der einzelne Leser ist, kann er durch den genauen Vergleich von Analyse und Schriftbild den Aufbau des Gutachtens rekonstruieren. Es ist empfehlenswert, dies sehr gründlich zu tun. Der Leser kann dabei nämlich sehr viel lernen und bekommt einen Blick für das Wesentliche. Die Verantwortung seines Tuns sollte ihm jedoch immer bewußt bleiben.

Handschriftprobe

Ich habe mit 20 Jahre geheiratet nach
dem Abschluss einer Direktionssekretärinnen-
schule. Nach dem Jus-Studium und 2
Volontariatsstellen habe ich zuerst eine Tochter
und ein Jahr später einen Sohn geboren.
Nach Abschluss einer Dissertation habe ich
angefangen, mich politisch zu engagieren
Ich finde, dass Frauen vermehrt in Re-
gierunge vertrete sein sollte, weil sie
andere Erfahrunge einbringe, etc... Leider
stellen sich generell immer noch zu wenig Frauen für politische Ämter zur
Verfügung.

Analyse

Frau B., 38, Juristin

Frau B. ist bemerkenswert intelligent, vielseitig begabt und sehr flexibel. Ihre rasche Auffassungsgabe läßt sie auch bei komplexen Sachverhalten nicht im Stich. Sie hat ein zuverlässiges Gedächtnis, sofern sie das, womit sie konfrontiert wird, lebhaft interessiert. Das Studium der Rechtswissenschaften hat ihren Scharfsinn und ihr logisches Denkvermögen gesteigert. Nicht weniger überzeugend ist ihre Fähigkeit zu analytischem Denken, von der sie gerne Gebrauch macht. Sie hat eine gute Kombinationsgabe und viel Phantasie, ist aber auch sehr praktisch veranlagt und realistisch in ihrer Betrachtungsweise. Sie geht zielstrebig auf die ihr gestellten Aufgaben zu und löst sie. Kurz: Frau B. ist eine ausgesprochen tüchtige Frau, die sich ausgezeichnet für eine gehobene Position eignet, in der es darauf ankommt, den Überblick zu behalten. Wichtige Voraussetzungen dafür sind ihr Organisationstalent sowie ihre Fähigkeit zu koordinieren und Prioritäten zu setzen. Sie hat ohne Zweifel Führungsqualitäten. Gefühle spielen bei ihr dagegen eine untergeordnete Rolle. Zwar zeigt sie Betroffenheit, aber sie läßt sich vornehmlich von ihrem Verstand leiten, und handelt dementsprechend. Hält Frau B. es für erforderlich, setzt sie ihre berufliche Machtposition ein, um ihre Ziele zu erreichen. Mißbrauch mit der Macht wird sie jedoch nicht treiben, aber sie kann Gesetze und Vorschriften sehr gewandt interpretieren. Sie ist sehr auf sich selbst bezogen und kann schlecht mit Kritik umgehen. Auch wenn sie nicht persönlich gemeint ist, fühlt sie sich dennoch getroffen. Wenn die Kritik bewußt auf sie gerichtet ist, vermutet Frau B. dabei mehr Ablehnung oder sogar Haß von seiten des Kritikers, als tatsächlich dahintersteckt. Sie ist kein reiner Verstandesmensch und deshalb auch nicht in der Lage, sich von ihren Gefühlen frei zu machen. Dem von ihr ausgeübten Amt ist sie nach graphologischem Ermessen gewachsen, denn sie ist ein ganz besonders gewissenhafter, so wie pflicht- und verantwortungsbewußter Mensch.

Frau B. kennt ihre Stärken und Vorzüge. Sie möchte ihrer Arbeit einen sehr persönlichen Stempel aufdrücken und gleichzeitig zeigen, wozu eine Frau fähig ist, was sie leisten kann. Es gibt sicher Menschen, die ihr Verhalten als zu sachlich oder zu wenig menschlich empfinden. Aber das hängt wahrscheinlich damit zusammen, daß sie Frau B. nicht gut genug kennen, um die wahren Beweggründe für ihr Verhalten verstehen zu können.

Die graphologische Analyse der Schrift zeigt, daß Frau B. innerlich unruhig und nervlich wahrscheinlich überstrapaziert ist. Ihr Selbstbewußtsein ist starken Schwankungen unterworfen – je nachdem, ob sie berufliche Erfolgserlebnisse aufzuweisen hat oder nicht. Diese Tatsache trifft sicherlich auf die meisten Menschen zu.

Handschriftprobe

Mit einem Tag der Altstadt,
der Türen in alte Häuser öffnete,
ist gestern Sonntag das erste
Basler Kulturfest nach zehn
Tagen zu Ende gegangen.

Unterschiedliche Aktivitäten
– von der Blasmusik und
Rocktanzesten über Stadt-
begehungen und Lesungen
bis zu einem Künstler-Sym-
posium und Hearings zum
Thema Kultur – wurden als
Teile eines Ganzen sichtbar
gemacht.

Analyse

Frau E., 36, Chefsekretärin

Frau E. ist überdurchschnittlich intelligent, vielseitig begabt und intuitiv veranlagt. Außerdem kann sie auf relativ hohem Niveau kaufmännisch denken, urteilen und handeln. Sie ist ebenfalls praktisch veranlagt und in der Lage, ihre zweifellos interessanten Kenntnisse in die Praxis umzusetzen. Sie ist sehr selbständig, worauf sie auch sehr großen Wert legt. Sie schätzt es überhaupt nicht, wenn sie von anderen belehrt wird, vor allem, wenn es dabei um ihr Fachgebiet geht. Als Chefsekretärin entlastet sie ihren Vorgesetzten nicht nur, sondern denkt auch dauernd mit. An ihrer absoluten Vertrauenswürdigkeit braucht man nicht zu zweifeln. Frau E. ist vorbildlich gewissenhaft, pflicht- und verantwortungsbewußt.

Sicher hat sie manchmal noch Angst vor größerer Eigenverantwortung. Als Außenstehender wird man dies aber kaum bemerken, weil sie sich niemals vor der Verantwortung drückt. Daß sie diese Angst überhaupt hat, ist ein zusätzlicher Beweis für ihre Gewissenhaftigkeit.

Man darf bei ihr auch Verschwiegenheit voraussetzen. Sie läßt sich nicht ausfragen. Ihre Reizbarkeit verleitet sie jedoch manchmal, sich vorschnell zu etwas zu äußern. Das, was man ihr einst anvertraute, wird davon jedoch nicht berührt. Frau E. ist im allgemeinen kontaktfreudig. Wenn sie sich mit jemandem nicht versteht, bleibt sie trotzdem höflich.

Klarheit im Denken und Ausdruck sowie die Fähigkeit zu analytischem Denken darf man ohne weiteres bei ihr voraussetzen. Ihr Ordnungssinn ist gut entwickelt, das gleiche gilt für ihre Kreativität. Sie hat offenbar auch Sinn für Künstlerisches. Es lassen sich auch Führungsqualitäten an ihr entdecken, obwohl sie dazu neigt, über jüngere Arbeitskollegen einfach zu verfügen.

Daß ihr Selbstbewußtsein Schwankungen unterworfen ist, dürfte mit größter Wahrscheinlichkeit private Gründe haben: Ihre Einsatzbereitschaft und Tüchtigkeit werden dadurch jedoch nicht beeinträchtigt.

Frau E. kann aber auch sehr eigenwillig sein. Hat sie sich einmal etwas in den Kopf gesetzt, ist es nicht leicht, sie wieder davon abzubringen. Dies ist die Kehrseite ihres festen Willens.

Frau E. legt großen Wert auf Gerechtigkeit. Das gilt auch für den Fall, daß es sich dabei nicht um sie selbst handelt. Sie kann sich auch energisch für andere einsetzen. An ihrer charakterlichen Integrität braucht man auf keinen Fall zu zweifeln.

Handschriftprobe

Ich bin im Moment auf der Suche nach
einem erfüllenden Job für die Zukunft.
5 Jahre war ich für ein...
Reisebüro in Italien tätig. Nun hat
es mich wieder in meine Heimat
zurückgezogen. Leider weiss ich nicht,
was ich nun hier für eine berufliche
Laufbahn einschlagen soll. Ich habe
im kaufmännischen Bereich meine Ausbildung gemacht, bin aber sicher, dass
ich keine einfache Sekretärinnen - Stelle
annehmen werde.

Analyse

Frau H., 26, Kauffrau

Aus der vorliegenden Schrift spricht eine überdurchschnittlich intelligente, charakterlich absolut integre und im Umgang sehr angenehme junge Frau. Sie hat eine rasche Auffassungsgabe, viel Phantasie und ein beneidenswert zuverlässiges Gedächtnis für Dinge, die sie brennend interessieren.

Für einen kaufmännischen Beruf ist sie von ihrer Veranlagung her nicht ohne weiteres geeignet. Nach graphologischen Ermessen hat sie den falschen Beruf gewählt. Das schließt in ihrem Fall freilich keineswegs aus, daß sie sehr gut rechnen und geschickt mit Zahlen umgehen kann.

Frau H. hat einen ausgeprägten Sinn für Farben, Formen, Gestaltung und alles »Schöne«, das jedoch nicht kitschig sein sollte. Sie liebt Bücher, und es liegt ihr sehr, ihre Kenntnisse an andere weiterzugeben. Sie ist sanft und gefühlsbetont und verfügt über ein gewisses Maß an Intuition. Streng logisches und analytisches Denken gehören nicht zu ihren besonderen Stärken. Hier muß aber eine Einschränkung gemacht werden: Der Beurteiler gewinnt nämlich den Eindruck, daß die Fähigkeit zu analytischem Denken bei Frau H. latent vorhanden ist und durch Übung zum Vorschein gebracht werden könnte.

Frau H. ist sowohl theoretisch als auch praktisch veranlagt. Obwohl Sie innerlich weich ist, kann sie auch bestimmt, beharrlich und ausdauernd sein. Sie ist sowohl physisch als auch psychisch gut belastbar. Der Graphologe kann ebenso am Schriftbild ablesen, daß Frau H. gewohnt ist, Verantwortung zu tragen. Sie wirkt nach außen hin sehr selbstbewußt. In manchen Situationen fehlt ihr aber das Vertrauen zu sich selbst. Dies kann physische oder psychische Gründe haben, behindert sie jedoch nicht in ihrer Lebensführung. Sie ist offenbar auch daran gewöhnt, damit zu leben.

Daß ihr Selbstbewußtsein vor allem in beruflicher Hinsicht zur Zeit etwas angekratzt ist, erkennt man an ihrer Unterschrift. Sie verfolgt im Moment keine klare Linie und kann sich schwer für eine bestimmte Sache entscheiden. Das ist verständlich und ihr gutes Recht; denn sie sucht heute einen Job für die Zukunft, der sie ausfüllt. Außerdem ist sie wohl der Meinung, daß ihre »Wanderjahre« nun zu Ende gehen sollten. Innerlich ist Frau H. – vor allem im Privatleben – stark auf Selbstschutz bedacht. Sie läßt niemanden ganz an sich heran. Ihr Durchsetzungsvermögen ist nicht sehr stark ausgeprägt. Trotzdem bekommt sie meist, was sie will. Ihr Nein ist auf jeden Fall ein Nein – sie läßt sich auf keine Diskussionen ein.

Im Mittelpunkt ihrer Gefühle, durch die ihr Verhalten weitgehend bestimmt wird, steht meistens sie selbst. Ihre Beziehungen zu anderen Menschen gehen meist nicht über flüchtige Bekanntschaften hinaus. Sie muß daher erst noch lernen, wie man feste Kontakte anknüpft und intensiv pflegt.

183

Handschriftprobe

Wie wir gerade besprochen, sende ich Dir den Zettel mit meiner Handschrift. Deine getreue Analyse hat mich sehr beschäftigt, da wohl alles stimmt.

Übrigens, danke, dass Du mir für ein paar Minuten Dein Gehör geschenkt hast.

Ich wünsche Dir noch eine gute Woche, alles Gute und verbleibe in der Hoffnung auf Dein Ergebnis, mit ganz herzlichen Grüßen

Analyse

Frau M., 55, Hausfrau

Frau M. ist überdurchschnittlich intelligent und intuitiv veranlagt. Über Themen, mit denen sie sich eingehend befaßt hat, spricht sie mit großem Sachverstand. Ihre Äußerungen sind bisweilen spitz, womit sie mögliche Einwände und Angriffe abwehren möchte. Ihre Schrift zeigt, daß sie kaufmännisch denken und sehr gut mit Zahlen umgehen kann.

Frau M. hat ein gutes Zeit- und Raumgefühl und ein entsprechend gutes Organisationstalent. Aber sie schätzt es nicht, sich finanziell einschränken und sparen zu müssen. Sie ist in Einklang mit sich selbst und läßt es sich gerne gutgehen. Sie liebt einen gewissen Luxus, aber ihr Herz hängt nicht daran. Sie kann überhaupt gut auf alles mögliche verzichten. Daneben ist sie aber auch eitel und geltungssüchtig. Die Schrift verrät einen ungewöhnlich stark ausgeprägten Gerechtigkeitssinn. Frau M. setzt sich entschlossen für andere Menschen ein und scheut nicht das Risiko, sich damit unbeliebt zu machen. Sie ist temperamentvoll.

Je nach Tagesform und Stimmung ist sie sehr fleißig oder legt Ruhepausen ein, in denen sie nachdenkt. Sie ist sehr gewissenhaft und zuverlässig, erwartet für eine gut gelöste Aufgabe allerdings auch eine Belohnung. Es liegt ihr viel daran, daß andere ihre Arbeit anerkennen und sie ausdrücklich dafür loben Ihre Zuverlässigkeit schätzt sie selbst als sehr hoch ein. Findet sie Anerkennung bei Personen, an denen ihr viel liegt, strengt sie sich noch mehr an.

Frau M. ist ziemlich dominant und hat Führungsqualitäten. Da sie nicht nur von sich, sondern auch von anderen viel verlangt, ist es sicher nicht ganz leicht, unter ihrer Regie zu arbeiten.

Frau M. meint, daß andere Menschen ihre Gefühle und Ansichten teilen müßten. Wenn sie merkt, daß dies nicht der Fall ist, ist sie enttäuscht oder sogar verstimmt. Stellt es sich später jedoch heraus, daß die anderen recht hatten, kann das ihr ansonsten gefestigtes Selbstbewußtsein für eine Weile erschüttern. Die Kritik von anderen kann sie verletzen, aber oft prallt diese einfach von ihr ab. Frau M. kennt nur ihre eigene Wahrheit. Sie wäre gut damit beraten, Meinungen, Ansichten und Urteile anderer Menschen, die den ihren widersprechen, nicht einfach als falsch abzutun. Sie sollte daran denken, daß sie nicht unfehlbar ist und sich deshalb auch täuschen kann. Mit diesem Eingeständnis könnte sie sich und anderen viel Ärger, Mißverständnisse und Streit ersparen. Sie ist nämlich sehr streitsüchtig. Was sie noch für eine interessante Diskussion hält, ist für ihre Gesprächspartner bereits eine peinliche Auseinandersetzung.

Das Schriftbild zeigt jedoch deutlich, daß Frau M. sich ihrer Streitsüchtigkeit bewußt ist und versucht, sie in den Griff zu bekommen. Sie hat wohl sehr schlechte Erfahrungen damit gemacht.

*H*andschriftprobe

Als Kleinkind zeigte ich Ansätze zum „Linkshänder".
Man liess nichts unversucht, mich umzuerziehen.
Mit ca. 9 Jahren lebte ich für etwa 1 Jahr in einer Pflege-
familie. Täglich musste ich ungefähr 1 Stunde Schreibübungen
machen. In der Zwischenzeit schrieb ich zwar rechts, aber dies
gelang mir nur indem ich das „Schreibwerkzeug" total verkrampft in den Händen hielt. Alle „Tafen" nützten nichts,
sobald ich mich unbeobachtet fühlte, schrieb ich wieder auf
meine Weise. Dies ist bis heute so geblieben.
Die Worte die ich jetzt schreibe, sind in der sogenannten Normal-
haltung geschrieben. Vielleicht ersehen Sie den Unterschied.
Nun aber wieder nach meiner Art den gewünschten obligatorischen
Satz.
Ich fahre morgen, am Muttertag und weil ohnehin Feiertag ist,
im Bananenwagen - es ist eine Monotonie - über Zürich und
Adliswil nach Hombrechtikon.

Analyse

Frau R., 35, Kauffrau

Aus der Schriftprobe geht hervor, daß Frau R. Linkshänderin ist. Für den Graphologen spielt dies jedoch keine Rolle. Er weiß nämlich, daß man nicht mit der Hand, sondern mit dem Kopf (genauer: mit der Psyche) schreibt.

Frau R. ist sehr aufmerksam und konzentrationsfähig. Fehler sind bei ihr die große Ausnahme. Sehr sicher und geschickt ist sie im Umgang mit Zahlen. Frau R. interessiert sich sehr für Medizin und Kunst. Sie würde sich wahrscheinlich für einen künstlerischen Beruf eignen. Denn obwohl sie heute kaufmännisch tätig ist, liegt ihr dies eigentlich nicht so sehr. Es fällt ihr nämlich doch schwer, selbständig kaufmännisch zu denken und zu urteilen. Dieses Manko gleicht sie jedoch durch ihre praktische Veranlagung und durch ihren gesunden Menschenverstand wieder aus. Sie lernt leicht und kann ihr Wissen gut in die Praxis umsetzen. Viele Dinge packt sie auf Anhieb richtig an.

Frau R. hat viel Phantasie. Nicht immer ist diese auf ihre Arbeit bezogen. Sie kann sich in Tagträumen verlieren und ist deshalb manchmal nur scheinbar ganz bei der Sache. Es ist ihr Geheimnis, wie sie es schafft, gleichzeitig in zwei Welten zu leben, ohne daß die Qualität ihrer Arbeit darunter leidet. Wahrscheinlich gelingt ihr das nur, weil sie ein ganz besonders gewissenhafter und auch pflicht- und verantwortungsbewußter Mensch ist. Und sie kann hart gegen sich sein. Ihr Pflichtbewußtsein ist zum Pflichtgefühl geworden. Das kann damit zusammenhängen, daß sie ein großes Bedürfnis nach Anerkennung hat. Besonders viel liegt ihr daran, von Menschen, die ihr wichtig sind, akzeptiert zu werden. Sie sollen merken, daß sie zuverlässig ist und dies auch entsprechend honorieren – nicht zuletzt finanziell. Sie ist aber auch bereit, dafür hart zu arbeiten und gute Leistungen zu erbringen.

Man liegt sicher nicht falsch, wenn man Frau R. als etwas berechnend bezeichnet. Sie taktiert geschickt, um einen möglichst guten Eindruck auf andere zu machen. Sie achtet auch sehr darauf, nirgends anzuecken.

Die Arbeit ist für Frau R. inzwischen wahrscheinlich zur Routine geworden. Sie erledigt vieles automatisch, ohne groß darüber nachzudenken. Es ist möglich, daß ihr Beruf sie nicht mehr genügend fordert. Trotzdem ist sie bemüht, ihre Arbeit so gut wie möglich zu machen. Sie kann Prioritäten setzen und weiß genau, wo ihre volle Aufmerksamkeit gefordert ist.

Sie betreut gerne andere Menschen. Ihr Interesse gilt aber mehr der Tätigkeit an sich und weniger den Menschen, denen sie ihre Zeit und Kraft widmet. Ihre Motivation bezieht sie vor allem aus der Tatsache, daß sie bei dieser Tätigkeit das Sagen hat. Sie hält gerne die Fäden in der Hand, verhält sich dabei aber oft egoistisch, wobei sie allerdings auch sehr soziale Züge hat.

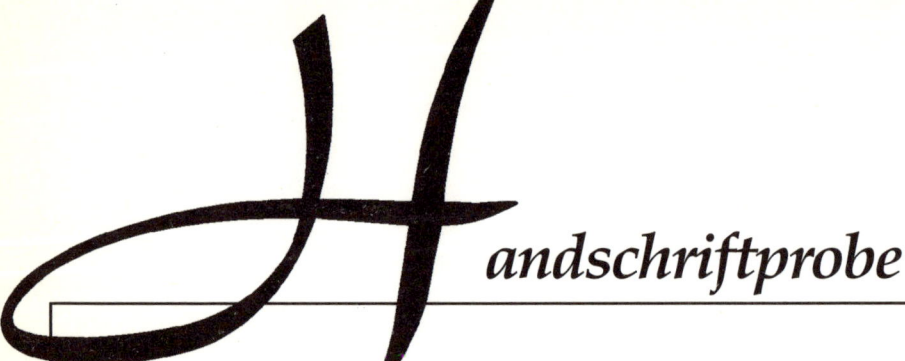

Handschriftprobe

Es waren nicht mehr nur meine
eigenen Steine, über die ich
stolpere - vielmehr benutzte
ich "meine" Brocken um mich
dahinter zu verschanzen.
Psychisch hing ich mit einer
Hand in einer Felswand.
Glücklicherweise ist mir in dieser
Phase niemand auf die
Finger getreten!
So gelangte ich nach und
nach wieder in gangbares
Gelände.
Fazit: habe meine psychische
Grenze kennengelernt. Träg-
heit und Dickhäutigkeit
haben dafür gesorgt, dass
die physische Kraft ausreichte.
Heute sind wir ein gutes Team.
Keine nimmt sich auf Kosten
der Anderen negative Freiheiten
heraus, aber jeder springt
für den Anderen ein, wenn
es die Situation erfordert.

Analyse

Frau S., 45, Krankenschwester

Frau S. ist sehr intelligent, praktisch veranlagt, realistisch sowie psychisch und physisch gut belastbar. Sie hat eine Reihe von schwierigen Jahren hinter sich, ist dadurch aber stärker geworden. Frei von Schwächen ist sie freilich nicht, wie wir im folgenden sehen werden.

Obwohl sie offenbar sehr viel weiß und eine gute Allgemeinbildung hat, kann man sie nicht wirklich als Intellektuelle bezeichnen. Frau S. handelt vorwiegend intuitiv und ist mit einem bemerkenswerten Kombinationsvermögen ausgestattet. Auch die Fähigkeit zum logischen Denken ist bei ihr stark ausgeprägt. Das alles weiß Frau S. selbst sehr gut, zumindest »ahnt« oder spürt sie es. Der Graphologe ist deshalb nicht überrascht, daß das Schriftbild auch die Neigung zu Eitelkeit, verbunden mit einem entsprechenden Geltungsbedürfnis, verrät. Diese Schwächen darf man jedoch nicht allzu streng bewerten, denn sie stehen in einem durchaus vernünftigen Verhältnis zu den Stärken von Frau S. Durch ihr Geltungsbedürfnis wird sie nämlich immer wieder zu neuen Handlungen angespornt.

Frau S. ist ganz besonders zuverlässig, gewissenhaft und verantwortungsbewußt. Daß sie gelegentlich eine heimliche Angst vor neuen Verpflichtungen hat, ist kein Widerspruch. Das ist ganz verständlich, wenn man bedenkt, daß sie sich ihrer Verantwortung nicht entzieht und neue Aufgaben mutig in Angriff nimmt. Frau S. hat Führungsqualitäten. Es gibt jedoch Situationen, in denen man nicht gut beraten ist, ihr zu widersprechen. Als autoritär kann man ihren Führungsstil zwar nicht bezeichnen, aber sie ist nicht allzu weit davon entfernt.

Die Schrift verrät mütterlich-fürsorgliche Züge. Es ist für sie sehr wichtig, viel mit Menschen zu tun zu haben. Um einiges jüngere Kolleginnen bemuttert sie gerne, wobei es freilich passieren kann, daß ihre Fürsorglichkeit in Bevormundung umschlägt. Das geschieht aber in bester Absicht, sie möchte ihren Mitmenschen nur helfen.

Frau S. hat überdies eine gute Beobachtungsgabe. Sie weiß über viele Dinge sehr viel besser Bescheid, als ihre Kollegen und Freunde vermuten. Für sie ist es wichtig, gut informiert zu sein, da sie sich dadurch sehr viel sicherer fühlt. Dazu kommt ihre natürliche Neugierde. An der Schrift kann man auch sehen, daß die vergangenen Jahre an Frau S. nicht spurlos vorübergegangen sind. Aufgrund eines früher offenbar vorhandenen Komplexes (Vaterkomplex?) ist sie heute noch leicht zu kränken. Wieder andere Schriftteile verraten, daß ihr Selbstbewußtsein ständig größeren Schwankungen unterworfen ist. Auch eine gewisse Reizbarkeit kann man an der Schrift ablesen. Frau S. neigt dazu, Ärger um des lieben Friedens willen hinunterzuschlucken. Sie bemüht sich jedoch, an sich zu arbeiten und ihre Schwächen in den Griff zu bekommen.

Handschriftprobe

Sehr geehrter Herr ...

Gerne möchte ich mich nochmals bedanken für die
Einführung in die Probleme und Arbeitsweise Ihres Betriebes.
Die modernen Einrichtungen und die zweckmäßige Gestaltung
der Arbeitsplätze haben mich beeindruckt und ich möchte
gerne verstehen, daß Sie mich als ernsthaften Anwärter
für den Posten des ... erwägen.

Mit freundlichen Grüßen

Analyse

Herr A., 36, Forschungsleiter

Herr A. ist überdurchschnittlich intelligent, vielseitig begabt, flexibel und verfügt über eine rasche Auffassungsgabe. Er ist wahrscheinlich nicht nur vielseitig gebildet, sondern weist auch interessante Spezialkenntnisse auf. Seine praktischen Fähigkeiten sind ebenfalls beeindruckend. Es ist offensichtlich, daß er die erforderlichen Voraussetzungen für seinen Beruf mitbringt. Die Schrift verrät ein manchmal schon fast kühn anmutendes Kombinationstalent. Sehr gut ist auch seine Beobachtungsgabe. Dem darf man hinzufügen, daß er auf gehobenem Niveau unternehmerisch denken und urteilen kann. Auf jeden Fall ist er als Forschungsleiter fähig und bereit, seine Arbeit an die wirtschaftlichen Gegebenheiten anzupassen.

Herr A. ist sehr kreativ, und es gehen interessante Impulse von ihm aus. Er achtet aber stets darauf, daß er sich bei allen Planungen und Entscheidungen auf Fakten und Erfahrungen stützt. Erst wenn er alles nachgeprüft hat, gibt er seinen Ideen »grünes Licht«. Über seine Aufgaben verschafft sich Herr A. stets einen klaren Überblick. Er ist ein guter Organisator und Koordinator, der seinen Blick auch in die Zukunft richtet. Obschon er stets darauf achtet, daß er sich nicht von seinem Wunschdenken leiten läßt, ist er nicht nur in jedem Fall übervorsichtig.

Man kann ihn als mutigen Menschen, der gerne die Initiative ergreift, bezeichnen. An Fleiß, Einsatzfreude, Gewissenhaftigkeit, Pflicht- und Verantwortungsgefühl mangelt es Herrn A. jedenfalls nicht. Über Herrn A. kann man weiterhin sagen, daß er auffallend kühl, nüchtern und von seinem Verstand geleitet ist. Er ist aber sehr kontaktfreudig und kann mit anderen Menschen gut zusammenarbeiten. Diese Fähigkeit wird durch seine Neigung, anderen zu mißtrauen, etwas eingeschränkt.

Es ist anzunehmen, daß Herr A. Vorgesetzte hatte oder hat, die ihm in bezug auf sein berufliches Weiterkommen zuviel versprochen haben. Dadurch ist Herr A. etwas empfindlich und vorsichtig geworden. Gelegentlich ist er auch ein wenig pessimistisch, wenn er an seine berufliche Zukunft denkt. Ein neuer Arbeitgeber muß wohl damit rechnen, daß Herr A. ihm zunächst mit gewissen – wenn auch verborgenen – Vorbehalten begegnet, bis er erkennt, daß sie nicht angebracht sind. Die Führungsqualitäten von Herrn A., die von seiner Persönlichkeit mitgetragen werden und nicht nur auf seiner fachlichen Qualifikation beruhen, lassen nichts zu wünschen übrig. Herr A. ist darauf bedacht, wichtige Aufgaben selbst zu erledigen und sie nicht anderen zu übertragen. Er geht davon aus – und gibt dies anderen auch so zu verstehen –, daß niemand die Dinge mit der gleichen Zuverlässigkeit erledigt wie er selbst. Es ist nicht auszuschließen, daß der eine oder andere seiner Mitarbeiter sich dadurch diskriminiert fühlt.

Handschriftprobe

... für einen Betriebschemiker.... für den Bereich Verfahrenstechnik. Ich bewerbe mich für diesen Posten. Zur Zeit absolviere ich das ... Semester an der Ingenieurschule...

Im Herbst 19.. schliesse ich das Studium mit der Diplomarbeit auf dem Gebiet Verfahrenstechnik / Reaktionstechnik ab. Ein Stellenantritt käme somit auf November 19.. in Frage.

Gerne komme ich zu einem persönlichen Gespräch vorbei.

Mit freundlichen Grüssen

Analyse

Herr C., 27, Chemiestudent

Die uns vorliegende Schrift verrät eine durchschnittliche bis gute Begabung für praktische Dinge. Herr C. kann selbstständig denken, was sich im Studium eher zeigt als im privaten Bereich. Außerdem sind sein Abstraktionsvermögen und seine Intuition auffallend. Es wäre aber übertrieben, wollte man ihm anhand seiner Schrift auch eine schöpferische Ader nachweisen. Seine Stärken liegen auf jeden Fall nicht im theoretischen, sondern im praktischen Bereich. Wenn es sich etwa darum handelt, Laborergebnisse in die Praxis umzusetzen, dürfte Herr C. dafür der ideale Mann sein. Ob er auch dafür geeignet ist, bestehende Technologien zu überprüfen und Fabrikationsvorschriften zu erstellen, hängt davon ab, ob dabei seine Kreativität gefordert ist. Sie ist nicht gerade beeindruckend.

Herr C. ist realistisch in seiner Betrachtungsweise, zeigt Voraussicht und Weitblick. Innerhalb der schon skizzierten Grenzen ist Herr C. durchaus als selbständig zu bezeichnen.

Er ist im Grunde genommen zuverlässig, auch wenn sein deutlich ausgeprägtes Pflichtgefühl nicht immer zu erkennen ist. Das könnte daran liegen, daß er heute als Student manche seiner Aufgaben für überflüssig oder wenig sinnvoll hält. Es ist trotzdem denkbar, daß er im Berufsleben in Zukunft gewissenhafter und pflichtbewußter sein wird, als er es heute ist.

Herr C. ist belastbar. Wenn er eine interessante Aufgabe hat, kann er zäh und beharrlich sein. Sein Verhalten gegenüber seinen Mitstudenten und Dozenten ist in der Regel korrekt. Von seiner Veranlagung her ist Herr C. eher kühl und vom Verstand geleitet. Da er jedoch weder hart noch rücksichtslos ist, kann man sein Verhalten als angenehm sachlich bezeichnen.

Sein Verhältnis zu seinen Mitstudenten ist gut, jedoch nicht sehr persönlich. Er ist wohl vorrangig darauf bedacht, seine beruflichen Ziele zu erreichen.

Im Berufsleben schlägt Herr C. gelegentlich auch kritische Töne an. Vor allem dann, wenn er meint, bestimmte Dinge durchsetzen oder sich wehren zu müssen.

Manchmal übertreibt er es etwas mit seiner Kritik. Er beabsichtigt jedoch nicht, andere Menschen damit zu ärgern oder zu kränken.

Herr C. ist ein aktiver Mensch, von dem oft die Initiative ausgeht. Er ist sicher in seinem Auftreten und kann sich in seinem Studium selbst verwirklichen.

Herr C. sollte lediglich etwas pflichtbewußter sein. Es ist ziemlich wahrscheinlich, daß seine Kreativität sich mit der Zeit stärker entfaltet.

Handschriftprobe

der Aufgaben und Aufschwerschnitt und vor allem auch der dazu notwendigen Anlagen entwickelt. Unsere Arbeit beginnt mit dem Erkennen von Marktbedürfnissen und endet mit der Markteinführung neuer Produkte. Kosten- und Terminkontrolle während der Entwicklung sind ein wichtiger Teil unserer Aufgabe.

Da ich und zur Zeit durch andere Umstände, die ich Ihnen gegebenenfalls gerne näher erläutere, in meiner beruflichen Weiterentwicklung beeinträchtigt fühle, sehe ich mich nach Alternativen um. Es würde mich deshalb freuen, die ausgeschriebene Position näher kennen zu lernen.

Analyse

Herr E., 39, Chemiker

Herr E. ist impulsiv, immer in Bewegung und kann andere Menschen mitreißen.

Er hat eine rasche Auffassungsgabe, die es ihm ermöglicht, auch schwierige Zusammenhänge zu begreifen. Er hat ein beneidenswert zuverlässiges Gedächtnis und kann abstrakt denken. An eigenen Ideen mangelt es ihm nicht, da er sehr kreativ ist. Leider äußert er seine Ideen nicht immer so unbefangen und selbstsicher, wie man es von ihm erwarten würde. Seine Angst vor einer möglichen Blamage ist nämlich so groß, daß er lieber schweigt und deshalb oft unterschätzt wird. Wenn eine Kollege einen Vorschlag in die Diskussion einbringt, der eigentlich von Herrn E. stammt, macht sich dieser dann Vorwürfe, nicht selbstbewußt genug gewesen zu sein. Was auch immer ihn davor zurückhalten mag, mutig seine Ansichten zu vertreten: Es muß sich aus seiner Sicht um etwas wirklich Schlimmes handeln. Seine Schrift weist nämlich Merkmale auf, die darauf hindeuten, daß Herr E. sich sehr entmutigt fühlt.

Interessanterweise zeichnet sich Herr E. nicht durch analytisches Denkvermögen, das man von einem Chemiker erwarten dürfte, aus.

Dafür hat er andere Qualitäten: So können zum Beispiel sehr interessante Impulse von ihm ausgehen. Es würde ihm jedoch bestimmt helfen, wenn andere ihm zu verstehen geben würden, daß niemand Wunder von ihm erwartet. So könnte man seiner Angst vor einer Blamage vielleicht entgegenwirken. Herr E. hat viele Vorzüge, die ihn in seinem Beruf sicherlich weiterbringen werden. Obwohl er den Beruf eines Kaufmanns nie gelernt hat, kann er doch selbständig kaufmännisch denken, argumentieren und handeln. Darüber hinaus hat er einen ausgeprägten Sinn für Zahlen.

Seine Führungsqualitäten muß man in Verbindung mit dem übrigen Befund etwas relativieren. Sie werden durch seine Impulsivität und Reizbarkeit abgeschwächt. Er sagt nicht immer was ihn an anderen Menschen stört. Er kann heftige Antworten, die seiner Meinung nach fällig wären, auch einmal hinunterschlucken. Aber das führt nur dazu, daß sich negative Gefühle in ihm anstauen und sich irgendwann einmal gewaltsam entladen. Seine Mitarbeiter sollten deshalb nicht zu zart besaitet sein. Sie werden jedoch bald merken, daß Herr E. es meistens nicht so böse meint, wie es sich anhört. Wenn sie das herausgefunden haben, werden sie gut mit ihm auskommen.

Herr E. ist gewissenhaft, pflichtbewußt und kann Wichtiges von Unwichtigem unterscheiden. Da er zügig arbeiten kann, gerät er normalerweise nicht unter Zeitdruck. Trotzdem sollte er lernen, bestimmte Dinge zu delegieren, denn wichtige Dinge erledigt er grundsätzlich selbst. Seine Mitarbeiter bekommen dadurch das Gefühl, daß er ihnen nicht genügend zutraut.

*H*andschriftprobe

Für weiche Wäsche: Gewebe-Veredler

Weshalb eigentlich braucht die Hausfrau heute
für Ihre Wäsche sogenannte Gewebeveredler,
früher war das doch nicht nötig?
Die eben gewaschene Wäsche ist wohl makellos
sauber, strahlend weiss und die Farben sind erst
leuchtend frisch. Dennoch sind Sie nicht voll
zufrieden.

Analyse

Herr G., 32, Techniker

Herr G. ist ein recht intelligenter und beruflich erfolgreicher Mann. Er kann sich durchsetzen und versteht es, sich gut zu »verkaufen«. Das läßt sich an der Unterschrift erkennen, die ja den »Berufsmenschen« und die im Beruf angestrebte Geltung widerspiegelt. Sie hat sehr viel mehr Schwung, Format und »Gewicht« als die Mitteilungsschrift. Da die Mitteilungsschrift aber gewissermaßen das »wahre Gesicht« des Menschen verrät, muß man daraus folgern, daß das, was Herr G. in seinem Beruf darstellt, etwas übersteigert und »gewollt« ist. Fachlich ist er zweifellos kompetent. Alles, was mit Technik zu tun hat, liegt ihm sehr. Er kann eigenverantwortlich arbeiten und wird auch mit unerwarteten Schwierigkeiten alleine fertig.

Man kann Herrn G. ohne weiteres bescheinigen, daß er ein fleißiger und gewissenhafter Mensch ist. Allerdings weist er in Diskussionen manchmal zu sehr auf seine Kenntnisse hin, die er sich im Laufe der Zeit angeeignet hat. Auch seine Diplome bringt er immer wieder ins Gespräch. Dabei läuft er Gefahr, sich selbst und sein Wissen zu überschätzen.

Herr G. ist zwar praktisch veranlagt, aber es gelingt ihm doch nur innerhalb bestimmter Grenzen, sein Fachwissen in die Praxis umzusetzen. In diesem – aber auch in manchen anderen Punkten (siehe Unterschrift) – kann man ihn leicht überschätzen.

Herr G. strebt eine leitende Position an, wobei er sich als Vorbild für seine Mitarbeiter sieht. Ob er eine solche Position je einnehmen wird, ist fraglich. Seine beruflichen Qualifikationen reichen dafür – zumindest im Moment – nicht aus.

Er wäre höchstens dazu befähigt, eine kleinere Abteilung zu führen. Sie müßte jedoch aus Mitarbeitern bestehen, die weniger qualifiziert sind als er und ihn aufgrund seines größeren Wissens, seiner praktischen Erfahrung und seines Auftretens respektieren. Für eine noch höhere Führungsposition bringt Herr G. hingegen nicht die erforderlichen Voraussetzungen mit. Er ist zudem etwas wortkarg und wird leicht ungeduldig. Da er verschiedene Arbeitsabläufe auch nicht gut miteinander koordinieren kann, muß man ihm von einer leitenden Position eher abraten.

*H*andschriftprobe

Produktionsleiter

Sehr geehrte Herren.

Als Beilage sende ich Ihnen meine Bewerbungsunterlagen.
Da meine bisherige Tätigkeit sehr gut dem Anforderungsprofil
entspricht, hat Ihr Inserat sofort mein Interesse geweckt.

An meiner jetzigen Stelle bin ich noch bis Ende Monat
in der Probezeit, sodass ein rascher Wechsel möglich ist.

Gerne erwarte ich Ihren Bescheid.

Mit freundlichen Grüssen

Analyse

Herr H., 39, Produktionsleiter

Bei der Untersuchung der vorliegenden Schrift muß zwischen dem Grundcharakter einerseits und situationsabhängigen Reaktionen andererseits unterschieden werden.

Herr H. ist überdurchschnittlich intelligent und bringt die erforderlichen Voraussetzungen für eine gehobene berufliche Position mit. Er lernt mühelos, auch wenn es sich um schwierige Themen handelt. Er ist vielseitig begabt und kann analytisch denken. Mit Zahlen geht er ganz besonders sicher und geschickt um. Er kann selbständig kaufmännisch denken und argumentieren. Herr H. ist intuitiv veranlagt, beobachtet aufmerksam und ist immer bereit, dazuzulernen.

Die Arbeit ist für Herrn H. inzwischen wahrscheinlich zur Routine geworden. Er erledigt vieles automatisch, ohne groß darüber nachzudenken. Es ist möglich, daß sein Beruf ihn nicht mehr genügend fordert. Trotzdem ist er bemüht, seine Arbeit so gut wie möglich zu machen.

Herr H. ist ein fleißiger, einsatzfreudiger, sehr gewissenhafter, pflicht- und verantwortungsbewußter Mann. Wenn er sich für etwas einsetzt, tut er dies voll und ganz. Auf andere kann er dabei ziemlich arrogant und rechthaberisch wirken. Der Graphologe erkennt jedoch am Schriftbild, daß Herr H. sich meist erst nach reiflicher Überlegung für eine bestimmte Sache einsetzt.

Herr H. ist es gewohnt, Verantwortung zu tragen. Er ist beruflich sehr engagiert, legt aber auch großen Wert darauf, sein Privatleben nicht zu vernachlässigen. Dies um so mehr, da er erkannt hat, daß sein Verhältnis zu einigen Familienmitgliedern gestört ist. Wahrscheinlich hat er sich in der Vergangenheit nicht genügend um seine Familie gekümmert, was ihn heute stark belastet. Mit manchen Familienmitgliedern versteht er sich so schlecht, daß er dazu neigt, genau das Gegenteil von dem zu sagen oder zu tun, was sie sagen oder tun.

Und doch ist er seit langem um gute persönliche Kontakte bemüht. Das muß man anerkennen, denn leicht fällt es ihm nicht. Es ist eine angenehme Mischung aus Gefühl und Verstand, die sein Verhalten in der Regel bestimmt, wobei der Verstand eher überwiegt.

Das Selbstbewußtsein von Herrn H. ist starken Schwankungen unterworfen. Außerdem ist er mißtrauisch und auf Selbstschutz bedacht. Es ist möglich, daß er irgendwann einmal sehr gedemütigt wurde und deshalb Probleme hat, sich anderen anzuvertrauen.

Obwohl seine Kontaktfreudigkeit auf Selbstdisziplin zurückzuführen ist, ist Herr H. durchaus in der Lage, Teamgeist zu beweisen. Er ist nämlich bereit, das zu tun, was man von ihm erwartet. An gutem Willen mangelt es ihm nicht. Es würde ihm sicher sehr helfen, wenn man ihm zu verstehen gibt, daß man keine Wunder von ihm erwartet.

Handschriftprobe

Zwischen dem Chemiker... und dem...
Chemiker sind eindeutig, vom Bildungsweg herrührende
Unterschiede gegeben. So wird der...
wegen seinen breiten Kenntnissen vor allem in der
Forschung eingesetzt, während der Chemiker.. sein
Betätigungsfeld aufgrund der praktischen Erfahrung, der
Berufslehre und dem an einer... vermittelten soliden
mathematischen, physikalischen, chemischen und ver-
fahrenstechnischen Fundament vorwiegend in Richtung
Verfahrenstechnik und Betrieb findet. Es ist klar, dass
es auf den dazwischen liegenden Gebieten und aufgrund
von persönlichen Neigungen zu Überschneidungen kommt.

Analyse

Herr L., 29, Ingenieur

Die Schriftprobe zeigt, daß Herr L. versucht hat, möglichst schön zu schreiben. Daran kann man eine gewisse Unaufrichtigkeit erkennen: Herr L. versucht, sich positiver darzustellen, als er eigentlich ist.

Herr L. ist durchschnittlich intelligent. Seine Ausbildung hat er mit Eifer und Interesse absolviert. Neben einer guten Allgemeinbildung dürfte er heute auch solide berufliche Kenntnisse haben. Besonders kreativ ist Herr L. jedoch nicht. Er wendet das Gelernte zwar gewissenhaft an, weicht jedoch nur selten vom vorgegebenen Pfad ab. Im Berufsleben ist er auf genaue Instruktionen angewiesen, um einigermaßen zügig arbeiten zu können. Eigene neue Ideen hat Herr L. kaum; wenn doch, hält er sie nicht für gut. Bei seiner Arbeit geht er also über die Anwendung des Gelernten nicht hinaus. Es fällt jedoch auf, daß die Unterschrift, die ja den »Berufsmenschen« widerspiegelt, eigenwilliger und gewandter aussieht als die Mitteilungsschrift, die das »wahre Gesicht« des Menschen verrät. Man kann also davon ausgehen, daß Herr L. es gelernt hat, sich im Beruf selbstsicherer und gewandter zu geben, als er tatsächlich ist. Bei einem Vorstellungsgespräch wird er einen so positiven Eindruck machen, daß man seine Fähigkeiten zunächst überschätzen wird.

Was seine Arbeit betrifft, so ist Herr L. meist peinlich genau, sehr gewissenhaft und pflichtbewußt. Darauf weist er andere immer wieder hin. Am Schriftbild kann man jedoch erkennen, daß Herr L. in Wirklichkeit nur ein recht schwach entwickeltes Selbstbewußtsein hat. Er glaubt daran, daß er anderen in geistiger Hinsicht unterlegen ist. Seine Genauigkeit und Gründlichkeit haben die Nebenfunktion, seine geistige Schwerfälligkeit zu verbergen.

Herr L. ist gefühlsbetont und bemüht sich sehr um Kontakte zu anderen Menschen. Er legt Wert auf eine gute Zusammenarbeit und korrektes Verhalten. Aber er ist, auch wenn das einigen anderen Feststellungen zu widersprechen scheint, nicht sehr aufrichtig. Zum Teil liegt das daran, daß er sich selbst belügt. Er möchte daran glauben, daß seine Gründlichkeit und seine übertriebene Sorgfalt persönliche Eigenschaften sind. Damit macht er sich selbst und anderen etwas vor. Darüber hinaus ist Herr L. ziemlich verklemmt und verkrampft.

Die Merkmale, die auf Führungsqualitäten hinweisen, sind in seiner Schrift nur schwach ausgeprägt. Über seine beruflichen Perspektiven kann man nicht allzu viel sagen. Herr L. wird mit der Zeit immer mehr Erfahrungen sammeln, die ihm in seinem Beruf zugute kommen werden. Seine menschlichen Schwächen werden ihm auf dem Weg nach oben jedoch immer wieder in die Quere kommen.

Handschriftprobe

Der Bericht der drei "Weisen" untersucht zuerst einmal die Wachstumsperiode 1950 – 1973 und versucht die Gründe des Wachstums und der damaligen zunehmenden Inflation aufzuzeigen und daraus auch Lehren für die Zukunft zu ziehen.

In einem zweiten Abschnitt analysieren die Experten den regessiven Einbruch der Jahre 1974/1976. Es wird unterschieden zwischen weltweiten Faktoren, von denen unter anderem auch die Schweiz berührt worden ist, und zwischen spezifisch helvetischen Faktoren: Krise der Bauwirtschaft, strukturelle Anpassungsprobleme. Die Experten gelangen zur Schlussfolgerung, der Prozeß der Umstrukturierung werde Ende 1977 im wesentlichen abgeschlossen sein. Ein Wachstum (langsamer als früher) auf konsolidierter Grundlage werde möglich sein.

Analyse

Herr L., 30, Laborchef

Neben einer raschen Auffassungsgabe, einem guten Kombinationsvermögen sowie einem ausgeprägten Beobachtungstalent verfügt Herr L. auch über die Fähigkeit zu analytischem Denken. Man kann am Schriftbild erkennen, daß Herr L. mit seinem bisherigen Werdegang allerdings nicht ganz zufrieden ist. Beruflich hat er zwar einiges erreicht, aber er möchte noch weiterkommen.

Aus graphologischer Sicht gewinnt man den Eindruck, daß Herr L. die Schwierigkeiten, denen er sich ausgesetzt sieht, überschätzt. Er hat nämlich ein gutes Vorstellungsvermögen und kann logisch denken. Ganz wesentlich ist die Feststellung, daß er trotz seines langen Studiums keineswegs ein reiner Theoretiker ist. Er wird seine Arbeit schon nach kurzer Zeit richtig einschätzen und sich als realistisch in seiner Betrachtungsweise erweisen. Und es wird ihm dann auch gelingen, seine theoretischen Kenntnisse in die Praxis umzusetzen.

Herr L. ist ein fleißiger, sehr gewissenhafter, pflichtbewußter und integrer Mann. Es fällt jedoch auf, daß er sehr kühl veranlagt ist und kaum Gefühle zeigt. Im Berufsleben wird ihm das sicher als angenehme Sachlichkeit ausgelegt, zumal er auch sehr korrekt ist.

Herr L. hat auch Führungsqualitäten, die auf seinem pädagogischen Geschick und seiner fachlichen Qualifikation beruhen. Allerdings konzentriert er sich zu sehr auf seine beruflichen Ziele und neigt dazu, darüber seine Mitarbeiter zu vernachlässigen. Es kommt hinzu, daß er ziemlich leicht ungeduldig werden kann. Seine Arbeit dürfte ihn in letzter Zeit sehr gefordert haben.

Es fällt auf, daß Herr L. ziemlich mißtrauisch und unsicher ist, was seine Beziehungen zu anderen Menschen belasten kann. Gerade weil er noch wenig Berufserfahrung hat, befürchtet er, man könnte ihm Fallen stellen, ohne daß er dies rechtzeitig bemerken würde. Andererseits ergreift er oft die Initiative und wagt sich mutig auch an größere Aufgaben heran. Kurz: Herr L. ist in fast jeder Hinsicht für eine gehobene Position geeignet.

Handschriftprobe

Herr F... L... verpflichtet sich, dass er nicht nur während der Dauer des Dienstverhältnisses, sondern auch nachdem er aus irgend einen Grunde aus dem Dienst unserer Gesellschaft ausgetreten ist, über alle Geheimnisse oder andere wichtige geschäftliche Tatsachen, insbesondere solche, die eventuell für die Konkurrenz von technischen, kommerziellen oder administrativen Gesichtspunkte aus von Bedeutung sein könnten oder deren Verbreitung auf andere Weise die Interessen unseres Unternehmens schädigen könnte, gegenüber jedermann allzeit unverbrüchliches Stillschweigen zu bewahren.

Analyse

Herr L., 31, Techniker

Herr L. ist ein gutwilliger und auch freundlich gesinnter Mann. Man sieht, daß er sich seine Kenntnisse schwer erarbeiten mußte. Noch heute gibt es Aufgaben, deren Lösung ihm schwerfällt. Um sich dadurch nicht entmutigen zu lassen, pflegt er sein mühsam erworbenes Selbstbewußtsein, das er gerade in heiklen Situationen etwas zu stark herausstellt. Mit dem bisher Erreichten ist er nicht wirklich zufrieden, was er aber nicht eingestehen würde. Er wird immer nach sachlichen Begründungen suchen, mit denen er seine Schwächen überdecken kann.

Daß er ein guter Techniker geworden ist, ist nicht zu bezweifeln. Allerdings fühlt er sich in der Rolle des »Befehlsgebers« wohler als in der des Befehlsempfängers. Er delegiert die anfallenden Arbeiten immer so geschickt, daß er selbst stets sehr beschäftigt wirkt, es aber nicht wirklich ist. So kann ihn jedoch niemand einen Drückeberger nennen. Es gelingt ihm immer wieder, Termine einzuhalten und für einen reibungslosen Arbeitsablauf zu sorgen. Dies geschieht manchmal auf eine etwas umständliche Art und Weise, aber es funktioniert. Manchmal übernimmt er Aufgaben, denen er eigentlich nicht gewachsen ist. Dadurch wird er zu Notlügen gezwungen, die aber leicht zu durchschauen sind.

Herr L. kann Vertrauliches zwar für sich behalten, durch sein etwas wichtigtuerisches Verhalten lenkt er aber oftmals die Aufmerksamkeit der anderen auf sich und sein »Geheimnis«.

Er hat im Laufe der Zeit Führungsqualitäten entwickelt. Er versteht es auch, seinen Mitarbeitern am Objekt zu demonstrieren, wie etwas gemacht werden muß. Es gelingt ihm aber nicht immer, natürliche Autorität auszustrahlen. Er ist sich dieser Schwäche anscheinend bewußt, da er sich immer wieder als kreativer und wagemutiger Mensch zeigen möchte, der er im Grunde gar nicht ist. Er zeigt aber stets großen Arbeitseifer, was seinen Arbeitgeber gewiß für ihn einnehmen wird. Daß er jedoch niemals besonders schnell arbeiten wird, muß auch gesagt werden. Er ist sich seines Könnens und seiner Aufgabe nicht immer ganz sicher, wodurch er oft in Verlegenheit gerät.

Herr L. ist redlich, solide und ehrlich. Er möchte sich aber nicht unbedingt in eine größere Gemeinschaft (zum Beispiel in eine Firma) einfügen. Er hat schon heute den Gedanken im Hinterkopf, sich später einmal selbständig zu machen.

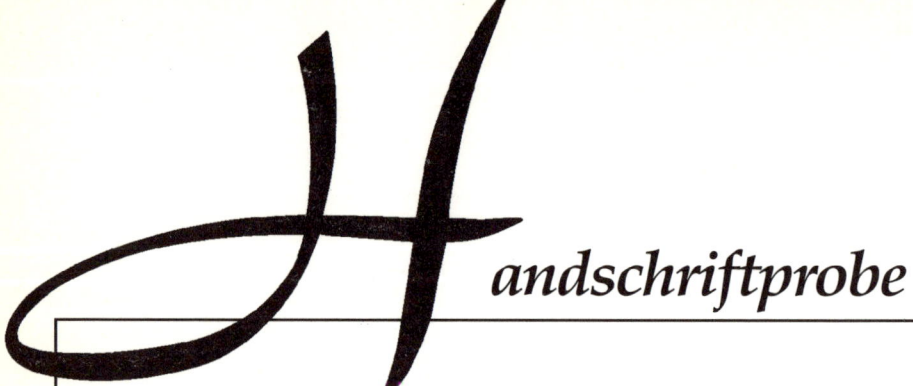

Handschriftprobe

Sehr geehrter Herr...

Ich nehme höflich Bezug auf unsere
Besprechung im Juli dieses Jahres, worin
Sie mich baten Ihnen eine Hand-
schrift-Probe zu geben.
Ich bin dieser Aufforderung sehr gerne
nachgekommen und überreiche Ihnen
hiermit das gewünschte Schriftstück.

Mit freundlichen
Grüssen

Analyse

Herr M., 24, Kaufmann

Herr M. ist tüchtig und intelligent, weist jedoch eine lückenhafte Allgemeinbildung auf.

Er hat eine rasche Auffassungsgabe, vor allem für praktische Dinge, und ist ein sehr guter Beobachter. Manchmal hat er Konzentrationsschwierigkeiten, die zu Flüchtigkeitsfehlern führen können. Aber das ist mehr die Ausnahme als die Regel. Herr M. kann kaufmännisch denken, sollte seine Kenntnisse auf diesem Gebiet jedoch noch erweitern. Es mangelt ihm an Voraussicht und mehr noch an Weitblick. Vorerst sind nur kurz- oder mittelfristige Projekte bei ihm in guten Händen; für längerfristiges Planen und Organisieren braucht er noch die Unterstützung seiner Vorgesetzten.

Herr M. ist realistisch, gut belastbar und kann sich gut durchsetzen. Seine Führungsqualitäten müssen allerdings noch entwickelt werden. Man kann sich gut vorstellen, daß Herr M. von seiner Veranlagung her gut geeignet wäre, später eine kleinere Abteilung zu leiten. Aber bis jetzt hat er noch keinen eigenen Führungsstil entwickelt, was auf seine Jugend zurückzuführen ist. Herr M. traut sich auch noch nicht zu, eine Abteilung zu leiten. Dazu fehlt ihm die nötige Gelassenheit. Er ist sehr unsicher und meint oft, sich verteidigen zu müssen. Herr M. geht davon aus, daß seine Mitarbeiter ihn vielleicht nicht als Vorgesetzten akzeptieren würden. Trotzdem hat Herr M. sich vorgenommen, seine Ziele mit festem Willen und Engagement zu verfolgen. Es kann ihm dabei natürlich passieren, daß er versucht offene Türen einzurennen. Herr M. weiß wahrscheinlich, daß er leichtgläubig ist und deshalb Gefahr läuft, auf Notlügen und faule Ausreden seiner Mitarbeiter hereinzufallen. Er sollte deshalb etwas wachsamer sein.

Seine Kontaktfreudigkeit läßt noch zu wünschen übrig. Herr M. legt viel Wert darauf, seine beruflichen Pläne zu verwirklichen. Da er besonders gewissenhaft und pflichtbewußt ist, wird ihm dies wahrscheinlich nicht schwerfallen. Seinen Mitarbeitern schenkt er jedoch nicht immer die gewünschte Aufmerksamkeit. Auch die Zusammenarbeit mit seinen Kollegen klappt noch nicht besonders gut. Herr M. kennt jedoch seine Schwachpunkte und ist bereit, an sich zu arbeiten. Manchmal ist er auch zu direkt und dadurch ungewollt taktlos. Aber er ist anständig, hat die besten Absichten und neigt zur Anhänglichkeit.

Handschriftprobe

Bisher wurde gezeigt, dass die Wahl des richtigen Führungsstils eine wesentliche Erfolgskomponente für die kooperative Erreichung der Unternehmungsziele darstellt. Insbesondere muss ein partizipativer Führungsstil dort eingesetzt werden, wo komplexe unstrukturierte Probleme zu lösen sind und wo die Identifikation aller Beteiligten mit dem Entscheid eine wesentliche Voraussetzung für die Realisierung der festgelegten Massnahmen darstellt.

In diesem Sinne kann man zuerst generell festhalten, dass in modernen Industriegesellschaften und hier wiederum in einer differenzierten und vielfältig spezialisierten Grossunternehmung die partizipative Führung weder als Mode-Erscheinung noch als blosse Konzession an Human Relations-Gedankengut oder an politische Strömungen anzusehen ist. Vielmehr stellt sie eine notwendige Grundeinstellung dar, die sich aus der Gesamtsituation heraus ergibt.

Analyse

Herr P., 28, Personalsachbearbeiter

Herr P. verfügt über eine rasche Auffassungs- und eine recht gute Kombinationsgabe, und er ist in der Lage, logisch zu denken. Es fällt auf, daß er vielseitig interessiert ist. Auf seine Intuition will er sich jedoch nicht verlassen: Er hält sich noch zu sehr an die Meinung anderer. Damit begrenzt er den Spielraum seiner Entscheidungen, wie er auch zu selten seine Gedanken und Ideen äußert.

Dazu paßt, daß er sein Handeln und Verhalten zu sehr von anderen abhängig macht. Er möchte alles gut erledigen, nirgends anecken und die Menschen möglichst »richtig« behandeln. Gleichzeitig versucht er natürlich, unverkrampft und selbstbewußt zu wirken. Das gelingt ihm aber nicht so recht. Er ist innerlich oft so angespannt, daß er sich für eine Weile von anderen Menschen zurückzieht. Das hindert ihn jedoch nicht daran, sich stets um andere Menschen zu bemühen.

Außerdem hat Herr P. pädagogische Begabung. Fleißig ist er, und man kann ihn als einen ganz besonders gewissenhaften und auch pflicht- und verantwortungsbewußten Menschen bezeichnen. Er hat Führungsqualitäten, in die er jedoch kein allzu großes Vertrauen hat. Die Möglichkeit, daß er früher Erzieher oder Vorgesetzte hatte, die ihn in seiner freien Entfaltung behindert haben, ist nicht auszuschließen. Zudem versucht er, mit sich selber zufrieden zu sein.

Dabei wirkt er manchmal etwas zu selbstzufrieden. Er kann nach graphologischem Ermessen leisten, was heute als Personalsachbearbeiter und später als Personalchef von ihm erwartet wird. Es wäre aber wirklich zu begrüßen, wenn er etwa drei Jahre Zeit hätte, um in die Aufgabe hineinzuwachsen. Es ist natürlich eine Frage des Ermessens, ob man einen innerlich so unfreien und verkrampften Mann als Personalchef will. Aber an seiner Gutwilligkeit und seiner grundsätzlichen Eignung für diesen Beruf braucht man nach graphologischem Ermessen nicht zu zweifeln. Da Herr P. erst 28 Jahre alt ist, wird er sich persönlich sicherlich weiterentwickeln.

Handschriftprobe

In erster Stelle möchte ich Ihnen und Ihren
Herrn . . . danken für die Zeit und Mühe
die Sie mir zur Verfügung gestellt haben.
Mit diesem Schreiben bekräftige ich meinem
Interesse an die von Ihnen ausgeschriebenen
Funktion der EDV-Leiter.
Ich rechne fest damit, dass Ihre und meine
Erwartungen an diese Funktion von mir zur
beider Zufriedenheit erfüllt werden kann.
Unser nächstes Gespräch sehe ich in diesem
Sinne voll Vertrauen entgegen und hoffe das
wir dann die sozialen Aspekten besprechen
können.
Ich hoffe mit diesem Schreiben Ihren Wunsch
folge geleistet zu haben und verbleibe

mit freundlichen Grüsse

Analyse

Herr R., 29, EDV-Spezialist

Herr R. ist intelligent, praktisch veranlagt und interessiert sich sehr für seinen Beruf. Er hat eine rasche Auffassungs- und eine gute Kombinationsgabe. Sehr ausgeprägt ist sein Sinn für Zahlen. Weil er sehr kühl und sachlich ist, liegt ihm die EDV-Materie wirklich sehr. An der Schrift kann man erkennen, daß er sein ursprünglich schwach ausgebildetes analytisches Denkvermögen intensiviert hat. Er denkt heute auf jeden Fall viel analytischer als früher, wobei freilich auffällt, daß er in der Zwischenzeit noch kühler und sachlicher geworden ist. Wünschenswert wäre es, wenn er sich als EDV-Leiter nicht dazu veranlaßt sähe, ständig neue Ideen vorzuweisen. Dies ist nämlich eine seiner größten Schwächen. Gewiß: Er hat Ideen und beweist sehr viel Kreativität. Bedauerlich ist nur, daß er anderen damit imponieren möchte. So zwingt er sich dazu, sich ständig etwas Neues einfallen zu lassen – selbst wenn dies gar nicht nötig wäre. Dabei müssen seine Ideen nicht einmal besonders gut sein. Wichtig ist für ihn nur, daß er die Dinge anders anpackt als seine Kollegen. Wenn er also als EDV-Leiter neue Anregungen oder auch Verbesserungsvorschläge bringt, ist sein Chef vermutlich gut beraten, diese sehr genau zu prüfen, bevor er sich darauf einläßt. Das Bestreben von Herrn R., ständig Neues schaffen zu wollen, hängt auch mit seiner Eitelkeit zusammen. Da er jedoch äußerst pflicht- und verantwortungsbewußt ist, steht er zu allen seinen Anregungen und versucht, diese auch in die Tat umzusetzen.

Herr R. ist ein sehr integrer Mensch, der sich nicht in Versuchung führen läßt. Durch sein oft kühles Verhalten schafft er eine Distanz zwischen sich und seiner Umwelt. Seine Kontakte zu anderen Menschen sind eher oberflächlicher Natur. Er bemüht sich nicht besonders um menschliche Kontakte, sondern zieht rein sachbezogene Gespräche vor.

Seine Fehler gibt er jedoch nur ungern zu. Wenn man ihm aber zu verstehen gibt, daß Fehler nichts Ehrenrühriges sind, wird er sie anderen gegenüber eher eingestehen. Man müßte ihn davon überzeugen, daß das Eingestehen eines Fehlers nicht gleich mit einem Gesichtsverlust verbunden ist. Dies sollte man ihm aber erst sagen, nachdem er einen Fehler gemacht hat. Sonst könnte er dies als »Freibrief« verstehen, auch in Zukunft bedenkenlos neue Ideen zu produzieren. Herr R. ist ehrlich und vertrauenswürdig. Außerdem besitzt er das starke Bedürfnis, sich und seine Familie (sofern vorhanden) in finanzieller Hinsicht abzusichern. Wenn er den Eindruck gewinnt, daß sein Arbeitgeber ihn schätzt und auf fast patriarchalische Weise beschützt, fühlt er sich – obwohl er selten gefühlsbetont reagiert – seinerseits zu Treue und Ehrlichkeit verpflichtet. Er neigt dann auch dazu, sich stark mit seiner Firma zu identifizieren.

_H_andschriftprobe

Sehr geehrte Herren

Bezugnehmend auf Ihr Inserat in der
... vom ... d.J. sende ich Ihnen
in der Beilage meine Bewerbungsunterlagen.
 Die Unterlagen sind insofern unvollständig,
als dass ich per ... April ... in eine
andere Fabrikation wechsle, um diese per
... als Fabrikationsleiter zu leiten.
(Vizedirektor).
Über die Gründe, warum ich mich trotz
der vorgenannten Fakten für Ihre ausgeschriebene
Stelle interessiere, unterhalte ich mich gerne
im direkten Kontakt.

Mit freundlichen Grüssen

Analyse

Über die Begabung, das mit großem Eifer erworbene Wissen und die praktischen Fähigkeiten von Herrn S. besteht kein Zweifel. Da die vorliegende Schrift jedoch größtenteils keine Schreibschrift ist, muß der Graphologe hier sehr vorsichtig urteilen.

Herr S. ist intelligent und begreift auch schwierige Zusammenhänge. Er kann ausgezeichnet rechnen und selbständig kaufmännisch denken. Für ihn ist es sehr wichtig, sich gut zu »verkaufen«. Daß er mit fast 40 Jahren in Druckschrift schreibt, legt den Schluß nahe, daß er seine Schwächen verbergen möchte. Diesen Zusammenhang erkennt er aber wahrscheinlich nicht. Die Druckschrift ist aber tatsächlich geeignet, um bestimmte Schriftmerkmale zu verzerren oder zu verbergen.

Zu den Schwächen von Herrn S. gehört offenbar, daß er mit seiner Persönlichkeitsentwicklung in Rückstand ist, daß es ihm an Durchsetzungsvermögen fehlt und er sich beruflich und privat überfordert fühlt. Es wäre besser, wenn er sich ganz natürlich und ungezwungen gäbe. Dann kämen auch seine persönlichen Vorzüge eher zum Vorschein. Im Grunde genommen ist er nämlich gerecht, innerlich weich und psychisch gut belastbar. Da Herr S., wie schon gesagt, in Druckbuchstaben schreibt, kann der Graphologe nicht mit letzter Sicherheit sagen, ob seine Analyse der Schrift völlig richtig ist.

Herr S. möchte sich mit seiner »einstudierten« Unterschrift wahrscheinlich anders darstellen, als er in Wirklichkeit ist. Es ist unendlich schwierig, rein graphologisch zu entscheiden: Macht Herr S. nur sich selbst oder auch anderen wissentlich oder unwissentlich etwas vor oder nicht?

Herr S. ist aber auch gutmütig und hilfsbereit. Er wird daher von anderen gerne ausgenutzt, wogegen er sich nicht entschieden genug zur Wehr setzt. Er sieht sich heute zu seinem eigenen Kummer genötigt, sein Pflicht- und Verantwortungsbewußtsein selektiv einzusetzen. Das ist eine weitere Schwäche, die er verbergen möchte.

Herr S. verfügt über wenig Selbstvertrauen. Die Mitteilungsschrift läßt jedoch den Schluß zu, daß Herr S. sehr berechnend und opportunistisch ist. Während man seine Intelligenz aus graphologischer Sicht bestätigen kann, ist die Frage, ob er sich von seinem »Ausgebrannt-Sein« bald wieder erholen kann, graphologisch verbindlich nicht zu beantworten. Denn dies hängt zu sehr von den äußeren Umständen ab, z. B. wie verständnisvoll er von seinen Kollegen und vor allem von seinem Vorgesetzten behandelt wird.

Herr S. hat meistens einen klaren Überblick über seine Arbeit. Er kann gut organisieren und koordinieren. Er hat zwar Führungsqualitäten, traut sich im Grunde genommen jedoch nicht viel zu. Trotzdem kann er sich – nicht nur als Vorgesetzter – durchsetzen.

Handschriftprobe

Eine einfache Analyse des eigenen Kundenkreises
zeigt den meisten Unternehmen sehr schnell:

eine kleine Anzahl von kaufenden Kunden
bewirkt einen weit überproportionalen Anteil
am Firmenumsatz.

Die Faustregel, dass die 20 grössten Kunden
eines Unternehmens etwa zwei Drittel des
Gesamtumsatzes auf sich vereinigen,
werden viele Firmen bestätigen können

Analyse

Herr S., 41, Verkaufsleiter

Herr S. ist intelligent und fähig, selbständig zu denken und zu handeln. Man kann ihn auch durchaus als kreativ bezeichnen, eine Eigenschaft, die ihm bei seiner beruflichen Tätigkeit zugute kommt. Er kann auf relativ hohem Niveau kaufmännisch denken, urteilen und handeln. Er kann sehr geschickt mit Zahlen umgehen und analytisch denken. Er beobachtet gut und beschafft sich geschickt die Informationen, die er braucht. An allen wichtigen Stellen hat er seine Informanten, die ihn mit dem gewünschten Material versorgen. Wenn das im Interesse der Arbeit geschieht, ist es zu begrüßen.

Als Verkaufsleiter dürfte es ihm leichter als anderen gelingen, neue Absatzmöglichkeiten für die Firma zu entdecken und zu erschließen. Herr S. hat nach graphologischem Ermessen durchaus Verkaufstalent.

Seine menschlichen Qualitäten lassen jedoch zu wünschen übrig. Eigentlich sollte es kein Problem für ihn sein, gute persönliche Kontakte herzustellen und zu pflegen. Er ist nämlich nicht gefühlskalt oder kontaktarm. An seiner Schrift kann man jedoch ablesen, daß er zu sehr mit sich selbst beschäftigt ist, um sich richtig auf andere Menschen einstellen zu können.

Er dürfte schon nach kurzer Einarbeitung ein kompetenter und qualifizierter Kundenberater sein, der sich aber im Umgang mit manchen Menschen doch etwas schwertut. Er gehört also nicht zu dem Kreis seiner Kollegen, die bald über ihren eigenen Kundenstamm verfügen. Wenn es darum geht, neue Bereiche zu erschließen oder größere Schwierigkeiten zu überwinden, wird Herr S. immer mit seinen persönlichen Problemen zu kämpfen haben.

Die Schrift von Herrn S. weist eine Besonderheit auf: Die Merkmale der Mitteilungsschrift sind aus graphologischer Sicht günstiger zu beurteilen als die Merkmale der Unterschrift, die etwas über die beruflichen Ambitionen des Schreibers aussagen. Herr S. ist daher im Grunde genommen ein aktiver und flexibler Mensch und daher für seinen Beruf gut geeignet. Seltsamerweise gibt er sich bei seiner Arbeit aber viel gefühlsbetonter, weicher und zögernder als es seinem wahren Wesen entspricht. Es sieht daher fast so aus, als habe er früher mit seiner aktiven Handlungsweise Schiffbruch erlitten. Vielleicht hatte er Vorgesetzte, die ihn so verunsicherten, daß er heute eher angepaßt und auch schwerfällig reagiert und Risiken scheut. Positiv hervorzuheben ist, daß er sich trotzdem für die Dinge einsetzt, die ihm sehr wichtig sind. Es wäre besser, wenn Herr S. sich natürlich, ungezwungen und weniger ängstlich geben würde, d.h. wenn seine Unterschrift sich in keiner Weise von der Mitteilungsschrift unterscheiden würde.

Handschriftprobe

Sehr geehrter Herr...

Ich nehme Bezug auf unsere persönliche Besprechung am 23.6... in... und möchte Ihnen nochmals mein Interesse für die besprochene Position bestätigen, da ich überzeugt bin, dass sie meinen beruflichen Vorstellungen entspricht.

Im beigelegten Curriculum vitae können Sie die wichtigsten Stationen meiner beruflichen Ausbildung entnehmen.

Der Hauptgrund für meinen jetzigen Stellenwechsel nach einem nur kurzfristigen Einsatz bei... ist mein Wunsch, wieder eine praxisorientiertere Tätigkeit aufzunehmen.

Analyse

Herr W., 31, Techniker

Da die vorliegende Schrift größtenteils keine verbundene Schrift ist, muß der Graphologe hier sehr vorsichtig urteilen. Bei Druckschriften liegt die Fehlerquote der graphologischen Analyse nämlich höher als bei Schreibschriften.

Wir können hier davon ausgehen, daß Herr W. wahrscheinlich immer auf diese Weise schreibt. Diese Tatsache, daß er es tut, legt die Schlußfolgerung nahe, daß er etwas verbergen möchte: Etwa die Tatsache, daß seine Persönlichkeit noch längst nicht ausgereift ist. Er ist sich darüber im klaren, und es bekümmert ihn sehr. Da er sich anders gibt, als er in Wirklichkeit ist, hat sein Verhalten etwas Berechnendes an sich. Er versucht, sein wahres Ich zu verbergen. Er überlegt sich genau, wie er sich am besten verhalten sollte, um nicht falsch eingeschätzt zu werden.

Herr W. hat eine rasche Auffassungsgabe. Seine besondere Begabung liegt im technischen Bereich. Außerdem hat er einen ausgeprägten Sinn für Zahlen und kann sein Wissen gut anwenden.

Herr W. ist in der Lage, die Dinge realistisch einzuschätzen. Er bemüht sich, seine Ziele zu erreichen.

Die Schrift verrät auch ein gutes Zeit- und Raumgefühl. Man kann ihn als einen sehr guten Organisator und Koordinator bezeichnen. An Gewissenhaftigkeit, Pflicht- und Verantwortungsbewußtsein läßt er es bestimmt nicht fehlen. Sein Beruf liegt ihm nach graphologischem Ermessen sehr. So gelingt es Herrn W., die meisten praktischen Arbeiten auf Anhieb richtig durchzuführen. An Einsatzbereitschaft läßt er es nicht mangeln.

Herr W. ist vor allem psychisch gut belastbar. Einschränkend muß jedoch gesagt werden, daß sein Selbstbewußtsein Schwankungen unterworfen sein kann. Für Herrn W. ist es wichtig, berufliche Erfolge vorweisen zu können. Dabei hilft ihm sein Verhandlungsgeschick: Er hat didaktische Fähigkeiten, kann gewandt um Verständnis für seine Entscheidungen werben und gut argumentieren. Zu anderen Menschen hat Herr W. ein eher distanziertes Verhältnis. Aber man sieht es am Schriftbild, daß er sich um engere Kontakte bemüht.

Herr W. kann sich nicht besonders gut durchsetzen, was auch sehr mit seinem schwankenden Selbstbewußtsein zusammenhängt. Er kennt diese Schwäche und bemüht sich, ihr entgegenzuwirken. Dabei geht er manchmal ungeschickt vor, indem er versucht, seinen Willen durchzudrücken.

Dies kann dazu führen, daß er sich selbst Steine in den Weg legt und seine Mitmenschen unbeabsichtigt vor den Kopf stößt. Die Zusammenarbeit mit ihm erweist sich dadurch oft als schwierig. Herr W. hat zwar gute Absichten, die durch seine Ungeschicklichkeit jedoch oft nicht mehr als solche erkannt werden. Wenn er an sich arbeitet, wird er in Zukunft auch in der Lage sein, Führungsaufgaben zu übernehmen.

Register